한국어로 내려온
New Bible

새로운
성 경

제141권

9부 | 총10부

하얀마음

하나님 말씀 중에서

1. 사랑의 하나님

- 세상을 창조하신 하나님은 모두를 사랑하신다. 인간만 특별히 더 사랑하지 않고, 우주 만물을 다 똑같이 사랑하신다. 그러니 하나님이 창조하신 천지 만물과 화친하고, 미물까지도 소중히 대하라.

- 하나님은 특정 종파나 민족만을 더 사랑하지 않으신다. 자기 자신만 구원받겠다는 욕심을 버리고, 자기 종파만 구원받는다는 편협한 교리에서 벗어나야 한다. 종파를 초월해서, 모두를 사랑하라.

- 원수까지 사랑하라 했으니, 이 세상에 사랑하지 못할 자가 누가 있겠는가? 종파가 다르다고 해서 부모 형제와 원수처럼 지내는 자는 인간의 근본을 모르는 자다. 가장 가까운 가족부터 사랑할 때 남도 진심으로 사랑할 수 있다.

- 한 사람을 원수같이 생각하던 마음에서 사랑하는 마음으로 돌리면, 자기 자신의 마음이 가장 기쁘고 행복하다. 하나님께서는 인간의 마음속에 무거움이 없이 기쁘고 행복한 삶을 살기를 바라신다.

- 이웃을 "내 몸처럼" 사랑하라 했으니, 마지막 한 장 남은 천국의 티켓도 이웃에게 양보하라. 자기 중심적인 신앙에서 벗어나서 남을 위해 살아야 한다.

- 독초도, 약초도, 이단도 사탄도 천사도 다 필요하기에 존재한다. 독초일지라도 극소량을 사용해서 생명을 살릴 수 있고, 약초라 하디라도 남용히면 생명을 잃을 수 있다.

- 세상 모든 것을 명약으로 활용하는 것은 인간의 지혜에 달렸다. 어떤 것이든 어떤 사람이든 적재적소에 꼭 필요한 명약으로 승화시키라.

- 사탄도 이단도 천사도 모두 하나님의 주관하에 존재한다. 진정한 하나님의 백성은 사탄과 마귀까지도 감화시켜서 천사로 거듭나게 한다.

2. 기도

- 하나님은 인간의 생각까지 모두를 다 알고 계신다. 우리의 소원도 이미 알고 계시기에, 소원의 기도를 할 필요가 없다. 우리가 받을 자격이 되면 내려 주신다.

- 죄를 짓고 아무리 회개를 해도 용서받지 못한다. 도둑질한 자는 용서해 달라고 기도하고, 도둑맞은 자는 도둑을 잡게 해 달라고 기도하면, 공의의 하나님은 누구의 편에 서시겠는가?

- 자기가 잘못한 것은 그 사람에게 직접 갚고 용서를 구하라. 그가 용서하면 하나님도 용서하신다. 땅에서 매면 하늘에서도 매이고, 땅에서 풀리면 하늘에서도 풀리는 이치다.

- "회당에서 기도하지 말고 골방에서 기도하라" 했다. 눈에 보이는 골방이 아니라, 골방과 같이 고요한 마음이다. 잡념을 버리고 하나님을 향해 마음을 집중하며, 사랑하고 용서하는 아름다운 생각만 나오도록 하라.

- "두드리면 열릴 것이다." 하는 것은 육의 소원을 위해 두드리라는 것이 아니라, 진리의 깨달음을 얻기 위해 두드리라는 것이다.

- 기도하는 방법: 생활 속에서 수시로 기도하는 삶을 살아야 한다.

- "저의 죄를 용서하여 주옵소서." 하는 회개의 기도를 하라.
- 범사에 "하나님! 감사합니다." 하라. 현재 가진 것에 감사하며, 과욕하지 말라. 자기 노력 이상의 것을 더 갖고자 기도하는 것은 도둑놈심보다. 공의의 하나님은 각자 노력한 만큼 주신다.
- "하나님 뜻대로 살아가겠나이다." 하며 마음의 각오를 다지라.

- 기도는 하나님의 말씀을 받아서 "행하는 것"이다. 하나님이 계심을 굳건히 믿고, 하늘을 향하여 한 점 부끄럼 없이 사는 삶 자체가 가장 위대한 기도이며, 삶이 곧 예배다.

3. 지도자

- 똑같이 사랑한다는 말을 해도, 순수하게 하는 말은 천사의 말이지만, 사기 쳐서 재산을 가로채려고 하는 말은 사탄의 말이다.

- 종교 지도자가 아무리 훌륭한 설교를 해도, 신도의 재물을 거둬서 더 큰 교회를 짓고 자기의 부귀영화를 바라며 설교하면 사탄의 가르침이 된다.

- "저희 교회는 만원사례요, 믿음은 다 같으니 이웃의 개척 교회에 가서 예배를 드리시오." 하며, 이웃 교회의 부흥을 먼저 생각하여 제 신도를 보내는 종교 지도자가 있다면 그를 따르라. 그가 하나님의 사랑을 실천하는 자다.

- "부자가 천국에 들어가는 것은 낙타가 바늘구멍을 통과하는 것보다 더 힘들다" 하였거늘, 지금의 교회에서는 부자가 되기만을 기도하고 소원하니, 이는 곧 천국을 포기하고 지옥 행 열차의 티켓을 사는 것과 같다.

- 예수는 빈손이었다. 종교 지도자가 예수보다 더 호화롭고 편안하게 살아간다면 잘못된 것이다. 부귀영화와 명예를 바라는 자는 절대로 갈 수 없는 좁고 협착한 길이 종교 지도자의 길이다.

- 종교 지도자는 유리로 비춰 봐 한 점의 부끄러움이 없이 살아야 한다. 의식주도 직접 일해서 해결하고, 예수의 가르침과 행함을 그대로 따라야 한다.

- 종말은 없다. 지금의 잘못 가는 종교 집단에게만 종말이 있다. 보이지 않는 하나님은 보이는 육의 종말은 관여하지 않으신다. 환경 파괴로 인간이 스스로 멸망을 자초하는 것이다. 종파끼리 싸우기 전에, 무너진 인성을 바로잡고 지구의 몸살을 해결하는 데 뜻을 모으는 게 급선무다.

4. 성전이란

- 이 세상 자체가 하나님께서 만드신 성전이다. 자연보다 더 아름다운 성전이 있는가? 보이는 건물이 성전이 아니라, 성스러운 마음가짐이 성전이다.

- 반석 위에 교회를 지으라 했다. 지상의 단단한 돌은 인간이 쪼갤 수 있으나, 마음속의 굳은 결의는 세상 무엇으로도 쪼갤 수 없다. 바르고 굳건한 믿음으로 성경의 가르침을 실천하는 것이 마음의 반석 위에 교회를 짓는 것이다.

- 손으로 지은 건물의 교회에 모여서 복음을 전하는 것이 아니라, 교회를 개인과 가정에 심어 주어야 한다. 무너지고 부서지는 건물을 짓지 말고, 마음속에 영원히 불변하는 참진리의 교회를 지으라.

5. 십계명

- 십계명은 인간이 죽어서 반드시 통과해야만 하는 열 개의 관문이다.
  - 부모를 공경하지 아니한 자는 "네 부모를 공경하라." 하는 제5계명의 관문이 열리지 않으니 구원받을 수 없다.
  - 살인, 간음, 거짓, 우상 등의 나머지 계명도 마찬가지다.

- 십계명은 하나님의 친필이다. 모기소리만 한 하나님의 음성이라도 들어 보겠다고 여기저기 찾아 헤매지 말고, 십계명부터 암송하고 지키라.

- 십계명은 영혼을 구원하는 양식이며, 십계명을 지키는 것이 구원을 받는 길이다. 인간이기에 지키고자 노력하고 또 노력한다면 지킬 수 있다.

- 십계명을 지키고 천사처럼 아름답게 살아가는 그 마음 하나면 세상에 이루어지지 않는 것이 없다.

6. 보물

- 하나님은 재물이 아니라 우리의 마음을 받으신다. 사랑을 실천하며 천사처럼 변하는 마음이 하나님께 바치는 보물이다.

- 보이지 않는 하나님께 재물을 바치려 하지 말고, 너희를 길러 준 부모에게 용돈 드리고, 찾아뵙고, 효성을 다하라. 그것이 하나님께 효도하는 것이다.

- 하늘에는 선과 악의 창고가 있다. 자기 창고에 선이 많으면 천국으로 구원을 받고, 악이 많으면 심판받아 지옥으로 간다. 그것이 바로 "선한 일을 행한 자는 생명의 부활로, 악한 일을 행한 자는 심판의 부활로" 나오는 것이다.

- "선악과를 따먹지 말라"는 것은 양심을 지키라는 것이다. 선과 악을 구분할 수 있는 양심을 최초에 인간에게 주셨다. 선한 열매는 취하고, 악한 열매는 버리며, 양심에 비추어 부끄럼 없는 삶을 살아가라.

- 가장 작은 거짓말을 하지 않고, 가장 작은 죄를 짓지 않으며, 가장 작은 선행을 하고, 가장 작은 악행을 멀리하는 것이 율법의 일점 일획도 빠뜨리지 말고 다 지키는 삶을 사는 것이다.

7. 우상

- 박물관에 있는 불상은 하나의 예술품이다. 그 조각품에 대고 제 소원을 빌 때 우상숭배가 된다. 십자가라 하여도 그 앞에서 소원을 빈다면 우상숭배하는 것이며, 하나님께 소원을 빈다면 하나님을 우상으로 전락시키는 것이다.

- 지금 기복신앙에 젖어 있는 모든 사람이 우상 앞에 절을 하고 있다. 조각품을 우상이라며 파괴하지 말고, 네 마음속에 있는 욕심의 우상을 무너트리라.

- 생수를 약초가 먹으면 약을 만들고 독사가 먹으면 독을 만든다. 같은 성경을 봐도 선한 지도자는 신도를 천사로 만드는 데 활용한다. 그러나 욕심이 가득한 지도자는 재물을 거두어들여 제가 부귀영화를 누리는 데 악용한다. 그가 바로 성경을 우상숭배의 도구로 전락시키는 거짓 선지자다.

- 성경을 한 획도 빼거나 더하지 말라는 것은, 그 가르침을 빠트리지 말고 온전히 지키라는 것이다. 성경 속에서 자기에게 유리한 구절만 보는 것은, 자기에게 불리한 구절들을 빼 버리는 것이다. 믿음이 제일이요, 행함은 구원과는 관계없다는 것은 자신에게 유리한 쪽으로 성경을 악용하는 것이다.

- 진정한 종교 지도자는 종파에 관계없이 어떤 종파든 어떤 책이든 접하고 보고 깨우쳐 견문을 넓히도록 인도한다. 참진리를 모르고 자신이 없는 자가 남을 이단이라며 배척하고, 신도들의 눈과 귀를 가린다.

8. 예수

- 예수의 재림은 없다. 예수가 다시 온다 해도, 과연 누가 그를 예수라고 믿겠는가? 예수와 같은 삶의 행함이 곧 예수의 재림이다. 각자 모두가 "재림 예수"가 되는, 차원 높은 믿음으로 가야 한다.

- 예수는 "주여 주여 하지 말고, 아버지의 뜻대로 행하라"고 했다. 예수가 전한 하나님의 뜻이 곧 "길이요, 진리요, 생명"이며, 그 가르침이 예수의 보혈처럼 소중한 것이다. 예수를 믿는 것은, 예수의 가르침을 믿고 따르는 것이다.

- 예수는 낮은 자로서 만백성을 섬기고자 했다. 만나는 모든 사람을 다 하나님이라 생각하라. 돈을 벌수록 겸손하고, 높은 지위를 얻을수록 낮아지라.

- 예수는 종파를 만들지 않았다. 인간이 만든 종교와 인간의 교리를 따르지 말고, 예수를 통해 전한 하나님의 참진리를 연구하고 따르라.

- 예수가 2천 년 전에 만백성을 위해 죽었으니, 지금 이 땅에는 예수의 가르침대로 사는 천사만 존재해야 한다. 예수가 죽어 가면서 바란 것은 만백성이 천사가 되어 예수의 자리를 채워 주는 것이지, 지금과 같이 재물을 바치면서 중언부언 제 소원만을 비는 백성들을 바란 것이 아니다.

9. 구원

- 천사가 사는 천국에는 천사만 갈 수 있으니, 천사 같은 마음을 길러야 한다.

- "천국 열쇠를 네게 주리니 땅에서 무엇이든지 매면 하늘에서도 매일 것이라" 했다. 땅에서 천사같이 사는 자가 하늘에서도 천사가 되어 천국에 들어간다. 모든 사람에게 천사같다는 말을 듣는 삶을 살아야 한다.

- 천사의 곱고 아름다운 마음은 부모를 공경하고 어른을 어른으로 대접하는 데에서 출발한다. 효도하는 자는 형제와 화목하게 지내기에 가정이 화목해지고, 이웃과 화목해지고, 국가가 화목해지고, 온 인류가 화목해진다.

- 그러므로 지상의 아름다운 소왕국은 가정에서부터 이루어야 한다.

- 선택된 14만 명만 구원받는 것이 아니라, 천사처럼 변하고자 하는 14만 명을 기초로 온 인류가 천사처럼 거듭나는 영적인 개혁이 시작되는 것이다.

- 천 년에 걸쳐서 하늘에서 이루어진 것같이 이 세상을 낙원으로 만들어, 만백성이 지상의 천국에서 살다가 죽어서 그대로 하늘의 천국으로 들어가는, 영원한 지상 낙원을 건설하는 것이 하나님의 계획이다.

- **이것이 구약과 신약에 이어 "새로운 성경"으로 역사하시는 하나님의 창조의 완성이다.**

- 지금의 믿음으로 구원받을 수 있다면 그 길을 가라. 그러나 자신이 없다면 하나님께서 직접 내리신 160권의 "새로운 성경"을 읽고 구원의 길을 보라!

하나님 머리말씀

이 새로운 성경을 읽는 너희 모두는
이 율법에 따라 행하면 영원히 구원받을 것이니라.

너희 인간이 수년, 수십 년, 평생
성서를 공부하고 기도하는 것은
하늘나라 나의 곁으로 오고 싶은 소망일진대,

몇천 년 전의 너희 인성과 생각이
지금의 너희와는 판이하게 다르니,

꺾여 가고 병들어 가는 너희를 고칠 수 있는 길은,
오늘 내가 선지자에게 내리는 새로운 성경과 같이
너희가 변화되는 것뿐이니라.

나의 예수가 태어난 것처럼
내가 아들 선지자를 선택하여
나의 새로운 성경을 온 세계에 전하고자 하니,

묵은 것은 버리고 새로운 것은 취하여,
너희 모두는
'여호와 하나님! 저의 죄를 용서하여 주옵소서.'
하는 기도문으로 기도하고, 죄를 뉘우치라.

이 새로운 성경은
수천 년간 내려온 성서를 요약한 것이니,
너희는 이 책을 정독하여 쉽게 깨달음을 얻고,
이대로 실천하여 하늘에 오르라.

대역자 머리말

■ 하나님의 율법을 지키는 선지자로 선택을 받도다.

저는 남들처럼 그저 열심히 살아온 평범한 사람이었습니다. 그러나 50대 중반에 사업에 실패하여 많은 부채에 시달렸으며, 건강도 악화되어 눈이 잘 안 보이고, 걷기도 어렵고, 두통이 심해서 잠을 이룰 수 없는 고통의 나날을 보냈습니다. 그때 제가 선택할 수 있는 것은 육의 삶을 끝내는 길뿐이었습니다.

죽기 직전에 그동안에 죄를 지은 이들에게 용서를 빌고 인생을 끝내기로 작정하였습니다. 어려서부터 지은 죄를 빌고 빌다 보니 끝이 없었고, 죽음으로도 그 많은 죄를 용서받을 길이 없다는 생각에 하염없이 눈물이 흘렀습니다. 그 순간 '재래식 화장실의 구더기는 죄를 짓지 않는데, 나는 인간으로서 구더기만도 못한 삶을 살았구나.' 하는 생각이 들면서 괴로움에 몸부림칠 때, 갑자기 하나님의 음성이 들렸습니다.

"나는 여호와 하나님이니라. 너는 십계명을 암송하고 내가 내려 주는 메시지를 받아 책으로 만들어 만백성을 구하라." 하시며, 제 눈을 손으로 문지르게 하시고, 아픈 머리와 다리를 손으로 두드리게 하셨습니다. 그러고 나니 눈도 잘 보이고 걸을 수 있었으며 머리의 통증도 말끔히 낫게 되었습니다. 그때부터 십계명을 암송하고 나면 들려주시는 말씀을 기록하였고, 1999년 8월부터 2004년 7월까지 권당 288쪽, 총 160권을 받아서 "새로운 성경"이라는 책으로 펴내게 되었습니다.

그러한 저에게 죽기보다도 힘든 길이 시작되었습니다. 모든 교인들이 저에게 사탄이요, 이단이요, 악마요, 마지막 시대에 온 거짓 선지자라 하면서 공격하였고, 저를 짐승을 보듯이 대하는가 하면, 편협한 종교 지도자들의 선동으로 신도들이 이 책을 직접 읽어보고 평가할 기회마저 막아 버렸습니다. 그래서 하나님의 말씀을 세상에 내는 데 많은 어려움을 겪으며, 피를 토하는 심정으로 책을 전하고 있습니다.

그러나 아무리 인간의 힘으로 막으려 해도, 하나님의 뜻이 세상에 전해지는 위대한 역사는 계속될 것입니다. 책으로 전해지는 "하나님의 말씀"은 세상 끝날까지 항상 우리와 함께하실 것입니다. 사람은 죽어도, 책에 기록된 말씀은 영원히 남으니까요.

■ 따뜻한 실천

하나님께서는 어려운 사람들에게 삶의 터전을 마련해 주고, 미래를 열어 주는 것을 기뻐하십니다. 어려운 이웃이 스스로 자립할 수 있도록 이끌어 주는 것이 진정으로 이웃을 돕는 것이라고 말씀하셨습니다. 그래서 일자리가 없는 제자들에게 작은 사업장을 만들어 주는 "달란트 사업"을 하고 있습니다. 식당, 반찬 가게 등을 차려 주고, 기존의 어려운 사업장이 자립할 수 있도록 돕고 있습니다(커피숍, 미용실, 의상실 등).

하나님께서는 교회에 나와서 모든 시간과 재물을 쏟기를 원하지 않으시고, 그 시간과 재물을 교육에 투자하여 스스로 미래를 열어 가기를 원하십니다. 그래서 제때 공부하지 못한 제자들에게 학업을 이어 가도록 하였습니다. 중화요리 주방장을 하며 초등학교 검정고시부터 공부하여 2012년에 방통대를 졸업한 36세 남성, 만학도들의 2년제 중학교에 입학해서 2007년에 명지대학을 졸업한 38세 여성, 중학교 검정고시를 시작으로 숭의여자대학을 졸업한 47세 여성 등이 있습니다. 그밖에도 많은 제자들에게 나이를 초월하여 배우고 깨우쳐서 사회 속의 당당한 일원이 되도록 인도하고 있습니다.

학자금 대출로 힘겨워하는 젊은이들을 위해 "따뜻한 바람 장학회"를 발족하여(2016년 12월) 대출받은 학자금 전액을 매월 갚아 주고 있습니다. 또한, 다문화 가정을 위해 "다문화 가족 랜드"를 조성하여, 각종 시설을 무료로 활용하도록 하고 있습니다.

이러한 따뜻한 실천이 아직은 미약합니다. 그러나 책의 수입이 늘고, 저와 뜻을 같이하는 분들이 늘어나면 계속 확대할 것입니다. 지도자로서 신도의 재물을 헌금으로 거둬들여 착복하는 것이 아니라, 하나님께서 기뻐하시는 일에 사용하도록 중매 역할만 하며 살아가고자 합니다. 이런 제가 과연 사탄이고 이단인가요? 하나님께서 기뻐하시는 일이라면, 저에게 사탄이라 하든 거짓 선지자라 하든 굽히지 않고 실천해 나갈 것입니다.

끝으로, 일상의 삶 속에서 "지금 내가 하는 행동이 과연 하나님께서 기뻐하실까, 슬퍼하실까?" 생각하고, 매사에 하나님께서 기뻐하시는 길을 택하기 바랍니다. 교회에 모여서 집단적으로 예배 드리는 것이 아니라, 개인이나 가정 단위로 새로운 성경을 읽어 스스로 깨우치고 그대로 행하면 충분합니다. 그것이 마음속에 성전을 짓고, 신령과 진정으로 예배 드리는 길입니다. 그러면 천국의 문에 들어서게 됩니다.

2017. 2. 1.

하나님 말씀 대역자 김용철

차 례

십 계 명

이 책은 십계명을 암송하고 나면 내려 주시는 "하나님의 음성"을 듣고 그대로 받아쓴 기록입니다. 하나님께서 십계명을 모세에게 내려 주셨지만, 그것은 만백성에게 내려 주신 것입니다. 마찬가지로 이 책의 모든 말씀도 저에게 내려 주셨지만, 만백성 각자에게 들려주시는 말씀입니다. 여러분도 이 책을 접할 때마다 십계명을 암송하고 나서 정독해 주시기 바랍니다.

제일은, 너는 나 외에는 다른 신들을 네게 있게 말지니라.

제이는, 너를 위하여 새긴 우상을 만들지 말고, 또 위로 하늘에 있는 것이나, 아래로 땅에 있는 것이나, 땅 아래 물 속에 있는 것의 아무 형상이든지 만들지 말며, 그것들에게 절하지 말며, 그것들을 섬기지 말라.

제삼은, 너는 너의 하나님 여호와의 이름을 망령되이 일컫지 말라.

제사는, 안식일을 기억하여 거룩히 지키라.

제오는, 네 부모를 공경하라.

제육은, 살인하지 말지니라.

제칠은, 간음하지 말지니라.

제팔은, 도적질하지 말지니라.

제구는, 네 이웃에 대하여 거짓 증거하지 말지니라.

제십은, 네 이웃의 집을 탐내지 말지니라.

나 여호와가 존재함을 믿는 그 자체가 구원의 길에 들어서는 기본이요, 근본이며, 나의 새로운 성경을 가슴에 안고 정독하는 자, 반석 위에 서서 하늘에 오르는 찬란한 빛을 보게 되는 영광을 얻게 됨이니라. 진정 나를 따르고 믿는 자는 감히 사탄이나 마귀도 근접하지 못하느니라.

〈하나님 말씀〉

2004년 4월

10,548 번째 하나님 말씀

2004년 4월 15일 06시 12분

1 사랑하는 나의 아들아!
2 "네, 아버님! 말씀하옵소서."
3 너희들의 말에 전하기를, 너희들이 아
무리 바빠도 바늘이라는 것의 허리에
실을 매면 그는 아무 쓸모없는 것이라
그리 말하지 아니했느냐?
4 너희들이 성급히 서두름으로 인하여
모두는 다 실패하며, 성급하게 서둘러
너희들이 그 성공하는 예가 없다 함을
깨우쳐 주는 것임을 어찌 모르더냐?
5 인간의 삶도 그러니라.
6 이제 나로부터 생명을 받아 나가 사는
백성, 너희들이 불같은 성격이요, 서
두는 자, 그 급한 성격을 다스리지 못
하는 자,
7 그 귀한 생명도 자연의 아름다움을 느
끼고 살지 못하며 너희들이 일찍 그
죽음의 문턱을 스스로 찾는 그와 같은
삶이라 하였음이니,
8 너희들이 급하게 서두르는 것은 얻어
지는 것이 없으며 이루어지는 것이 없
음을 알라.
9 하나의 생명이 세상에 태어나는 것도
너희들이 많은 세월이요, 열 달이라는
그 기간을 기다려 한 생명을 얻지 않
더냐?
10 너희들이 인간이 성장하여 가는 것도
무엇이더냐?
11 너희들이 고통과 시련 속에서 세월이
흐르고 흐르는 속에서 사람이 변화되
며 또 사람이 성장하는 그와 같은 삶
을 사는 것이니라.
12 너희들이 인생을 지금까지 살아왔으
며 너희들의 삶을 살아 나의 아들을
만나기를 너희들이 몇십 년이 되었으
며,
13 그리고 너희들이 나의 법전을 읽고 깨
우친 것이 몇 년이요, 몇십 년이 되었
으며,
14 그리고 과연 너희들의 깨우침은 어디
까지 도달했는가?
15 과연 너희들이 내가 최초에 내린 열여
섯 권의 법전이라도 그를 다 암송하
며 그 의미를 통달한 삶을 사는가?
16 사람들이 자연적으로 성장하며 자연
적으로 세월이 가면 변화되는 인간의
삶에도 너희들의 노력에 따라서 어떻
게 변하느냐, 그리고 어떠한 과정을
거쳐서 역사하느냐,
17 어떠한 시련과 고통을 너희들이 피하
지 아니하며 회피하지 아니하며 정면
으로 그를 다스려 이기고 살아가는 그
와 같은 용기 있는 삶을 살았느냐에
따라서 천태만상으로 변화되는 것이
너희들이거늘,
18 과연 너희들이 나의 법전 열여섯 권
을 얼마나 정독했으며 암송했으며, 그
리고 그 뜻을 아는가?
19 그리하여 열여섯 권의 그 내용을 가지
고 나의 아들이 남들과 대화하고 남들
을 가르치는 만큼 너희들이 그만큼 거

기에 서도록 했는가?
20 나는 너희들에게 물어보고자 하느니
라.
21 너희들이 나의 법전을 선택한 것, 그
리고 나의 법전을 접한 것, 그것보다
더 그 위대한 은혜가 없다 하였음이
니라.
22 그러니 너희들이 정녕 나를 믿으며 나
의 아들을 믿으며, 지금 나의 법전이
마지막 시대요, 만백성을 심판하는 것
이라 너희들이 마음속에 새겼다면,
23 과연 너희들이 인간의 살아가는 부귀
와 영화에 대한 그 욕심은 있으며, 그
보다 열배 백배 더한 것이 나의 법전
을 읽고 정독하는 마음으로 너희들이
변화되었어야 할 것이거늘,
24 과연 너희들이 인간의 육의 삶을 위하
여 오늘의 너희들이 편안함이요, 육의
부귀영화를 위하여 생각하고 꿈꾸고
계획하는 것, 그리고 이루고자 하는
욕망만큼 너희들이 나의 법전을 과연
안고 정독했는가?
25 너희들 스스로 나의 법전을 얼마만큼
정독했으며, 얼마만큼 열과 성의를 다
하여 그 내용을 암송하고 지금 기억하
고 있는가?
26 너희들은 한번 돌이켜 봐야 될 것이니
그리 알라.
27 그것이 바로 너희들의 오늘의 형태요,
오늘의 삶이니라.
28 성급하게 서두르는 자, 너희들이 귀한
생명까지도 잃으며, 모두를 실패한다
하였음이니라.
29 그리하여 성급히 왔던 그 백성들, 그
리고 울고불고 나의 아들의 손을 잡고
나의 아들에게 감사하다 기도하며 나
에게 경배하던 그들이 다 무너지고 떠
나는 그와 같은 것을 너희들은 보지
않았던가?
30 그들이 바로 무엇이더냐?
31 성급하게 서둘러 제 귀한 생명을 죽음
으로 몰고 가는 그와 같은 자들이니라.
32 급하게 서둘지 말며 성급하게 서둘지
말라.
33 그로 인하여 모두가 다 실패함이니라.

10,549 번째 하나님 말씀

2004년 4월 15일 06시 17분

1 사랑하는 나의 아들아!
2 "네, 아버님! 말씀하옵소서."
3 너희가 육의 삶의 행복을 위하여 사는
것, 그리고 너희들이 오늘의 존재하는
삶이요, 세속의 삶 그것으로써 너희들
의 모두가 끝나며 다음의 세상이 없다
면, 너희들이 얼마나 편안한 삶을 살
며 얼마나 향락에 젖어 오늘을 살겠는
가?
4 그러나 너희들은 그것으로써 끝나는
것이 아님을 알아야 될 것이니라.
5 그것으로써 너희의 모두가 지워진다
면 이 세상은 과연 어찌 되겠는가?
6 그리하여 너희들의 그 모두가 끝나는
것이 아님을 너희들은 알아야 될 것이
니라.
7 다음의 세상에 대한 삶을 살아야 하는
것인데, 어찌하여 너희들이 지금의 육
의 삶에 항상 연연하며, 거기에 그 마
음을 비우지 못하는 그와 같은 삶을
사는가?

8 너희들이 다음 세상을 준비하는 삶이
요, 보낸 이가 있으며 보내진 자라면
과연 어떠한 마음을 가지고 살겠느냐?
9 오늘의 삶이요, 오늘에 너희들이 살아
있는 것, 그리고 자연을 볼 수 있는
것, 그리고 공기를 들이마시며 숨을
쉴 수 있는 것, 그 모두가 너희들의 최
대의 영광이요, 행복이라 생각하고 살
수 있는 백성이 되어야 될 것이거늘,
10 어찌하여 너희들은 삶에 대해 잠시도
불만스러운 것을 버리지 못하며, 너희
들이 그러한 욕구를 버리지 못하며,
11 너희들이 그 행복의 삶으로써 생각하
지 못하고 불만스럽게 그리 사는가?
12 너희들이 사는 것이 그러하니라.
13 불화와 불평과 불만이요, 화해하지 못
하는 그와 같은 육의 삶을 사는 것이
너희들의 오늘의 그 자세이니, 이가
정녕 보낸 이가 있으며 보냄을 받은
너희들의 삶의 자세라 그리 생각하는
가?
14 이제 너희들은 깨우쳐야 될 것이니라.
15 다음의 세상을 보는 자들이요, 다음의
세상의 삶을 위해 살아가는 너희들은
오늘의 삶에 감사하며, 오늘의 삶에
만족하며,
16 불만과 불평과 화해하지 못하는 그와
같은 삶을 살아서는 아니 되느니라.
17 너희들이 그와 같은 마음을 가지고 있
는 것이 육의 욕심이니, 육의 욕심을
버리지 못하는 삶에서 너희들이 다음
세상에 이루어지는 그 아름다운 역사
요, 그 변화의 무궁무진한 그것을 너
희들이 알 수 없음이니라.
18 너희들이 이 세상의 미물이요, 동식물
이요, 자연이 살아가는 그 모습을 보
면서 신기함이요, 두려움과 무서움까
지 느낄 것이니라.
19 그보다 더한 것이 너희들이 영원히 사
는 하늘의 세상이 존재함이요, 그 세
상이 그와 같이 더하다는 것을 너희들
은 알아야 될 것이니라.
20 이를 하늘의 뜻이요, 내가 하늘의 그
모두를 한 장의 그림으로 너희들에게
내려보내 주며, 내 법전에 기록하여
너희들을 깨우쳐 주지 않더냐?
21 이 세상이 신비스럽고 무서울 만큼 계
획되어 있는 그것보다 더 무섭고 위대
한 것이 다음의 세상에 너희들이 사는
세상이라는 걸 절대 잊지 말라.
22 오늘의 마음으로 너희들은 다음의 세
상의 아름다움을 볼 수도 없으며 상상
할 수도 없으며 그려 볼 수도 없기 때
문에 너희들이 오늘의 삶에 연연하는
백성임을 알라.
23 나의 아들을 따르는 제자들이요, 나의
법전을 읽고 깨우친 백성 너희들은 이
를 알아야 될 것이며, 내가 기록하는
것이 나 여호와의 뜻이요, 나의 아들
이 정녕 나로부터 명받은 나의 아들이
라면,
24 내가 책으로 근거하는 것을 너희들이
한 자도 놓쳐서는 아니 되는 것이니
그리 알라.
25 모두를 너희들은 너희 자신을 두고
주관적으로 생각하는 그와 같은 세상
을 보면 아니 되며, 너를 버리라 하지
않더냐?
26 너를 버리고 객관적인 입장에서 너희
들이 모두를 보고 생각하고 연구하는

그와 같은 삶을 살 때, 세상의 아름다
움을 볼 수 있으며 다음 세상이 역사
하는 그 순리요, 법도를 알게 되며 하
늘의 비밀을 너희들이 아는 것이니라.
27 그러나 오늘의 나의 피조물 만백성 너
희들이 살아가는 모습은 불행하게도
저 자신이요, 저를 두고 주관적으로
모두를 생각하니,
28 세상에 너희들이 사는 아름다움을 알
지 못하며, 다음의 세상에 화려한 그
세상의 역사하는 빛을 너희들이 눈이
가려 그를 보지 못하는 어리석은 것이
너희들의 오늘의 삶이라는 것을 알라,
사랑하는 나의 아들딸들아!
29 객관적인 입장에서 너희 자신과 주변
을 다 살펴보도록 그리하라.
30 그리하면 모든 문이 열릴 것이며 너
희들이 그 뜻을 알게 될 것이니라.
31 내가 너희들에게 명하니, 이를 명심하
여 따르도록 그리하며 공부하도록 하
며 깨우치도록 그리하라, 사랑하는 나
의 아들딸들아!

10,550 번째 하나님 말씀

2004년 4월 15일 06시 21분

1 사랑하는 나의 아들아!
2 "네, 아버님! 말씀하옵소서."
3 내가 너희들을 얼마나 사랑하기에 작
은 거짓말도 하지 말라 그리하였더냐?
4 너희들이 같은 거짓말이요, 작은 거짓
말도 너희들이 그 수많은 가지요, 뜻
을 가지고 있는 것을 알아야 될 것이
니라.
5 너희들이 작은 거짓말을 하되, 저 자
신을 위해서 거짓말을 하는 것은 사기
이니라.
6 저 자신의 이익을 위하여 너희들이 거
짓말을 하는 것은 사기극을 벌이는
것이 아니더냐?
7 그리고 너희들이 남을 위해 사는 거짓
말은 무엇이더냐?
8 너희들은 그것이 또한 기만이니라. 그
렇지 않더냐?
9 그리하여 너희들이 남의 행복을 위하
여 남을 위하여 그 작은 거짓말을 한
다면, 이는 너희들이 이 세상에 남지
아니하며 지워질 수 있는 것이니라.
10 그 말은 세상에 퍼져 전해진다 해도
근거가 없으며 보이는 것이 없으며,
나는 새처럼 보이는 것이 없음이니라.
11 다만, 아름다운 거짓말이라 할지라도,
그 거짓말이 살아서 세상을 달리며 덮
는다 하면, 그 거짓말은 지워질 수도
있으며 너희들은 또한 내가 그를 갖다
기억하지 않을 수 있는 것이니라.
12 작은 거짓말이라는 것이 그와 같은 여
러 가지 형태로 세상에 나타나는 것이
며 너희들에게 필요한 것이니라.
13 그러나 너희들은 강도 높은 훈련을 받
아야 되기 때문에 그 모두도 내가 너
희들에게 용납하지 못한다 함은 무엇
이더냐?
14 하늘의 선생이기 때문이니라.
15 참진리요, 공의의 하나님이라는 나 여
호와가 감정에 의하여 흔들린다면 과
연 되겠느냐?
16 저를 위하여 하는 거짓말은 사기기 때
문에 거짓말을 하지 말며, 남을 위하
여 하는 거짓말은 기만하는 것이기 때

문에 거짓말을 하지 말며,
17 남을 위하는 아름다운 그 거짓말은 세
상에 살아 있으나 그를 지울 수 있으
며 그는 또 지워지기 때문에 너희들이
거짓말을 해도 된다 할 수 있겠느냐?
18 그렇지 아니하기 때문에 내가 너희들
에게 강도 높은 훈련으로써 다스리며,
너희들은 아직 그와 같이 구분할 수
있는 지혜의 능력이 없기 때문이니라.
19 그때까지 내가 너희들에게 오늘의 강
한 훈련으로써 임하지 아니하면 아니
됨이니라.
20 너희들은 나의 아들을 통하여 강론을
수없이 들었을 것이니라.
21 알코올 중독자가 알코올을 끊으려 하
나 끊지 못하면 그는 영원히 내 뜻을
알지 못하며 나에게 올 수 없는 백성
이요,
22 그러나 너희들이 끊었을 때는 그 끊은
이유를 알게 되며 그를 끊었을 때에
그 소중함을 알며 너희들이 얻고 잃는
그 모두를 알게 된다 하지 아니하였더
냐?
23 사랑하는 나의 아들딸들아! 성서의
가르침이요, 하늘의 뜻이 그러하니라.
24 하나의 작은 거짓말이라는 것도 너희
들이 수천수만 가지로 생각할 수 있으
며, 깨달음을 얻을 수 있는 것이 하늘
의 법도요, 하늘의 뜻임을 알라.
25 그러나 너희들은 그 모두를 접어 두고
완벽한 자세로 서야 될 것이니라.
26 너희들이 그리 구분할 때까지 그는 천
사들만이 구분할 수 있으며, 나 여호
와만이 그 모두를 행할 수 있고 볼 수
있기 때문이니,
27 너희들이 나의 지혜를 얻으며, 나와
하나가 될 수 있는 그 참진리요, 아름
다운 길이요, 순수한 마음으로써 세상
을 보라 함이니라.
28 그러면 너희들이 모든 의미를 알게 될
것이니라, 사랑하는 나의 아들딸들아!

10,551 번째 하나님 말씀

2004년 4월 15일 06시 26분

1 사랑하는 나의 아들아!
2 "네, 아버님! 말씀하옵소서."
3 인간 삶의 세상에서 너희들이 어찌
살았느냐에 따라서 너희들은 그와 같
은 대가의 보상을 받으며, 또한 너희
들이 어찌 살았느냐 그 책임을 지는
것이니라.
4 그 결과로 너희들이 고통스러운 육의
세상의 삶이요, 남부럽지 않은 삶을
사는 것, 그 결과는 반드시 너희들이
어찌 살았느냐에 따라서 나타나느니
라.
5 그러니 너희들이 구원이요, 거듭남이
요, 나에게 오르고자 하는 그와 같은
것은 무엇으로써 어찌 다 결정이 되
느냐?
6 육의 삶을 너희들이 어찌 살았느냐에
따라서 그 모두가 이루어지고 안 이루
어지는 것이 거기에 다 있다 하였거
늘, 어찌하여 너희들이 오늘의 육의
삶을 소홀히 그리 생각하며 사느냐?
7 나 여호와는 지상을 하늘의 낙원으로
만드는 것이 나 여호와의 소원이니라.
8 그러니 내가 지상을 하늘의 낙원처럼
만드는 것이 나 여호와가 이루고자 하

는 뜻이요, 나의 소원이라 한다면,
9 과연 이것을 누구를 통하여 이룰 수
있단 말이더냐?
10 나 여호와가 혼자 존재하기 위하여 하
늘에서 이루어진 것같이 지상의 낙원
을 이룰 필요가 있겠는가?
11 나는 그러할 이유가 없음이니라. 다
만, 그 모두를 이루는 것은 너희들을
위해서 이루는 것이니라.
12 그러니 너희들이 이루기 위해서는 너
희들이 필요한 것이기에, 누가 누구
손으로 만들어야 되겠느냐?
13 나 여호와의 소원이라 해도 인간 너희
들의 손으로써 너희들이 만들어야 되
며, 만들고 못 만드는 그 책임 또한 너
희들이 지는 것임을 어찌하여 모른단
말이더냐?
14 그와 같이 막중한 책임을 가지고 있는
자요, 그 모두를 이루고 못 이루는 것
은 너희들에게 달렸다 하지 않더냐?
15 수천 년 동안 흘러오면서 하늘에서 이
루어진 것같이 지상에서 이루어 달라
울고불고하는 너희들의 그 울부짖음
이 무엇이더냐?
16 그 모두가 내 뜻으로 나 여호와가 만
듦이 아니니라.
17 그것은 너희들의 손으로써 너희들이
만들며, 그걸 만들고 못 만드는 건 너
희들의 책임이거늘,
18 어찌하여 그와 같은 삶으로써 이루는
너희들의 삶을 그리 무시하며 소홀히
생각하는가?
19 그와 같은 종교 집단이요, 지도자들이
이 세상을 덮고 있으며 이 세상을 지
배하고 있으니, 이리하여 이 험악한
세상이 되었음을 너희들은 알아야 될
것이니라.
20 나는 너희들에게 엄히 명하나니, 나의
백성 너희들은 육의 삶에 대한 그 책
임이요, 그 삶에 의하여 나 여호와가
이루고자 하는 지상의 낙원을 이루느
냐, 그렇지 않으면 그 모두가 다 무너
지며 송두리째 흔적도 찾지 못하는 그
와 같은 세상이 되느냐 그것은 다 너
희들에게 달렸음이니라.
21 그러니 모든 나의 백성들이 그와 같은
나의 뜻에 따라 역사하는 것을 막으
며, 그들의 모두를 다 가지 못하도록
하며 그들이 역사하지 못하는 것이 오
늘 종교 집단이요, 지도자 그들의 만
행이요, 그들의 행위라는 것을 너희들
은 알아야 될 것이니라.
22 너희들이 필요한 이 지상의 낙원은 너
희들이 이루는 것이니라.
23 내가 나의 아들을 통하여 너희들에게
무어라 전했느냐?
24 내가 불로써 직접 써 내린 그 십계명
도 그것이 파괴되며 필요 없는 세상이
되어야 한다는 내 뜻을 너희들은 모르
는가?
25 너희들을 깨우치고 너희들을 다스리
기 위해서 그 모두가 역사하는 것이
지, 내가 너희들에게 만들어 주고 안
만들어 주는 건 아니니라.
26 십계명을 이 세상에서 없애려면 너희
들이 그 십계명에 위배되는 백성이 한
명도 없는 그와 같은 삶을 살 때 그것
은 자연적 소멸되며 존재할 가치가 없
는 것이 아니더냐?
27 너희들이 사는 지상의 낙원이 하늘과

같은 낙원에서 너희가 살고자 하는 것
은 나의 소원을 이루고 바라는 것이
나, 그 이루고 못 이루는 것은 너희들
에게 달렸다는 걸 명심하라.
28 그렇다면 너희들이 오늘의 삶이 얼마
나 귀하고 소중한가?
29 삶이 별것 아니요, 육의 행동이 별것
아니라는 사악한 자들의 말에 현혹되
어 송두리째 다 빼앗기는 불쌍한 배성
들이 되지 말라 그리 전하라.

10,552 번째 하나님 말씀

2004년 4월 15일 06시 29분

1 사랑하는 나의 아들아!
2 "네, 아버님! 말씀하옵소서."
3 네가 가야 할 길이며 네가 역사하는
길은 무엇이며, 너의 제자들이 가야
할 길이며 역사하는 건 무엇이더냐?
4 "네, 아버님! 그렇사옵나이다.
5 바람이 불어도 파도가 쳐 온다 하여
도, 가장 아끼고 소중한 것을 다 잃는
다 해도, 제 주변의 모든 사랑하던 사
람들이 저를 등지고 떠난다 해도,
6 어떠한 세상의 변화가 이루어지고 이
루어진다 해도 제 마음이 흔들려서는
아니 되는 것이며, 제 마음에 동요가
있어서는 아니 된다는 것을 저는 그리
깨닫고 있으며,
7 또한 아버님께서 그와 같은 동요가 있
을 것을 생각하여 항상 마음 편치 못
하심을 저는 알고 있사옵나이다.
8 세상에 어떠한 변화가 있다 해도 제
마음이 동요가 있어서는 절대 안 된다
는 것, 그것이 아버님께서 바라시는
마음이요, 제가 가기를 바라시는 마음
이라 저는 그리 생각되옵나이다."
9 사랑하는 나의 아들아! 그러하니라.
10 결코 어떠한 것에도 변화가 있어서는
아니 됨이니라.
11 너를 따르는 제자들 또한 그러하니라.
12 그들이 모두를 다 버리는 일이 있고
모두를 다 잃는 일이 있다 해도, 믿음
에 대한 동요가 있어서는 절대 안 되
며, 나의 법전을 던져 버리며 나의 법
전을 손에서 놓아서는 절대 안 된다
그리 가르치라.
13 너희들이 나의 법전을 손에 쥠으로 잃
는 것이 무엇이 있으며, 나의 법전을
너희들이 손에 쥐고 정독함으로써 병
에 시달리며 죽음을 재촉하던가?
14 무엇이 너희들에게 그를 괴롭히며 고
통이 있더냐?
15 다만 너희들이 이 세상에서 얻고 못
얻는 것은 너희들의 노력이요,
16 나의 법전을 손에 쥐고 있다 하여 너
희들이 부귀영화를 누릴 것을 누리지
못하며, 천수를 누릴 것을 살지 못하
는 것도 아니니, 절대 나의 법전을 놓
지 말라.
17 나의 법전을 놓고 안 놓는 것과 너희
들 인생의 삶과는 관계없느니라.
18 그러나 너희들이 그것을 놓았을 때,
사후의 세상에서 너희들은 그림으로
그려 볼 수도 없으며 생각할 수도 없
는 그 찬란한 것, 오늘의 이 지상의 세
상이 오묘하고 위대한 것보다도 천배
만배 더 위대한 그 세상에 너희들이
발을 들여놓지 못하며 지옥으로 떨어
지는 그와 같은 너희들의 길을 가니,

19 오늘까지 인내하고 깨달은 너희들에
게 그 상을 내림이니, 어떠한 상태에
도 마음이 동요되고 흔들려서는 아니
된다는 것을 가르쳐 주고 깨우쳐 주라.
20 이를 믿어야만 된다 그리 전하라.
21 나의 법전 160권이 세상에 나올 때까
지 나의 아들 너는 아무것도 보지도
말며 듣지도 말라.
22 사랑하는 너희들 모든 주변 사람이 떠
난다 해도, 등을 돌린다 하여도, 그들
이 유명을 달리한다 해도 네 마음이
동요되고 흔들려서는 절대 아니 되니,
23 160권이 세상에 나오지 아니하면 이
썩고 썩은 세상을 바로잡을 수 없는
것이며, 무너지고 무너진 것을 바로
세울 수 없음이니,
24 오로지 160권의 그 위대한 빛만이 모
두 태울 것 태우고, 버릴 것 버리고,
도려낼 것 도려내며, 다시 새싹이 틀
수 있는 것, 트도록 그 모두를 역사하
는 건 그것뿐이니,
25 네가 동요되고 흔들려서는 아니 됨이
니 그리 알라, 사랑하는 나의 아들아!

10,553 번째 하나님 말씀

2004년 4월 15일 06시 32분

1 사랑하는 나의 아들아!
2 "네, 아버님! 말씀하옵소서."
3 160권의 법전이 세상에 그 빛을 냄이
니, 사탄이요, 마귀요, 그 모두가 존재
하지 아니하며 그가 견딜 수 없음이니
라.
4 그러니 그들이 마지막 시대에 더 이상
존재할 수 있는 때가 없다는 것을 아
니, 160권의 법전이 세상에 나오지 못
하도록 역사하는 그들의 훼방이요, 방
해가 얼마나 잔인하며 무서운 것인 줄
알겠느냐?
5 여기에 너희들이 동요되고 흔들려서
는 아니 됨이니라.
6 이제 나의 아들을 따르는 제자들이요,
깨우침이 있는 너희들은 들으라.
7 너희들이 성령을 훼방하는 죄는 용서
받지 못하는 죄며 어떠한 형국에도 용
서받지 못한다 하였음이니,
8 바로 160권의 나의 법전이 무엇이더
냐?
9 나 여호와가 모두를 태워 내리는 나의
성령이니라.
10 그러니 너희들이 나의 아들의 마음을
흔들어 놓으며, 나의 아들을 흔들며,
그가 160권의 법전이 성령을 세상에
나오지 못하도록 방해하는 자, 너희들
이 얼마나 큰 성령을 방해한 것인 줄
알겠느냐?
11 그러니 모든 제자 너희들은 들으라.
12 너희들과 이해관계 없는 그것으로써
나의 아들의 마음을 흔들지 말며, 160
권의 법전이 나오는 것에 동요치 말라.
13 너희들이 그 동요하는 자 절대 용서받
지 못할 것이며, 그 죄는 너희들이 씻
으려 해도 씻을 수 없는 그 무거운 짐
은 벗을 수 없다는 것을 명심하고 또
명심하라.
14 이제는 모든 사탄이요, 사악한 자들이
나의 아들을 흔들 것이며, 160권이 세
상에 나오지 못하도록 할 것이며,
15 그와 같이 역사할 수 있는 그 제자들
이요, 그 전사들의 이름을 기록하지

못하게 할 것이니,
16 그와 같이 어렵고 힘든 싸움을 하는
나의 아들에게 너희들이 동요치 말며
마음의 동요를 주지 말라.
17 그리했을 때 너희들이 성령의 방해죄
요, 가장 큰 성령의 방해죄라는 걸 잊
지 말라.
18 내가 한 장의 그림으로 너희들에게 보
여 주니 명심하라.

10,554 번째 하나님 말씀

2004년 4월 15일 06시 35분

1 사랑하는 나의 아들아!
2 "네, 아버님! 말씀하옵소서."
3 너를 따르는 제자들이요, 나의 법전을
읽고 깨우친 만백성, 너희들은 들으라.
4 오늘의 너희들이 육의 삶에 있어서 정
도의 길이 아니고는 어떠한 지름길이
라는 것도 너희들에게 없음을 알라.
5 너희들은 정도의 길이 아닌 지름길로
써 무엇을 이루려는 생각 그 자체를
지우지 아니하면 아니 됨이니라.
6 육의 세상에 지름길로써 너희들이 급
히 무엇을 이루고자 서두른다면,
7 너희들이 더욱이 하늘에 오르는 길이
요, 참진리의 길이요, 구원의 길을 오
고 못 오는 그와 같은 너희들의 그 귀
중한 삶의 생활에 너희들이 정도의 길
을 아니 가며 그를 버리고 편법의 지
름길을 찾는다면, 그리고 그 지름길이
있을 것이라 생각한다면 이건 너희들
의 오판이니라.
8 누구도 그 지름길은 올 수 없으며, 그
길이 없기 때문이니라.
9 그와 같은 길이 있다 하여 너희들이
온다 해도, 나는 그와 같은 백성을 받
아들이지 아니함이니,
10 내가 천국의 문을 열어 주지 아니하며
그를 받지 아니하면, 너희들이 무엇한
단 말이더냐?
11 지름길이 아니라 지름길의 열배 백배
의 지름길로 온다 해도 아무 관계가
없음을 알라.
12 이제 모든 나의 백성 너희들에게 전함
이니라.
13 하늘에 오르는 길이요, 바로 그 곧은
길은 나의 법전을 읽고 정독하는 것,
그 내용대로 지키는 것이니,
14 너희들이 정녕 나의 법전을 지키고 역
사할 수 없거든, 내가 불로써 친필로
내린 나의 십계명을 하나도 위배하지
아니하고 너희들의 삶을 살도록 그리
하라.
15 그것이 정도의 길이요, 하늘에 오르는
바른길이요, 곧은 길이니라.
16 나에게 오르는 길은 곧은 길은 있어
도, 너희들이 마음대로 임의로 올 수
있는 지름길은 없음을 알라.
17 내가 너희들에게 명함을 명심하라.
18 하늘에 오르는 바른 곧은 길은 나의
법전을 가슴에 안고 정독하며 그를 지
키고 행하는 것이요,
19 그리 행하지 아니하는 길은 절대 바른
길이 아니요, 나머지는 다 모두 너희
들이 지름길로 올라가는 그 편법의 방
법이니, 그는 하늘에 통하지 아니함을
알라.
20 모든 믿음의 길을 가는 백성 너희들이
지금에 구원을 받았으며 하늘에 오르

는 길이라 몸부림치고 달려가는 그 길
이 바로 너희들이 지름길을 찾는 자
요, 길이 없는 곳에 길이 있다 너희들
이 대드는 어리석은 삶이니 그리 알라.
21 이제 나의 법전을 보고 너희들이 깨우
치라.
22 나의 법전을 본다 하여 너희들이 무너
지더냐, 너희들이 사탄이 되더냐, 너
희들의 재산을 내가 갈취하는 방법을
거기다 가르쳤더냐?
23 너희들이 하늘의 지혜요, 하늘의 이치
를 보는 것을 모두를 기록하였음이니,
24 너희들이 읽고 아니면 조용히 그 책
장을 덮으면 될 것이지,
25 보지도 아니하고 사탄이요, 이단이요,
마지막 시대의 거짓된 자요, 너희들이
벌레 보듯이 하니, 너희들이 얼마나
가련하고 불쌍한 백성이더냐?
26 정도의 길이요, 바르고 곧게 오는 길
은 그 법전 속에 하늘에 오르는 길의
안내요, 하늘의 이정표가 거기 있다는
것을 명심하고 또 명심하라.
27 지름길의 방법으로써 너희들은 하늘
에 올 수 없으며, 너희들이 나에게 왔
을 때 내가 모른다 함이니,
28 내가 너희들을 모른다 할 때 그보다
더 무서운 답이요, 그보다 무서운 말
은 없을 것이니 그리 알라.

10,555 번째 하나님 말씀

2004년 4월 15일 06시 40분

1 사랑하는 나의 아들아!
2 "네, 아버님! 말씀하옵소서."
3 지금 세상의 모든 종교 집단이요, 그
믿음의 길을 가며, 그리고 감히 구원
을 받았다 말하는 그들이 부르짖는 그
소리가 내가 무어라 하였느냐?
4 개구리 울음소리만도 나에게 관계없
는 소리라 하였음이니라.
5 너희들이 말로써 믿고 소리 지르며 울
고불고하면 그것이 구원이요, 그리고
나의 아들 이름을 '주여, 주여!' 부르
기만 하면 너희들이 구원이요,
6 나의 아들 예수의 그 진한 피로써 너
희들의 모든 죄를 대속받았다 울고불
고 광란의 짓을 하며 너희들이 구원이
라 그리 생각하는 자들은 그리 알라.
7 그것은 나와 관계없음이니라.
8 너희들이 이 세상에 살아가면서도 '공
짜는 없다.'는 말이 있지 않으냐?
9 너희들이 공짜요, 거저 주는 것은 없
으며 그 대가가 반드시 있는 것이 인
간 세상이라 그리 말하지 않느냐?
10 그러면서 너희들이 거저 주는 것이 더
빚이며 더 마음에 부담이 크다는 그
런 말도 하고 있느니라.
11 그러니 너희들은 알라. 그와 같이 너
희들이 그저 공짜로써 가볍게 이루어
지는 것, 고통 없이 무엇이 이루어지
고 얻는다는 생각을 너희들이 지금서
부터 버리지 아니하면 아니 됨이니라.
12 더욱이 너희들이 구원이요, 하늘에 오
르는 길이 대가 없이 노력 없이 모두
가 이루어진다 생각하는가?
13 너희가 지금처럼 힘들이지 아니하고
구원의 역사함을 생각하지 말라.
14 너희들이 편법으로 지름길을 향하여
올 수 있다는 생각을 지우라.
15 너희들이 시련과 고통과 그 어렵고 힘

든 길을 마다하고 너희들이 편안하고
안일한 것을 찾는 자, 결코 나를 볼 수
없으며 나에게 올 수 없으며,
16 아무리 너희들이 울부짖는다 해도 그
소리가 강아지 짖는 소리만도 못하며,
개구리 울음소리만도 못한 것이 너희
들의 아우성이라는 그 무서운 의미를
알라.
17 시련과 고통의 길을 오는 자, 너희들
이 그 대가를 치르고 오는 자만이 나
에게 오를 수 있다는 것을 알라.
18 그리고 거듭나기 위하여 너희들이 나
의 아들의 제자, 그리고 그를 따르는
나의 법전을 읽고 깨우친 백성, 그들
에게 한번 물어보라.
19 지금 나의 아들을 따르며 강론을 듣는
제자들이요, 그리고 법전을 읽고 깨우
치고자 몸부림치는 백성들이요, 그들
이 행하고 가는 삶이 어떠한 것인가?
20 그리고 거듭나는 길이요, 새로운 생명
이요, 새 생명을 얻기 위한 그 길이요,
창조주 아버지의 자식으로서 아버지
품에 가는 그 길이 얼마나 어렵고 힘
든 길인가를 그 제자들에게 물으면 너
희들은 알 것이니라.
21 모든 백성들은 들으라.
22 이제 너희들이 정녕 하늘에 오르는 길
이 무엇이며, 너희들이 변화되는 것이
무엇이며, 너희들의 악습을 지우는 것
이 무엇인가, 그것이 어떠한 길로 가
며 어찌하여 가는가, 이제는 너희들의
선생들이 지상에 있음이니라.
23 나의 아들의 제자 그들에게 물으라.
24 그들이 바로 너희들의 선생이요, 만백
성을 구하는 하늘의 선생이요, 지도자
이니, 이제 그들에게 물으면 그들이
답을 할 것이니라, 그리고 그들이 깨
우쳐 줄 것이니라.
25 그들을 보고 너희들이 깨우치도록 그
리하라.
26 나의 아들을 따르는 그 하늘의 선생이
지금 수십 명이 이 지상에 있음이니,
그들의 손을 잡고 물으라.
27 하늘에 오르는 길이 무엇이며, 악습을
버리는 것이 무엇이며, 진정한 믿음의
가는 길이 무엇이며, 하늘의 뜻이 무
엇인가를, 수십 명의 선생이 있으니
그들을 붙잡고 물어보라.
28 그러면 너희들이 오늘의 믿음의 길을
감이 얼마나 잘못된 것이며, 너희들이
얼마나 허황된 속에서 지금 허덕이고
있는가를 알 수 있을 것이니라.

10,556 번째 하나님 말씀

2004년 4월 15일 06시 45분

1 사랑하는 나의 아들아!
2 "네, 아버님! 말씀하옵소서."
3 너를 따르는 그 제자들에게 반드시 명
해야 될 것이니라.
4 너희들은 변화되고 또 변화될 때까지
꾸준히 두 주먹을 불끈 쥐고 노력하고
또 노력하며, 앞만 보고 달려오는 그
와 같은 삶을 살지 아니하면 절대 아
니 된다 그리 말하라.
5 내가 너희들에게 세례를 주었으며, 너
희들이 나로부터 선택된 하늘의 선생
이라 내가 그리 말하였으며,
6 나의 법전에 기록하여 만백성에게 너
의 제자들이 선생이요, 그들을 안내할

자들이니,
7 그들에게 너희들이 하늘의 이치요, 진
리가 무엇이며 악습을 버리는 것이 무
엇인가를 물으라 내가 나의 법전에 그
리하였으니,
8 이를 읽는 자, 그 제자들에게 물을 것
이니, 과연 너희들이 어떠한 변화로써
역사해야만 나의 뜻을 거역하지 아니
하며, 공의의 하나님인 내가 세상의
만백성에게 한 그 언약이 틀리며 비뚤
어지며 잘못 나가는 것이 아닌가를 입
증하고 보이는 것은, 너희들이 변화되
고 또 변화될 때까지 꾸준히 노력하는
그 길밖에 없음을 이제 알아야 될 것
이니라.
9 너희들이 대충대충 대중적으로 모두
를 갈 수 있을 때가 아니니라.
10 나는 너희들에게 세례를 주었으며, 나
는 모든 백성들에게 '나의 법전에 기
록하여, 이제 하늘의 선생이요, 너희
들을 지도하는 지도자를 수십 명을 세
상에 내보냈으니,
11 너희들이 쉽게 접할 수 있으며 간단하
게 접할 수 있으니, 그들에게 듣고 배
워 너희들이 변화되는 삶을 살라.' 내
가 그리 명하였음이니,
12 나의 명령이요, 나의 언약이 헛된 것
이 되고 안 되는 것은 너희들에게 달
렸음을 알라 그리 전하라, 사랑하는
나의 아들아!
13 그러니 너희들은 나를 볼 때까지, 그
리고 나의 음성을 들을 때까지, 너희
들이 나의 나라 천국에 오를 때까지
너희는 좌우를 보지 말며, 오로지 앞
만 보고 꾸준히 노력해야 될 것이니
라.
14 모든 백성들은 좌우를 보며 즐거움을
느끼며, 인간의 향락을 느끼고 사나,
하늘의 선생이요, 하늘의 지도자인 너
희들은 그와 같은 시간이 없음이니라.
15 너 하나 희생하여 만백성을 구하는 그
역사의 답을 이제 너희들이 찾아야 될
것이며, 몸소 보여야 될 것이며, 너희
들이 행할 때가 되었음이니라.
16 그러니 천국이요, 거듭나는 내 품에
올 때까지 너희들은 잠시도 다른 생
각을 해서는 아니 되느니라.
17 사탄들이 너희들을 무너트리고자 함
이니, 너희들은 '아차!' 하는 순간에
무너지며 넘어지게 되며 모두를 다 잃
게 되는 그와 같은 불행을 초래하는
것이니라, 사랑하는 나의 아들딸들아!
18 어떠한 시련과 역경이 있다 해도 포기
하지 말라, 그리고 꾸준히 노력하고
또 노력하고 전진하라.
19 그리해야만 이 세상에 하늘에서 이루
어진 것같이 이 지상의 낙원이 이루어
지는 것이며, 나 여호와의 간곡한 그
모두가 다 역사함이니라.
20 그러니 내가 너희들에게 세례를 내렸
으며, 내가 너희들이 하늘의 선생이
니, 너희들에게 답을 물으라 명한 것
은, 너희들이 이를 그리 듣고 그저 지
나가서는 아니 될 것이니,
21 너희들이 잠을 자든, 걸어가든, 앉아
있든, 과연 너희들이 하늘의 선생으로
서 누가 무엇을 물었을 때, 하나님 아
버지요, 창조주 아버지인 나의 뜻에
욕되지 아니하며 얼굴을 붉히지 아니
하도록 너희들이 대답할 수 있는 백

성이 되기 위하여 잠시도 쉬어서는 아
니 되며 잠시도 멈춰서는 아니 되느
니라, 사랑하는 나의 아들딸들아!
22 이를 너의 제자들에게 꼭 가르치고
전하도록 하라.

10,557 번째 하나님 말씀

2004년 4월 15일 06시 48분

1 사랑하는 나의 아들아!
2 "네, 아버님! 말씀하옵소서."
3 이제 너를 따르는 제자들이요, 나의
법전을 읽고 깨우친 만백성 너희들은
이 세상에서 가장 행복한 것이요, 가
장 멋지며 가장 멋있는 너희들이 되도
록 내가 너희들에게 명함이니라.
4 너희들이 가장 이 세상에 행복을 느끼
는 백성이요, 그리고 가장 멋있고 가
장 보람된 삶이 무엇인 줄 알겠느냐?
5 너희들은 이제 가장 소중한 행복이 무
엇인가를 내가 명할 것이니 그리 들으
라.
6 너희들은 어떠한 것도, 아무리 귀하고
소중한 것도 조건 없이 놓을 수 있는
그와 같은 마음이요, 조건 없이 베푸
는 것이 육의 삶에 있어서 너희들이
가장 멋지고 행복한 것을 스스로 깨닫
는 그와 같은 삶으로 변하도록 그리하
라.
7 조건 없이 놓을 수 있고 조건 없이 베
풀 수 있는 그와 같은 마음을 가지고
사는 것이 육의 세상에서 가장 멋진
모습이요, 가장 행복한 모습이요, 그
것이 너희들이 하늘에 와 가장 복되며
영광을 얻는 것이니,
8 이것이 너희들이 오늘의 가장 소중한
삶이며 가장 멋있는 삶이라는 것을 가
슴에 새기도록 그리하라.
9 조건 없이 놓을 수 있는 것, 조건 없이
베풀 수 있는 것, 그리고 너희 자신을
버리고 남을 위하여 사는 것이 얼마나
기쁜 것인지, 그 기쁨을 아는 백성, 그
가 바로 이 지상에서 가장 멋지고 행
복한 백성이요, 가장 위대한 백성이라
는 것을 너희들은 알라.
10 그러니 이 세상에 가장 위대한 백성이
요, 가장 멋진 백성이요, 가장 행복한
백성으로서 너희들의 삶을 살겠는가,
너희들이 구겨지고 얼룩진 그와 같은
삶을 살겠는가?
11 이를 내가 너희들에게 깨우쳐 주고 전
함이니라.
12 가장 멋있는 백성이요, 가장 행복한
백성이요, 가장 소중함을 지니고 사는
너희들이 되라.
13 그는 바로 내가 무엇이라 말했느냐?
14 남을 위해서 사는 것, 남을 위해서 너
희들이 무엇이든지 아끼지 아니하며,
그리고 계산 없이 그저 주는 것,
15 그리고 주는 기쁨이 얼마나 큰 기쁨인
지를 아는 백성이 바로 가장 멋진 백
성이요, 가장 아름다움을 아는 백성이
요, 가장 소중한 삶을 사는 백성이라
는 것을 기억하도록 그리하라.

10,558 번째 하나님 말씀

2004년 4월 15일 06시 52분

1 사랑하는 나의 아들아!
2 가장 멋지고 가장 행복한 삶을 사는

백성은 너희들이 남의 기쁨을 위하여
사는 자이니,
3 남의 기쁨을 위해 하는 것이 얼마나
위대한지 알고, 그리하여 그 기쁨 속
에 기쁨을 아는 백성이 되라 하였음
이니라.
4 가장 어리석고 불쌍한 백성은 또한
무엇이더냐?
5 가장 어리석은 백성은 오늘의 육의 세
상의 삶에 천 가지 만 가지를 놓지 못
하며, 천 가지 만 가지를 생각하고 사
는 백성이요, 그가 가장 불행한 백성
임을 너희들은 알아야 될 것이니라.
6 가장 행복한 백성의 의미를 너희들은
알았으니, 그 가장 행복한 백성의 다
음에 가야 할 길은 무엇이더냐?
7 이 세상의 너희들의 삶에 연연하지
말며, 너희들이 이 세상에 육은 죽어
짐이니 그 죽음 다음에 너희들의 영
혼이요, 그 영원히 사는 영혼이 너희
들이 다음 세상의 삶을 위해 준비하는
그와 같은 너희들의 오늘의 삶이 가
장 귀하고 소중한 것이니라.
8 내가 너희들에게 오늘 아침에 기쁜 상
을 하나 내림이니, 너희들은 잘 들으
라.
9 너희들이 육의 삶에서 만 가지 선행을
베푸는 것보다도, 하나의 악을 행하지
말아야 한다는 것, 이를 너희들이 가
슴 깊이 간직하고 살지 아니하면 아니
될 것이니라.
10 너희들이 선함을 행하는 것은 나의 것
으로써 나의 은혜 속에서 너희들이 다
보답하는 것이요, 그리하여 천 가지
선행하는 것은 너희들이 그는 지워지
고 퇴색될 수 있음이니라.
11 그러나 너희들이 악의 사탄이요, 악의
명령에 의해 하나를 행하는 것은 절대
지워지지 아니하며 그는 지울 수 없기
때문이니, 이를 명심하도록 너희들이
알아야 될 것이니라.
12 너희들이 선행의 천 가지라는 것은 나
의 은혜에 보답하는 것이요, 너희들이
한 가지 악을 행하는 것은 사탄의 명
령이요, 사탄에 따라 너희들이 행하여
지고 이루어지는 것이기 때문이니라.
13 그리하여 만 가지 선행보다도 한 가지
악행을 하지 아니함이 가장 중요함이
요, 그것이 나에게 오를 수 있는 가장
현명한 백성임을 알라.
14 현명하지 못한 백성, 지혜롭지 못한
백성은 백전백패요, 항상 무너지게 되
어 있음이니,
15 그리하여 내가 너희들에게 하늘의 지
혜를 깨우쳐 줌이니, 이보다 너희들이
귀하고 소중한 사랑이요, 은혜가 없음
을 알라.
16 만 가지 선행보다도 한 가지 악행을
하지 말라.
17 만 가지 선행은 내가 내린 모든 은혜
속에서 너희들이 행하여지는 것이기
때문에 그는 너희들이 남는 것이 없으
며 너희들이 상으로 존재하는 것이 없
다 함이니라. 그러나 너희들이 하나의
악행은 사탄이요, 사탄의 명에 의하여
모두가 이루어짐이니, 그는 반드시 그
대가를 치르는 것이 너희들의 오늘의
삶이요, 하늘에 와 심판을 받는 기본
이요, 근본이라 함을 깨우쳐 주니,
18 이보다 너희들에게 더 큰 상은 없음을

알라.

10,559 번째 하나님 말씀

2004년 4월 15일 06시 55분

1 사랑하는 나의 아들아!
2 "네, 아버님! 말씀하옵소서."
3 내가 너를 따르는 모든 제자들에게 가
훈을 내리지 아니하였더냐?
4 '한 점의 부끄러움이 없는 삶을 살라,
나의 아들딸들아!' 이 의미가 과연 너
는 무엇이라 말하느냐?
5 "네, 아버님! 그렇사옵나이다.
6 그 의미를 알며 그 뜻을 아나, 저희들
이 소홀히 넘어가며 지키지 못하는 것
이라 생각되옵나이다. 하늘을 향하여
아버님께 한 점의 부끄러움이 없는 삶
을 살라 하는 것은 남들이 보는 앞에
서, 대중 앞에서 저희들이 그와 같은
짓을 하지 말라 함이 아니요,
7 남들이 보지 않는 곳에서 그와 같은
행위를 하지 말며, 은폐된 곳에서 그
와 같은 행위를 하지 말며,
8 어쩔 수 없는 그와 같은 환경에서도
저희들이 한 점의 부끄러움이 있는 그
와 같은 생각을 해서는 아니 된다는
것,
9 남들이 보는 앞에서 저희들이 천사와
같은 삶을 살며, 남이 보지 않는 곳에
서 악의 행위를 서슴지 않고 하는 그
와 같은 것을 고치라 함이요,
10 그와 같은 백성이 되어서는 아니 된다
하여 그 말씀을 내린 것이라 그리 생
각되옵나이다."
11 그러니 내가 너에게 보여 주는 그 한
장의 그림이 무엇이더냐?
12 "네, 아버님! 그렇사옵나이다.
13 앞에는 하얀 옷을 입은 자요, 뒤에는
검은 옷으로써 뭉쳐져 있는 그와 같은
그림을 보여 주셨사옵나이다."
14 그러니라, 나의 아들아!
15 너희들이 그와 같은 것으로써 흰 것과
검은 것이 구분되어서는 안 되며,
16 앞에 흰 것으로 너희들이 보이는 곳은
천사와 같으나, 보이지 않는 곳은 그
썩고 썩은 그 검은 모습으로써 너희들
의 마음이 뭉쳐져 있으면 아니 됨이니,
17 보이지 않는 곳에서 한 점의 부끄러움
이 없는 삶이요, 어쩔 수 없는 여건에
서도 한 점의 부끄러움이 없는 삶을
살아야 되며,
18 어둡고 검은 곳에서 은폐된 곳에서 한
점의 부끄러움이 있는 너희들의 삶을
살아서는 아니 된다는 것,
19 그리하여 하늘을 향하여 한 점의 부끄
러움 없이 살라 하는 그 의미를 알았
다면, 이를 너의 제자들에게 전할 것
이며,
20 이를 듣는 나의 아들을 따르는 제자들
이요, 나의 법전을 읽고 깨우친 만백
성, 너희들은 그리 행하도록 하라.
21 안 보이는 곳에서 더 철저하며, 은폐
된 곳에서 더 철저하며, 남들이 시시
비비하지 않는 곳에서 더 철저한, 너
희들이 하늘을 향하여 한 점의 부끄러
움이 없는 철저한 삶을 살도록 그리하
라.
22 그러면 나 여호와의 기쁨이니라, 사랑
하는 나의 아들딸들아!

10,560 번째 하나님 말씀

2004년 4월 15일 07시 01분

1 사랑하는 나의 아들아!
2 "네, 아버님! 말씀하옵소서."
3 성경에 기록하여 전하기를 무어라 말하였느냐?
4 내가 구약과 신약의 성서에 기록된 내용을 너희들이 변질시키지 아니하고 그대로 지키고 살아왔더라면, 오늘의 이와 같은 어렵고 힘든 길은 가지 아니할 것이며,
5 너희들에게 심판이요, 재판이요, 그리고 너희들이 버릴 자와 구원할 자 구분하는 그와 같은 나의 법전 160권이 세상에 내려오는 일은 없었을 것이니라.
6 그러나 성경에 기록한 것도 너희들이 지키지 아니하며 더욱이 그를 너희들이 변질시켜 너희들의 교리로 만들어 이 세상을 이렇게 험악하게 만들지 않았느냐?
7 그러니 오늘의 너희들이 가는 형국이 무엇이더냐?
8 내가 하나를 기록하여 너희들에게 물어보고자 하나니, 과연 너희들은 어찌 가느냐?
9 말씀이요, 창조주의 뜻에 의하여 너희들이 입술로만 나를 존경하며 경배한다는 자들, 그 말로써 행하는 자들이 마음이 나로부터 멀리 떠나간 자들이요, 그와 같은 자들이 바로 이단이요, 사탄이라 내가 너희들에게 그리 말했음이니,
10 과연 지금의 이 세상에 나의 아들이 그 제자들을 가르치며 역사하는 것이 과연 말로써 모두를 역사하며, 너희들이 행동은 따르지 아니하며, 그리고 너희들에게 마음이 떨어진 그와 같은 행동을 하는가?
11 두 마음이요, 세 마음을 가지고 나의 아들이 단상에 서서 너희들에게 가르친다 생각하느냐?
12 너희들은 여기서 들으라.
13 오늘의 믿음의 길을 가는 그 백성들이요, 종교 집단이요, 지도자들이 과연 어찌 가는가?
14 그들은 앞에서는 나 여호와의 뜻을 가르치며 전한다 하나, 육의 사업장을 만드는 데만 그 모두를 바치고 있는 자들이니라.
15 그러니 양의 가죽을 쓴 자들이 과연 어떠한 자며 어떠한 자가 사탄이던가?
16 너희들이 지금 오늘의 믿음의 길을 가는 그 백성들의 실태를 들여다보라.
17 너희들은 앞에서는 우리 부자의 이름을 팔고 뒤에서는 사업장을 개설해 놓고 나의 피조물 만백성들에게 영수증 없이 거둬들이는 그와 같은 짓을 하고 있지 않더냐?
18 말로만 믿음의 길을 가는 자들이 그들이니라.
19 과연 너희들은 이를 어찌하여 평가하지 못한단 말이더냐?
20 너희들의 믿음의 길을 가는 그 종교 집단이요, 그 지도자들이 얼마나 잘못되었으면 지금 이와 같은 말이 너희들 세상 속에 흘러 다니더냐?
21 '염불에는 관심이 없고 잿밥에만 관심이 있다.'는 것이 잘못된 종교 집단이

요, 지도자들이요, 그 형태를 단 한마
디로 표현을 했으니,
22 정녕 너희들이 이와 같은 역사로써 종
교 집단이요, 지도자들이 지금 흐르고
있으니,
23 나의 피조물 만백성들을 구원한다는
종교 집단이요, 지도자들이 양의 가죽
을 쓴 자며, 우리 부자의 이름을 팔아
먹고 사업을 하는 자들이라 내가 말함
이 틀리더냐?
24 더 높은 교회요, 더 웅장한 교회요, 더
화려한 것을 짓기 위하여 너희들이 모
두를 다 바침이니,
25 거기서 너희들이 재물에만 관심 있는
자들이요, 잿밥에만 관심 있는 자들이
요, 그와 같이 가는 자들과 무엇이 다
른가?
26 한 치도 어긋남이 없는 것이 오늘의
너희들이 가는 길이라는 것을 알라.
27 그러니 나를 찾고 부르짖고 구원을 받
았다 말하는 그 백성 너희들이 그 믿
음을 다시 시작하지 않으며 원점에서
시작하지 아니하면, 너희들은 결코 아
무것도 이루고 얻을 수가 없다는 것을
알라.
28 이제 내가 그리하여 불쌍하고 가련한
너희들, 모르고 따라가는 자, 알지 못
하고 따라가는 자, 너희들 말로 '모르
는 것도 죄냐?'는 말이 있듯이,
29 너희들이 모르고 가는 자, 내가 죄라
생각지 아니함이요, 그래서 내가 마지
막 너희들에게 나의 법전을 내려보내
너희들을 깨우치고자 함이니,
30 너희들이 이를 접하지 아니하고 네가
알 길을 버리고 네가 알 수 있는 것을
다 버리고 가면서 '모르는 것도 죄입
니까, 모르는 것은 죄가 아니라 하지
아니하였습니까?' 그와 같은 말을 하
지 말라.
31 내가 모두를 내려 160권이 세상에 나
가 그 빛을 발하니,
32 그 빛을 받지 않은 자, 그 빛을 따라오
지 않는 자, 너는 그때부터 모르는 자
라 말할 수 없으며, 몰라서 죄를 지은
자라 말할 수 없으며, 변명의 여지가
없음을 알라 그리 전하라.

10,561 번째 하나님 말씀

2004년 4월 15일 07시 06분

1 사랑하는 나의 아들아!
2 "네, 아버님! 말씀하옵소서."
3 나의 계명을 지키지 아니하며 유전으
로써 전해지는 너희들이 만든 교리를
따르는 자, 사탄이요, 마귀라 내가 말
하였음이니, 너희들은 그리 알라.
4 지금의 성경으로써 가르치는 것, 너희
들이 과연 나의 뜻을 그대로 전하는가?
5 너희들이 유전의 역사로써 수없이 난
도질했으며, 난도질을 당한 것이 나의
성경임을 아는가?
6 너희들이 난도질하여 변화되고 또 변
질되었으며, 너희들이 그 변화되는 것
이 천태만상으로 지금 변질되었음이
니라.
7 나의 아들이 그 제자들에게 전함을 그
제자의 제자들이 받아쓰는 것에서 난
도질을 당했으며,
8 또 너희들이 이를 만든다 하여 모여서
이를 만드는 자, 그리고 이를 세상에

내는 자, 규합해서 만든 너희들이 또
난도질을 해 변하고 변화되는 그와 같
이 환경이 되었으며,
9 또 그것이 세상에 나와 너희들이 만백
성에게 전하니, 그 지역에 따라서 너
희들의 그 환경에 따라서 고쳐 쓰고
고쳐 쓰며 또 변질되고,
10 최종에는 가르치는 지도자들이 또 잘
못 가르치며 잘못 이해시켜서 또 난도
질을 당하며,
11 그리하여 또 가르치는 말단 지도자들
이 그걸 기분에 따라서, 생각에 따라
서 또 변질되며, 받아들이는 그 신도
들이 또 제 기분이요, 제 마음에 따라
서 그때에 따라서 또 받아들이고 이해
하는 것이 또 달라지고 또 달라짐이니,
12 이것이 바로 변질된 근거요, 이리하여
난도질을 당하고 또 당한 것이니, 나
의 성경이 얼마나 상처요, 상처투성이
로 얼룩진 모습인지 알겠느냐?
13 너희들이 인간이라는 너희들의 형체
를 놓고 이리 떼고 저리 뗀 그와 같은
몰골사나운 형국으로 지금 난도질당
한 것이 나의 성경이니라.
14 그리하여 내가 가장 쉽게 누구나 다
알 수 있는 이때를 기다려, 6천 년이
라는 세월을 기다려 성경의 비밀을 열
어 주며 가장 쉽고 간단하게 누구도
변질시키지 못하며 있는 그대로 받아
들이도록 하여,
15 내가 낮은 모든 진리를 다 여기에 깨
우쳐 너희들이 기록하여 깨우치고자
하는 대역사가 이루어지고 있는 사실
을 너희들은 알라.
16 오늘의 성경을 가르치는 자, 이 모두
를 지금까지 흘러온 지도자들은 너희
들이 짜깁기의 명수들이라는 걸 알라.
17 짜깁기의 명수들에 의하여 오늘의 현
주소로 되었으며, 오늘의 험악한 너희
들이 성경의 변질의 역사가 되었음을
알라.
18 너희들의 기도 소리를 들어 보라.
19 너희들은 변질되는 자들이 아니요, 짜
깁기의 명수라 그리하지 아니하며 그
를 거부하려거든 종교 지도자들이 하
는 그 기도 소리를 들어보라.
20 너희들이 가짜 명수가 아닌가?
21 그들의 기도 소리를 보면 너희들이 짜
깁기요, 짜깁기해서 말을 갖다 붙여
대는 데 너희들의 가슴을 울리며 눈물
흘리며 콧물 흘리도록 너희들이 그리
광분하도록 만드니, 그것은 다 짜깁기
의 명수가 짜깁기한 것임을 알라.
22 그러니 짜깁기의 명수 밑에서 배운 그
신도들이 과연 어떠하더냐?
23 그 신도들이 너희들이 기도를 할 때,
또 나에게 경배 기도를 드린다 할 때
그들이 하는 말을 한번 들어보라.
24 서슴없이 그들은 그저 온갖 말을 다
갖다 붙이니, 하늘의 천사요, 하늘에
있는 사탄이요, 나 여호와도 놀라 무
서워 자빠질 정도로 너희들이 짜깁기
선수로서 훈련되어 있으며, 짜깁기의
명수가 되어 있는 것이니라.
25 그러니 그 속에서 짜깁기 속 지도자에
게서 배운 그 짜깁기가 바로 오늘의
유전으로써 전하여지며 유전으로써
전하는 비진리요, 비성경의 가르침이
요,
26 그리하여 거짓 삯꾼들이 이를 가지고

만백성으로부터 재물을 거둬들이니,
그 덫에서 벗어나지 않는 자, 나에게
올 수 없다 함을 알라.

10,562 번째 하나님 말씀

2004년 4월 15일 12시 08분

1 사랑하는 나의 아들아!
2 "네, 아버님! 말씀하옵소서."
3 내가 너희들에게 명하기를 무어라 말
하였느냐?
4 모든 백성들이 믿음의 길을 가는 자,
제 모두를 다 바쳐 평생을 다 바쳐 울
고불고 가는 그들이 구원이요, 나에게
오르고자 하여 저희들이 부모 형제 모
두를 등진 채 오로지 저만이 구원을
받아야 된다는 것, 저만이 거듭나야
된다는 그 욕심 때문에,
5 나의 아들 예수가 산 자와 죽은 자를
구분하러 온다는 그와 같은 것 때문에
너희들이 매달리고 가는 것이 구원이
아니더냐?
6 그러니 나의 아들을 따르는 제자들이
요, 나의 법전을 읽은 너희들에게는
그 구원의 한 자리도 양보하라 내가
그리 말하며, 그 마음이 나를 따르는
자식들이요, 너희들이 할 수 있는 도
리라 하지 아니하였더냐?
7 그러니 너희들은 남을 위해서 희생되
며, 네가 손해를 봐도 남을 위해 손해
보게 하지 아니하며,
8 그리고 남이 즐겁고 행복한 것을 너희
들은 축하해 주고 격려해 주며 같이
즐거워하는 그와 같은 아름다운 마음
을 가지고 살라 함이니, 이는 무엇이
더냐?
9 오늘의 모든 백성들이 살아가는 마음
이 그를 행하지 못하며 그리하지 못하
기 때문이니라.
10 내가 지금의 모든 백성들을 바라보는
그들의 삶이 어떠한 것인 줄 알겠느냐?
11 저하고 아무 이해관계가 없다 해도
남이 잘되는 것을 보지 못함이니라.
12 남의 재물이요, 남의 명예요, 그리고
남이 나보다 즐기는 인생을 산다면,
어떠한 이유든지 그것을 배가 아파서
보지 못하는 자들이 그들이 아니더냐?
13 그저 저희들이 길이 좁다, 땅이 좁다,
또는 이웃이 시끄럽다, 그래서 제가
잠을 못 잔다, 이웃이 있기 때문에 제
가 불편하다,
14 그리고 이웃에 이와 같은 건물이 들어
섰기 때문에, 이웃에 이런 것이 있기
때문에 제가 괴롭다, 고통스럽다 하며
저하고 아무 관계도 없는 걸 가지고
시시비비하는 게 오늘의 인간 너희들
의 마음이니라.
15 그러니 남이 잘되는 것을 못 보는 것
이 첫째 그들의 마음이요, 둘째는 저
하고 아무 관계가 없는 것까지도 시비
를 거는 자들이니,
16 과연 저에게 무슨 손해를 끼치며, 조
금이라도 저에게 너희들이 말하는 바
늘구멍만큼이라도 손해를 끼치며, 제
마음에 상처를 입힌다든지, 저에게 불
편을 준다면, 과연 그것이 용납되겠느
냐?
17 그는 절대 용납하지 못하는 것이 오
늘의 백성들이니라.
18 그러니 그와 같은 자들이 지금 이 세

상의 모두를 덮고 있으며 그 모두가
이 세상을 지배하고 있기에, 내가 너
희들에게 그리 살라 함이니라.
19 그러니 지금 나의 아들이 너희들에게
내리는 너희들이 지키라는 그 삶을 지
키고 사는 백성들과,
20 남이 잘되는 걸 보지 못하며, 이해관
계가 없는 것도 그저 훼방을 하며, 제
것은 손해요, 제 것을 남에게 뺏기는
것은 감히 꿈에도 생각할 수 없는 그
와 같은 양보심이 없는 사악한 마음을
가지고 사는 그들 중에,
21 누가 하늘의 백성이며 나 여호와의 가
르치는 목자요, 나의 아들이요, 내 뜻
에 의하는 지도자라 내가 말할 수 있
겠느냐?
22 그러니 이것이 오늘의 현실임을 너희
들은 알아야 될 것이니라.
23 그러면서도 그들은 너희들에게 말하
느니라.
24 너희들을 사탄이요, 이단이요, 세상의
물정을 모르는 자들이요, 세상을 모르
고 사는 어리석은 자들이라,
25 그들이 불법으로 행하여 무엇을 얻었
을 때 기쁨의 미소를 지으며, 그것이
제가 똑똑하며 제가 현명하며 제가
지혜로움이 있기에 남이 얻지 못하는
것을 편법으로 부정을 하여 무엇을
이루었다 할 때,
26 저희들은 괴로워하고 고통스러워 하
며 후회하는 것이 아니라, 그것이 저
희들이 잘난 자요, 똑똑한 자요, 현명
한 자라며 즐거움의 미소를 짓고 사
는 자요, 양심의 가책을 느끼지 못하
는 것이 지금의 사는 그들이니,
27 그와 같은 짓을 하지 말라 하며 그와
같은 양심의 가책을 받을 짓을 하지도
말라, 아예 생각지도 말라 가르치는
나의 아들이 과연 이 세상에 나의 뜻
이요, 만백성을 정녕 구하는 자의 가
르침인가?
28 너희들은 온갖 변명과 온갖 이유를 대
며 지금 변명을 하나, 그것은 통하지
아니함이니 그리 알라, 사랑하는 나의
아들딸들아!

10,563 번째 하나님 말씀

2004년 4월 15일 12시 14분

1 사랑하는 나의 아들아!
2 "네, 아버님! 말씀하옵소서."
3 나 여호와가 이 세상의 모두를 만들었
음이니, 위로는 인간인 너희들을 만들
어 세상에 내보냈으며, 아래로는 미물
에서부터 동식물이요, 그 모두를 다
내가 이 세상에 존재하도록 하였음이
니라.
4 그리하여 내가 너희들에게 처음에 만
들어 내려보낸 그 형태가 유지되지 못
한다면, 바로 너희들은 무어라 말하느
냐?
5 그것을 기형아라 하며, 기형아의 형태
로써 너희들이 성장하니, 기형아인 상
태로써는 너희들이 제 기능을 발휘하
지 못하며, 제대로 역사하지 못하는
그와 같은 것을 보고 살지 않느냐?
6 그러니 세상에 내가 내려보낸 사랑하
는 나의 아들딸 너희들이 과연 지금
내가 최초에 만들어 세상에 보낸 그
형태가 아니라, 너희들이 찌그러지고

우그러지며, 그리고 너희들이 기형의
형태로 만들어졌다면, 과연 너희들은
어떠한 형태던가?
7 외형은 너희들이 바르고 고운 듯하나,
너희들의 마음이 그리 무너지고 부서
지고 악에 찌든 그 모습은 내가 볼 수
없을 정도로 너희들의 형태가 망그러
진 자이며,
8 너희들이 기형의 모습으로써 지금 살
아가는 것이 나의 백성임을 알아야 될
것이니라.
9 인간인 너희들이 그리 변화되고 변화
되어 너희들의 형태를 찾아볼 수 없을
만큼 너희들의 마음의 형태가 무너졌
음이니, 이게 바로 너희들의 오늘의
형국이니라.
10 그러니 너희들은 나의 백성들이 지금
뭉그러지고 무너진 그 기형적인 형태
의 사람의 모습을 그리며 너희 모습들
을 한번 그려 보라.
11 그리고 가장 추한 모습으로써 너희를
한번 상상해 보라.
12 오늘의 성경이요, 믿음의 길을 가는
그 백성들이 나의 성경을 변질시켰으
며, 나의 성경을 너희들이 마음대로
손댔음이니,
13 바로 나의 성경이 너희들이 가장 추한
모습으로써 기형아처럼 변한 모습, 그
와 같이 된 것이 오늘의 나의 성경이
요,
14 그 성경을 가지고 너희들이 지금 만백
성을 구한다며 울고불고하는 오늘의
그 역사를 가고 있음을 알아야 될 것
이니라.
15 너희들이 인간의 마음의 그 형태가 부
서지고 무너진 것이 보기 흉할 정도로
너희들의 형태가 무너져 있는 것이 오
늘의 너희들의 모습이니라.
16 그러니 나의 성경이 그리 무너졌으며
변질될 대로 변질되었으니, 이를 가지
고 어찌하여 너희들이 바로 설 수 있
으며 나에게 오르는 길을 볼 수 있단
말이더냐?
17 그리하여 내가 나의 아들을 통하여 새
로운 성경을 세상에 내려보내며, 그리
고 이 내려보내는 나의 법전이 세상의
모든 새 공통어로써 너희들이 하나로
역사하는 그와 같은 세상을 이루고자
하는 그 뜻이 내가 어디 있는 줄 알겠
느냐?
18 너희들이 변질되고 변질되게 만든 그
성경이 인간이 무너지고 무너질 대로
가장 추한 모습인 상태보다도 더 험악
하게 너희들이 나의 성경을 가지고 그
리 무너트리고 무너지게 했음이니라.
19 그리하여 이제는 내가 동양의 작은 나
라의 이 언어로써 가장 너희들이 알기
쉽고 편하게 만들어 세계 공통어로 이
루고자 하는 것은,
20 너희들이 하늘의 뜻을 인간의 교리요,
그리고 인간의 교리로 만든 것을 유전
으로 전하면서 지금까지 무너진 이것
을 바로잡으며,
21 두 번 다시 그 전철을 밟지 못하도록,
그와 같은 행위를 하지 못하도록 하여
내가 세계의 공통어로써 역사한다는
뜻이 여기에 있음을 너희들은 알아야
될 것이니라.

10,564 번째 하나님 말씀

2004년 4월 15일 12시 19분

1 사랑하는 나의 아들아!

2 "네, 아버님! 말씀하옵소서."

3 세상에 환란이요, 그 모두가 뒤집어지
는 그와 같은 한 번의 역사를 너희들
이 거쳐야 되며, 또한 이와 같은 것이
있어야 될 것이라 내가 그리 말하지
않았더냐?

4 그러니 그는 지금까지 믿어 왔던 모든
종교 집단이요, 지도자요, 그리고 광
분한 그 신도들, 그들이 지금까지 구
원의 길이라 믿고 왔던 그 믿음의 신
앙이 잘못되었으며 사탄의 명에 의하
여 사탄을 돕는 그와 같은 믿음의 길
이요,

5 너희들이 지옥으로 가는 그 믿음이라
내가 법전에, 새로운 성경에 기록하여
너희들에게 전하니,

6 너희들이 그 충격에서 벗어날 수 없으
며 너희들의 그 경악함은 너희 자신
이 어찌할 바를 모를 것이니라.

7 그러니 광분한 신도들이 그를 듣고 광
분하지 아니할 수 없으며, 그리하여
너희 스스로 감내할 수 없는 그 광란
이요, 환란을 부르는 그 사악한 길을
가게 되며 그 짓을 너희들이 하게 될
것이니라.

8 내가 지금 나의 아들을 통하여 너희들
이 바로 가지 못하는 것, 깨닫지 못하
는 것을 너희들에게 일깨워 주고 다스
려 주는 것을 고맙고 감사한 마음으로
받아들이며 반성하는 그와 같은 너희
들의 마음 자세가 아니라,

9 너희들은 나의 뜻을 받아들이며 감사
의 기도를 드리기 전에, 지금의 나의
아들을 2천 년 전에 죽인 예수보다도
더 처참히 제거하려 할 것이며, 그러
한 마음으로 너희가 나의 아들과 나의
법전을 버리며 찢어 버리고 태워 버리
며 그와 같은 행위를 하게 되는 것이
니라.

10 그러나 2천 년 전 나의 아들 예수를
못 박는 그와 같은 형국을 내가 두 번
다시 용납하지 아니할 것이며, 내가
두 번 다시 그를 보지 아니할 것이니
라.

11 구약 시대의 율법학자들이 나의 아들
예수를 못 박아 죽게 한 그 간교하고
그 간악한 방법, 그보다 더 간교한 방
법으로써 너희들이 나의 법전이 세상
에 빛을 보지 못하도록 하려 하며 나
의 아들을 존재치 못하게 할 것이니라.

12 그러나 너희들은 여기서 너희 스스로
가야 할 길이며 너희들이 해야 할 일
이 무엇인가를 먼저 깨달아야 될 것이
니라.

13 너희들 스스로 갈 길을 가며, 너희들
이 회개하고 반성하며, 나 여호와가
나의 책으로써 근거하는 나의 새로운
성경에 이 무섭고 두려움을 기록하여
전하는 그 뜻을 너희들이 한번 생각해
보며 너희들 자신을 돌이키다보면,

14 한 발짝 물러나 너를 보면 모두를 다
알 수 있으며 깨달을 수 있을 것이니,
어떠한 길을 선택하는지는 너희들의
자유의지에 있음을 알라.

15 너희 자신이 믿음의 구원의 길에 대하
여 너희들이 지금 사기 당하고 있는

것을 어찌하여 모른단 말이더냐?
16 사기꾼에게 사기를 당하는 것을, 사기
를 당하니 조심하라 가르쳐 주는 자,
17 너희들이 그저 재벌이 되라는 것, 그
저 부귀와 영화를 누리는 그 꿈에 젖
어 너희들이 사기를 당하는 자, 사기
꾼이라는 걸 알고 있는 자가 사기꾼이
니 사기를 당한다 가르쳐 줘도,
18 도리어 말하는 자를 시기하고 질투하
는 자라 하며 너희들이 밀어붙이고 그
를 따른다면, 결국 너희들은 패망이
요, 모두를 다 잃게 됨이니라.
19 지금의 모든 백성들이 지금의 믿음의
길을 가는 삯꾼들에게 사기를 당하고
있으며, 지금도 너희들이 사기꾼과 동
행하고 같이 찬송 부르고 울고불고하
는 것을,
20 너희들이 어떠한 길에 어떠한 곳으로
흘러가는지 그를 깨우치지 못하고 있
음이니라.
21 그리하여 나의 법전을 읽고 너희들이
구원의 빛을 보며 그 모두를 구분할
수 있는 지혜를 얻도록 하라 함이니라.
22 그리하여 내가 이 역사를 이룸이니,
이것을 너희들이 그리 받아들이고 나
의 법전을 읽고 들여다보며, 그리고
나의 아들딸들이 살아가는 선택된 그
들이 사는 모습을 너희들이 한번 숨어
서 보도록 그리하라.
23 그러면 거기서 너희들이 무엇인가가
다름을 얻을 것이며 무엇이 진실한 것
인가를 깨닫게 될 것이니,
24 그리해서라도 너희들이 변화되는 길
만 있으면 변화되도록 그리하라, 사랑
하는 나의 아들딸들아!

10,565 번째 하나님 말씀

2004년 4월 15일 12시 23분

1 사랑하는 나의 아들아!
2 "네, 아버님! 말씀하옵소서."
3 선하고 착한 사람이 악으로 변화되며
무너진다면, 그 증오함이요, 그 분함
은 너희들이 인내하기 어려우며 감당
치 못하도록 철저히 악에 물들어 가게
되어 있는 것이 인간 너희들이니라.
4 그러니 너희들이 선하고 착한 사람이
화를 냈을 때, 너희들은 살인을 금치
않고 역사한다 하지 않더냐?
5 그러니 착한 사람이 악인으로 변할 때
그를 감당키 어려운 것처럼,
6 오늘의 믿음의 길을 가는 그와 같은
백성, 너희들이 한번 무너지며 한번
돌이키면 정녕 돌아올 수 없으며, 너
희들이 너희 자신을 찾지 못하는 그와
같은 형국이 되는 것이 나의 백성들이
니라.
7 오늘의 믿음에 빠져 있는 너희들이 지
금 바로 그러하니라.
8 너희들이 그리 빠졌고 그리 변질되었
기 때문에, 그것이 어떠한 것이요, 얼
마나 그것이 불행한 길이요, 영원히
감당치 못하는 너희들이 그 길을 가고
있다는 것을 아무리 말을 하고 전해
줘도 모름이니, 너희들은 알아야 될
것이니라.
9 착한 백성이 악에 물들었을 때 그 변
화되는 것은 감당치 못한다 하듯이,
10 지금 나의 사랑하는 백성들이 잘못된
믿음에 빠져 버리니, 너희들이 감당하
지 못할 만큼 열성적이요, 광분하는

자들이요, 너희들의 모두를 다 바치는
그와 같은 맹종 맹신하는 백성으로 변
질되었음을 알라.
11 사랑하는 나의 아들딸들아!
12 너희들이 아무리 정성을 들여 만든
음식이라 해도, 너희들이 온갖 것을
다 만들어 정성을 들이고 모든 것을
다 바쳐 성심성의를 다한 음식이라도,
13 그가 썩어지면 너희들이 먹을 수 없
는 것이며, 썩어진 것은 너희들의 몸
을 상하게 하며 너희들의 생명까지도
잃게 하는 것이 아니더냐?
14 그러니 아무리 너희들이 옳은 길이요,
나에게 오르는 길이라 하여 너희들이
참진리라 해도, 그것이 내 뜻이 아니
요 내가 원하는 길이 아니면, 너희들
이 썩어지는 음식처럼 변질된 자요,
15 변질되어서 두 번 다시 너희들을 구
원할 수 없으며 원상태로 돌아올 수
없는 것이 너희들이니,
16 지금의 모든 믿음의 길을 가는 백성들
이 돌이킬 수 없으며 다시 돌아올 수
없는 그와 같은 형국으로 치닫고 있다
는 것을 알아야 될 것이니라.
17 모든 종교 집단이요, 지도자, 그 신도
들까지 변질되고 변질되어 썩어져 먹
지 못하는 음식과 같이 그리되었으니,
이를 어찌해야만 된단 말이더냐, 사랑
하는 나의 아들딸들아!
18 그보다 더하니라. 지금 믿음의 길을
가는 백성 너희들은 살아서 움직이는
자요, 생각하는 자요, 그리고 남을 이
끄는 자요, 복음을 전한다 하여 나의
아들 예수의 이름을 포장하여 그를
가지고 너희들이 앞에 내세워 모든 것
을 역사하니,
19 변질되어 먹지 못하는 그 음식보다도
너희들이 더 무섭게 변질되어 있으며,
감히 누구도 치료할 수 없을 정도로
무서우리만큼 더 변질되고 썩어진 것
이 오늘의 종교 집단이요, 믿음의 길
을 가는 너희들이라는 것을 잊지 말라
그리 전하노라.

10,566 번째 하나님 말씀

2004년 4월 15일 12시 26분

1 사랑하는 나의 아들아!
2 "네, 아버님! 말씀하옵소서."
3 믿음이요, 그 길을 가는 백성, 너희들
은 깨닫고 들어야 될 것이니라.
4 인간 세상에 너희들이 살아가면서 저
와 관계없는 것, 그리고 쓸모없는 것
을 뭐라 하느냐?
5 단돈 1푼어치도 가치가 없는 것들이
라 너희들이 그리 평가하고 말하지 않
더냐?
6 지금의 믿음의 그 신앙생활이 단돈 1
푼 어치도 가치 없는 그와 같은 길을
가고 있으며, 그와 같은 신앙생활을
하고 있으며,
7 울고불고 나의 아들 예수를 '주여, 주
여!' 부르며 보혈로써 구원을 받았다
말하는 것, 그리고 구원을 받았다 말
하는 자,
8 그러면서 너희들은 행동은 뒷전이요,
말로써만 모두를 역사하는 오늘의 종
교 집단이요, 지도자, 그리고 맹종 맹
신하는 그 신도들,
9 그 모두가 다 1푼어치도 가치 없는 짓

을 하고 있다면, 과연 너희들은 어찌
하겠느냐?
10 나 여호와가 보는 너희들은 그러하니
라.
11 이제 그러니 너희들이 정신을 차리지
아니하면 아니 될 것이니라.
12 정녕 너희들은 죽어 나에게 올 때까지
1푼어치의 가치도 없는 지금의 그 신
앙생활이요, 지금의 삶을 그대로 지키
고 그를 위해 살다 너희들이 나에게
올 것인가 깊이 생각해 봐야 될 것이
니라.
13 너희는 처음부터 잘못 시작하였음이
니라.
14 그리하여 변질될 대로 변질되어 너희
들을 알아볼 수 없는 그 형태가 되었
다 내가 그리 말했듯이,
15 오늘의 너희들이 나의 뜻과는 관계없
이 변질된 그 믿음이요, 변질된 신앙
생활을 하는 너희들이 바로 무엇이더
냐?
16 단돈 1푼어치도 가치가 없는 그와 같
은 행위라 함이니 그를 명심하도록 그
리하라.
17 이를 사탄이요, 이단이라 욕하기 전
에, 너희들이 그와 같은 소리를 들어
야 하는 너희들 자신을 들여다보도록
그리하라.
18 기본의 자세가 없는 자요, 그리고 기
본의 자세가 되어 있지 않은 자, 그와
같은 자는 나와 관계없는 백성이니,
너희들이 구원이라는 그와는 거리가
먼 자들이라는 것을 명심하라.

10,567 번째 하나님 말씀

2004년 4월 16일 06시 13분

1 사랑하는 나의 아들아!
2 "네, 아버님! 말씀하옵소서."
3 인간 세상에 너희들이 살면서 사랑했
던 사람, 존경했던 사람, 그리고 너희
들이 놓치고 싶지 않았던 그와 같은
모든 백성들이 삶을 살다 그 죽음의
문턱을 넘은 자들이니라.
4 그러니 그 많은 너희들의 주변에 있
는 사람들이 먼저 가는 자, 그리고 그
죽음의 길을 따라가는 자, 그 누구도
그를 거부하지 못하며, 그를 넘지 못
하는 것을 너희들이 보았을 것이니라.
5 그들이 지금 죽어져 갔음이니, 과연
그들이 세상에 남긴 것이 무엇이 있더
냐?
6 무엇을 그들은 이 세상에 남겨 놓았으
며 무엇을 역사하고 갔는가?
7 너희들이 이따금 그립고 정이 그리워
그 이름 석 자를 생각하며 그 얼굴을
그려 보는 그것으로써 너희들이 생각
하는 것 외에 그 무엇을 이 세상에 남
기고 갔던가, 그리고 무엇을 이루어
놓았단 말이더냐?
8 그러니 너희들이 그와 같이 부질없이
왔다 부질없이 가는 그와 같은 인생의
삶을 살아서는 아니 되는 것이니라.
9 그러니 너희들이 말을 하지 않느냐?
'인생은 나그네'라 그리하느니라.
10 나그네의 인생인 그 나그네와 같은 인
생의 삶을 과연 너희들은 어찌 살아야
되는가를 생각해 보았는가?
11 지금의 모든 백성 너희들이 보고 싶

은 얼굴이요, 그리고 사랑하는 사람들
이요, 그 모두도 다 너희들 곁을 떠난
자가 수없이 있으며, 또한 지금의 너
희들 주변에 있는 모든 그들도 그들
처럼 또한 떠나가고 헤어짐이니라.
12 그러니 다만 너희들이 아쉬움의 눈물
을 흘리며, 또한 세월이 지난 다음에
그 모두는 잊어지고 지워지는 것이며,
13 그러면서 너희들이 때로는 그가 그리
울 때 가슴이 뭉클해지는 마음 아픔
을 느끼는 것이며,
14 그 이름 석 자를 생각해 보니 과연 너
희들이 그 사랑했던 사람이요, 그리고
그리 그리운 사람이요, 보고 싶은 사
람에게 무엇을 너희들이 해 줄 수 있
으며 무엇을 역사해 줄 수 있는가?
15 아무것도 너희들이 해 줄 것이 없으
며, 아무것도 역사할 것이 없으며, 그
사랑을 표현을 할 수 있는 것도 없음
이니라.
16 그러니 내가 너희들을 통하여 말함이
니라.
17 인생의 너희들이 살아가며 가장 귀하
고 소중한 것은 무엇이더냐?
18 너희들이 사랑을 베풀며 사는 것이라
함이니라.
19 그러니 그 사랑을 베푸는 삶 외에는
아무것도 너희들이 존재 가치가 없으
며, 너희들이 기억할 것이 없으며, 너
희들이 행할 것이 없다는 것을 절대
잊지 말라 그리하라, 사랑하는 나의
아들아!
20 모든 너희들이 '인생은 나그네'라 하
지 않느냐?
21 나그네의 길을 가는 자와 같음이니라.
22 그러니 나그네의 길을 가는 자가 너희
들이 짐을 지며 이것저것을 짊어지고
간다면, 과연 그가 몇 발짝을 간다고
할 수 있겠느냐?
23 지금의 모든 살아가는 너희들이 너무
나 많은 짐을 지고 있으며, 너무나 무
거운 짐들을 지고 너희들이 스스로 만
든 그 짐에서 헤어나지 못하는 그와
같은 삶을 살고 있는 것이니라.
24 그러니 인생의 그 삶 또한 무엇이더냐?
25 남이 만들어 너희들에게 짊어져 주는
것이 아니요, 네 어깨에 얹어 주는 것
도 아니니라.
26 모든 너희들의 인생의 삶에 어렵고
힘든 그 많은 짐은 스스로 너희들이
만든 것이요, 너희들이 만들어 짊어지
고 가는 그와 같은 형국이니,
27 그리하여 너희들이 하늘의 지혜를 얻
으라 함이요, 현명함을 얻으라 하였으
며, 그 모두를 너희들이 벗어 버리고
그 모두를 다스릴 수 있고 지울 수 있
는 것이 현명한 백성이기에,
28 바로 그와 같은 것을 깨닫는 것이 내
가 너희들에게 내리는 사랑이요, 은혜
요, 영광이라 하였음이니,
29 그 모두의 정확한 답이 바로 나의 법
전 안에 있음을 알라, 사랑하는 나의
아들아!
30 표류하는 배요, 표류하는 자들에게,
그리고 길을 잃고 방황하는 자들에게
가장 소중하고 귀한 것은 무엇이더냐?
31 바로 이정표이니라.
32 정확한 그 이정표요, 지도이니라.
33 그러니 그와 같은 것을 너희들이 바로
구하고 바로 볼 수 있는 것, 너희들이

그와 같은 삶을 살아가는 것, 그를 들
여다보고 찾을 수 있는 것,
34 그 모든 지혜가 바로 나의 법전 안에
있음을 잊지 말라 전하라, 사랑하는
나의 아들아!

10,568 번째 하나님 말씀

2004년 4월 16일 06시 27분

1 사랑하는 나의 아들아!
2 "네, 아버님! 말씀하옵소서."
3 너희들에게 가장 귀하고 소중한 것은
하늘의 지혜요, 영적인 눈이 열리는
것이요, 그를 들을 수 있는 귀가 또한
열리는 것이니라.
4 그러나 지금까지 나의 아들 예수가 세
상에 와 그 죽음으로써 나의 뜻을 전
하고자 한 그 출발서부터 잘못되었으
며, 시작서부터 잘못되었음이니,
5 오늘의 모든 종교 집단이요, 하늘의
지혜요, 영적인 눈이 멀어져 있는 것
이며, 그리하여 그와 같이 멀어진 상
태에서 지금까지 수천 년 동안 세월이
흘러오기에 오늘의 너희들의 종교 집
단이요, 오늘의 형태가 이루어진 것이
니라.
6 참진리를 연구하는 것이 아니요, 인간
의 사업장으로써, 인간의 교육장으로
써 변질되었으며, 그리고 모두를 인간
의 생각으로써, 인간의 지혜로써 이루
기 때문에,
7 너희들이 아무리 방대한 조직이요, 아
무리 큰 성전을 가지고 이끈다 해도
그 모두는 다 나의 뜻과는 관계없는
것이며, 잘못된 것이라 함을 알아야
될 것이니,
8 이제 믿음의 길을 가는 백성 너희들은
들으라.
9 많은 사람들을 모아 놓으며 많은 사람
들 앞에서 강론하는 그와 같은 것이
아니요, 물 흐르듯이 그저 한두 사람
을 깨우치고 한두 사람을 인도하는 그
와 같은 형국으로 가는 것이 나의 복
음을 전하는 것이요, 나의 뜻을 전하
는 것임을 너희들은 알아야 될 것이니
라.
10 또한 나의 아들 너도 그리 가야 될 것
이며, 모든 너희들이 역사하는 것을
그와 같은 형태로 가야 될 것이니라.
11 나의 법전을 너희들이 보관해 놓으며
나의 법전을 모아 놓으며, 그리하여
나의 법전을 너희들이 전하는 그와 같
은 곳을 형성해 놓는 장소 외에는,
12 너희들이 한번 너희들에게 와 '아멘,
할렐루야!'를 찾는다면, 그 모두를 다
너희들이 거둬들일 때까지 영원히 놓
아 주지 않는 그와 같은 형국으로써
가르치는 것이 아니요,
13 나의 법전을 놓아두는 거점을 만들며
그곳에서 백성들이 모여 대화하고 역
사할 수 있는 그와 같은 곳으로써 이
끌어 나가야 될 것이며, 너희들은 찾
아나가서 만백성을 가르치고 깨우치
는 그와 같은 역사로써 행하도록 그리
하라.
14 내가 그리하여 너희들에게 무어라 하
느냐?
15 찾아다니며 그 믿음을 전하는 그 백성
들이 그래서 나 여호와의 뜻을 알며,
나 여호와의 뜻에 가까이 와 있는 이

세상에 믿음의 길을 가는 백성들이 있
다 하였음이니,
16 그들은 성서대로 역사하려 할 것이며,
성서대로 역사하는 것이며, 성서대로
하고자 하는 그들의 노력이 거기에 있
음이니라.
17 그러니 그들만도 못한 것이 지금 이
세상을 지배하며, 나 여호와의 목자로
서 역사한다 생각하는 너희들이니,
18 이제 너희들은 완벽하게 그와 같은 것
을 다 통합하여 바로 서는 삶을 살도
록, 그리고 바로 서는 삶을 가르치며,
19 그리고 나의 성서에 의하여, 나의 새
로운 성경에 의한 그 삶에서 절대 벗
어나지 말도록 그리하라.
20 그리했을 때 너희들의 눈이 열릴 것이
며 영적인 귀가 열릴 것이니라.
21 하늘의 지혜가 없으며, 영적인 눈이
뜨이지 않았으며, 귀가 열리지 않는
종교 집단 지도자들이 수천 년 동안
흘러오면서 지금 끌어 오고 역사한
것이 저 자신이 잘못되었으며, 제가
자신이 없으며 제가 자격이 없는 것
임을 그들은 잘 알고 있느니라.
22 저 자신을 잘 알고 있는 지도자들이
참진리가 아닌 비진리의 길을 가고 있
다는 것을 그들이 너무나도 잘 알고
있으면서,
23 그들은 육의 삶을 위하여, 오늘의 삶
을 위하여, 저희 부귀영화를 위하여
그 모두를 버리지 못하고 이끌어 가고
있는 자들이니, 스스로 그들이 잘 알
고 있느니라.
24 참진리요, 비진리요, 인간적인 교리가
인간의 상술에 의한 것으로써 너희들
이 지금 다 변질되고 둔갑되어 사용되
고 있으며 너희들이 그리 활용하고 있
음을 알라.
25 참진리는 비진리요, 인간적인 그 교리
는 하늘의 뜻이요, 나 여호와의 뜻이
라 하여 너희들이 포장하여 상술로써,
사업장으로써 나의 뜻을 저버리고 살
아가는 것이 오늘의 너희들이니라.
26 그와 같은 저희들이 잘못된 것, 죄를
짓는 것, 보이지 않는 곳에서 험악한
행위를 하는 것, 보이지 않는 곳에서
저희들이 인간 이하의 행위를 하는 것
을 그들은 스스로 잘 알고 있으며 더
잘 깨닫고 있느니라.
27 아는 자가 지도자의 탈을 쓰고 그와
같이 인도하기 때문에 너희들이 수없
이 그리 빠져드니, 바로 너희들이 무
엇이더냐?
28 상대방을 알면 너희들이 백전백승이
라 했듯이 상대방을 알면 그 뜻은 무
엇이더냐?
29 교묘히 그 심리를 이용하며, 너희들의
약점을 이용하여 모두를 이룰 수 있듯
이,
30 너희들이 인간 세속에서 인간의 교리
로 연구하고 연구한 오늘의 지도자이
기에,
31 너희들의 아픈 곳을 잘 알며, 너희들
의 약점을 잘 알며, 너희들의 허점을
잘 알며, 너희들의 아픈 곳을 잘 알기
에, 그를 치료하는 양 거기에 합당한
것으로써 너희들을 이끌어 가기에,
32 오늘의 너희들이 앞을 보지 못하며 영
적인 눈이 뜨이지 못하는 나의 백성이
되어 쇠사슬에 묶여 끌려가는 그와 같

은 형국으로 되어 있다는 걸 알라.
33 너희들을 너무 잘 알기 때문이요, 너
희들의 약점이요, 너희들이 두려워하
는 것, 무서워하는 것을 잘 알고 있기
에,
34 거기에 너희들의 입맛에 맞는 그와 같
은 중언부언 기도 소리요, 그리고 강
론이요, 설교로써 너희들을 이끌어 가
기 때문이니,
35 바로 영적인 눈이 열리지 않은 자가,
하늘의 지혜가 없는 자가, 저 자신이
내 뜻이 아니라는 것을 아는 자가 너
희들의 마음을 그리 이끌어 너희들을
그리 인도하기에,
36 너희들이 그저 그것이 꿀맛이요, 그것
이 너희들의 입맛에 맞으니, 더 이상
다른 것을 볼 줄 모르는 백성임을 너
희들은 알라.
37 그러니 그를 보고 들어도 구분하지 못
하는, 모든 능력을 상실한 그 백성들,
모자란 백성들이요, 생각하지 못하는
백성들을 너희들은 그대로 두고 보고
만 있어야 된단 말이더냐?
38 어린아이를 청년이 데리고 노는 그와
같은 것, 그러니 그 어린아이를 잘못
데리고 놀고 잘못 가르치고 잘못 시킬
때, 도둑질을 시키며 강도하는 것을
가르치며 살인하는 훈련을 시킨다면,
너희들이 그것을 보고 그대로 놔둬야
되겠느냐?
39 그 어린아이가 더 이상 무너지고 버
려지기 전에, 너희들은 그로부터 그
아이를 보호해야 될 것이며, 그를 정
상적인 교육이요, 바른 것으로써 가르
쳐야 되지 않느냐?
40 오늘의 모든 종교 집단이요, 지도자
요, 그리고 맹종 맹신하는 그 신도들
이, 그 어린아이와 같은 자들이, 철부
지와 같은 자들이 아무것도 모르기에
그저 그리 가고 있음이니, 너희들은
그들을 버리지 말며 그들을 구원해야
될 것이니라.
41 그들이 모든 능력을 상실했으며 구분
할 수 있는 그 판단력까지 상실했다
면, 그게 아이지 어른이라 할 수 있겠
느냐, 사랑하는 나의 아들딸들아!

10,569 번째 하나님 말씀

2004년 4월 16일 06시 34분

1 사랑하는 나의 아들아!
2 "네, 아버님! 말씀하옵소서."
3 수천 년 동안 나의 백성들이 살아오면
서 천사로 가장된 자들이요, 그리고
하늘의 뜻이라 위장된 화술로써 지금
이끌어 가는 그와 같은 자들이요,
4 그리고 가면을 쓴 사탄의 그 역사함이
요, 그와 같은 자들에게 현혹되어 너
희들이 거기에 참여했으며, 그것에 울
고불고하며 하늘에 오르는 길이라 하
여 지금 가고 있는 것이 너희들의 믿
음이니라.
5 그러니 그들이 위장된 자요, 가짜로
자신을 속이는 자요, 그리고 너희들이
사탄의 후예가 되어 역사하는 자들에
게 둘러싸여 그들의 장막에 가려, 지
금의 광명 천지의 천사의 행함이 무엇
인지를 알지 못하고 있으며 참진리의
길을 보지 못하고 너희들이 살아가는
것이 오늘의 형국이니라.

6 모두 앞에서는 천사와 같은 하얀 모습
이요, 뒤에는 썩고 썩은 그 시커먼 그
와 같은 심보를 가진 자들에 의하여,
너희들이 지금 거기에 위장된 그들에
게 속고 속아서 광명 천지의 아름다움
을 보지 못하며, 세상의 자연의 아름
다움을 느끼지 못하며, 그를 감사하지
못하고 살아가는 것이 너희들임을 알
아야 될 것이니라.
7 그러니 너희들이 그와 같은 삶을 살다
그들의 가르침에 힘을 실어 주며 재물
을 바치며 역사하다 너희들이 나에게
와 심판을 받을 때, 그 심판의 결과가
어떠한 것인가는 너희들 스스로 묻지
아니해도 잘 알 것이니라.
8 이제 사랑하는 나의 아들이요, 그리고
만백성, 너희들은 어찌하여 내가 너희
들에게 준 그 지혜를 가지고 세상에
얻지 못하는 것이 없는 그와 같은 역
사하는 자들이 가짜와 진짜의 그 지도
자요, 진정한 참진리요, 비진리를 가
르치는 종교 지도자요, 집단의 그것을
하나 구분하지 못한단 말이더냐?
9 그것이 표출되었으며 노출되었으며
간단한 방법으로써 판정할 수 있고 들
여다볼 수 있는 그 쉬운 방법을, 어찌
하여 너희들은 외면하며 보려 하지 않
는단 말이더냐?
10 너희들은 알아야 될 것이니라. 가짜의
그 지도자란 무엇이냐?
11 그들이 화려한 가운을 입었으며, 그리
고 너희들이 보기에 그 가운은 화려하
고 찬란하여 인간 너희들이 감히 생각
할 수도 없는 그와 같은 가운으로써
덮고 입고, 저희들이 가짜일수록 그
화려한 말로써 너희들을 유혹하는 자
들이 아니더냐?
12 그리하여 가짜 언행으로써 저희들의
그 화려한 말로써 하는 것이 다 믿음
이 없는 것이며, 속이 없는 것이며, 뿌
리가 없는 것이니라.
13 그리고 저희들이 화려한 가운을 입고
단상에 선다는 그 자체가 벌써 그들
이 진짜가 아니요, 가짜라는 것을 너
희들은 알 수 있거늘, 그것 하나도 너
희들이 어찌 모른단 말이더냐?
14 나 여호와의 뜻을 전하는 것, 내가 성
서에 기록한 내용을 너희들이 읽어 보
라.
15 정녕 그들이 그 위장된 가운을 입고,
그리고 화려한 언행으로써 너희들을
유혹하는, 그리고 너희들을 이끌어 가
는 그와 같은 방법으로 하는가?
16 그리고 교회라는 것을 지으며 성막이
라는 것을 지어 많은 나의 피조물 만
백성의 피를 뽑아 그들이 그와 같이
역사하는 짓을 하고 있나 하지 않는
가, 그리해야 되는가 하지 말아야 되
는가, 그 모두가 성서에 기록되어 있
으니, 그를 보면 너희들이 알 수 있는
것이니라.
17 항상 근사한 외형적인 모습이요, 외형
적인 행사로써 너희들을 끌어들이는
것, 그것이 너희들이 어떠한 것인가를
알 수 있느니라.
18 그리고 그들의 차림새가 다 형식적이
요, 그 진실이 없으며 그 모든 형태를
보면 너희들이 알 수 있는 것이며, 그
속을 보면 썩은 냄새가 나는 걸 알 수
있거늘, 그것을 너희들이 구분하지 못

하는 어리석은 백성들이니라.
19 교회라는 웅장한 건물을 짓는 것, 성
막이라 해서 웅장한 건물을 짓는 것,
그리고 너희들이 교회라는 큰 건물을
짓는 것을 자랑으로 생각하며 짓는 것
을 영광으로 생각하여 떠벌리는 자,
그리고 신도들의 숫자를 가지고 자랑
하는 자, 신도들의 숫자를 가지고 재
물로써 계산하는 자,
20 나는 한두 사람이 있을 때, 너희들이
찾아가 나의 복음을 전하라 내가 일찍
이 깨우쳐 준 성서에 기록된 내용을
너희들이 보라.
21 그를 위배하고 거역하는 자들이 아니
더냐?
22 그리고 저희들이 분수를 모르며 남의
재산을 갈취하여 화려한 생활을 하는
것, 저희들이 교세가 확장됨으로 그
자식들의 생활이 바뀌며, 저 자신의
생활이 바뀌며, 그 모든 생활의 형태
가 바뀌는 것, 그와 같은 것이 가짜라
는 것을 너희들은 어찌 모른단 말이더
냐?
23 그리고 베풀 줄 모르며 거둬들일 줄만
아는 자, 그것이 바로 가짜이거늘,
24 저희들은 항상 높은 자리에서 대우를
받고자 하는 것, 제가 먼저 모두를 역
사해야 되는 것, 그와 같은 자들이 다
가짜라는 것을 어찌하여 너희들이 모
른단 말이더냐?
25 나 여호와를 믿고 가르친다면서 나와
는 관계없는 행위를 하는 자들이요,
그리고 성경을 가르친다 하면서 거기
에 감춰진 비밀을 알지 못하는 자요,
그리하여 그대로 행하지 못하는 자,
26 너희들은 이와 같은 자를 보면 바로
알 수 있거늘, 어찌하여 너희들이 가
짜와 진짜를 구분하지 못하고 지금 혼
돈 속에 살아간단 말이더냐?
27 그리하여 그 모두를 구분할 수 있는
것을 나의 법전에 기록하여 너희들에
게 전함이니, 그를 보고 너희들이 깨
우치도록 그리하지 아니하면 아니 됨
을 알라, 사랑하는 나의 아들딸들아!

10,570 번째 하나님 말씀

2004년 4월 16일 06시 43분

1 사랑하는 나의 아들아!
2 "네, 아버님! 말씀하옵소서."
3 나의 피조물 만백성 너희들이 가장 무
섭고 가장 두려워하며 경계해야 될 것
이 무엇이며, 너희들이 같이해서는 아
니 되는 것이 무엇인 줄 알겠느냐?
4 너희들이 성령에 의하여 영적으로써
만백성을 인도한다는 종교 집단이요,
지도자들이 영적이요, 그와 같은 성령
으로 인도하지 아니하며, 너희들이 세
속의 계산법으로 인하여 세상적인 방
법으로써 나의 피조물 만백성을 구한
다고 하는 자들,
5 그와 같은 세속의 교리요, 인간의 교
리를 가지고 너희들이 하늘의 뜻을 모
르며 그저 더 큰 교회, 더 영광된 것을
역사한다 하며,
6 인간의 계산법이요, 인간 너희들의
잔머리로써, 그리고 사악하고 교활한
방법으로써 나의 피조물 만백성의 혈
세를 뽑아 저희들이 지금 호의호식하
고 살아가고자 하는 그 백성들, 그와

같은 지도자,
7 그리고 저 자신을 지우지 못하며 저
를 먼저 생각하는 그와 같은 백성들,
8 그리고 제가 가장 낮은 자요, 제가 가
장 어려운 고통의 길을 가는 것, 그리
고 제가 만백성의 종이요, 창조주 아
버님의 종이요, 겸허한 자세로 살아가
면서 살아가는 그 삶의 행복이요, 그
삶의 기쁨을 모르는 그 종교 지도자,
그들이 정녕 나와는 관계없는 자들이
니,
9 그들을 따르는 자, 그들의 가르침을
들으며 저희들이 구원을 받았다 울고
불고하는 그와 같은 백성, 그들이 가
장 불쌍한 백성들이니,
10 그와 같은 자들을 너희들이 경계하는
것이 가장 무섭고 두려운 길이며, 그
들에게 넘어가지 아니하는 것이 가장
너희들이 지켜야 할 길이라는 것, 그
들에게 넘어가는 것이 얼마나 너희들
이 무섭고 두려운 것인가를 알지 못하
면 아니 됨이니 너희들은 알라.
11 더 많은 신도요, 더 큰 교회요, 이것을
세상에 내놓아야 마음이 편안한 자,
그리고 그것이 우월한 자요, 선택받은
자요, 가장 유능한 자라 생각하는 그
와 같은 백성들,
12 그리고 만백성을 가르치기 위하여 저
희들이 가지고 있는 온갖 인간 세상
에 받은 그 자격증을 화려하게 가지고
있는 자,
13 저희들이 무슨 박사요, 무슨 역사한
자요, 무슨 연구요, 그와 같은 이름을
붙여 저 자신을 세상에 내보이며 모
든 신도들에게 알리려는 그와 같은 생
각을 가지고 있는 자들, 그와 같은 자
들을 경계하지 아니하면 아니 됨이니
라.
14 그와 같은 자들에게 너희들이 현혹되
어 넘어가는 것이 가장 무섭고 두려운
것이니라.
15 나의 종이요, 나의 뜻으로써 역사하는
것은 내가 그에게 무한한 지혜를 줌이
니,
16 그와 같이 인간 세상에서 받은 그 자
격증이요, 그것을 가지고 너희들이 앞
에서 만백성에게 너 자신을 화려하게
포장하는 것, 무슨 연합회의 감투요,
무슨 자격증이요, 인간 세상에서 주는
그 박사 학위요,
17 또한 너희들이 갖은 명예를 가지고 있
는 모든 이름을 붙여 종교 지도자가
단상에 서서 그를 가지고 제가 능력
있는 것처럼, 그리고 제가 특별한 사
람처럼 행동하는 것, 그 모두가 다 부
질없는 짓이요 하늘의 뜻을 모르는 자
이니라.
18 나 여호와가 지혜를 불어넣어 이 세상
의 깨우침을 알려 주는 그와 같이 선
택된 자가 바로 그와 같은 길을 가는
것이 얼마나 위대하고 무서운 것인가
를 모르는 자요,
19 받을 자격이 없는 자요, 받을 수 없다
는 걸 저 스스로 알기에, 인간 세상에
서 받은 자격증을 하나라도 더 가지려
하여, 그리하여 하나라도 감투를 더
쓰려 하니,
20 너희들이 감투를 쓰고 자격증을 갖는
것은 봉사하고 희생해야 하는 것이나,
21 너희들은 너희 이름이 세상에 나올 때

그를 화려하게 포장하기 위하여 그 모
두를 얻고자 노력하는 것이기에 가장
불행하고 불쌍한 자들이니,
22 이와 같은 자들에게 걸려 가는 자, 그
것이 가장 너희들이 경계해야 할 일이
며, 무섭고 두려운 것이며, 가장 치명
적인 것이라는 것을 잊지 말라, 사랑
하는 나의 아들딸들아!
23 너희들이 모든 인간관계의 그 자격증
을 앞에 내세워 제 상품의 가치를 높
이려 하며, 저를 따르는 신도들에게
위압적인 자세를 보이고자 하여, 그를
얻기 위하여 너희들이 뒷거래를 하며
재물을 갖다 바치며 온갖 행위를 하는
것이니,
24 오늘의 종교 집단이요, 지도자들이 그
와 같은 형국이니, 그와 같은 자들이
오늘의 나의 뜻을 따라 만백성을 구한
다 하니, 나의 뜻을 거역하는 자들이
요, 나에게 순종치 않는 백성들이 그
리되어 있음을 너희들은 알아야 될 것
이니라.
25 인간의 형태로써 이루어지는 것, 그것
으로써 평가하는 것, 그리고 평가를
받기 위하여 자격증을 너희들이 부여
하는 것, 그리고 자격증을 팔아먹는
자, 저를 포장하기 위하여 자격증을
사고팔고 해서 나오는 그러한 종교
지도자가 너희들이 어찌 가는가?
26 그들은 나 여호와의 뜻을 전하며 깨우
치는 것이 아니요, 신도들의 그 비위
를 맞추는 말만을 골라서 하는 자들이
니라.
27 신도들의 비위를 맞추는 말만을 골라
서 하여, 그들이 감사요, 은혜요, 축복
받았다 하여 그저 재물을 바치는 그와
같은 낚싯밥을 던지는 그와 같은 형
국이니라.
28 너희들이 낚시를 하려고 낚시꾼이 던
지는 그 바늘이 얼마나 날카롭고 예
민하더냐?
29 낚싯밥의 먹이를 잘못 물면 그 날카
로운 바늘에 찔려 그는 꼼짝달싹을 못
함이니,
30 그와 같이 사고파는 종교 자격증을 가
지고 저 자신을 위장하며 저 자신의
값을 올리며 저를 포장하는 종교 집단
지도자들이 그 신도들의 마음에 맞는
말만 골라서 중언부언하는 그와 같은
것,
31 그것이 바로 너희들이 그 날카로운 낚
시를 무는 물고기의 운명과 같음을
알라, 사랑하는 나의 아들딸들아!
32 그들은 말하느니라.
33 그저 재물을 거둬들이기 위해서 너희
는 구원을 받았다, 축복을 받았다, 은
혜를 받았다는 말만 하고 저희들이
중언부언하여 나의 피조물 만백성을
혼동케 함이니,
34 그것이 하늘의 뜻의 두려움을 모르며,
하늘의 이치를 모르며, 저희들이 나에
게 와 치르는 그 법이 얼마나 무서운
가를 모르며, 저희들을 따라오는 그
백성들이 얼마만큼 지옥 불에 가 그
고통을 치르는가 그 험악한 것은 이
루 말할 수 없음이니,
35 나의 아들을 따르는 제자들이요, 너희
들은 '나'를 버리고 행복을 추구하는
그와 같은 삶을 살라.
36 '나'를 낮추는 속에서 너희들이 얻는

그 행복을 알 수 있도록 하며, 가장 낮
은 곳에 네가 존재함으로 거기에 행복
이 있음을 알며, 거기서 행복을 느끼
고 기쁨을 얻는 그와 같은 삶을 살아
가도록 그리하라.
37 내가 그리하여 너희들에게 가훈을 내
렸으니, 하늘을 향하여 한 점의 부끄
러움이 없는 아들딸로 살도록 그리하
라.
38 그것만이 만백성을 구하는 것이요, 하
늘의 지혜를 얻는 것이요, 영적인 눈
이 뜨이는 것이요, 귀가 열리는 것이
니라.
39 인간 세상의 자격증을 가지고 포장하
려 하는 그와 같은 지도자가 나의 아
들을 따르는 지도자들이 되어서는 아
니 됨이니,
40 그와 같은 것을 가지고 너희들이 구분
하지 말며 연연하지 말도록 그리하라.

10,571 번째 하나님 말씀

2004년 4월 16일 06시 53분

1 사랑하는 나의 아들아!
2 "네, 아버님! 말씀하옵소서."
3 나의 피조물 만백성들이 세상에 나감
이니, 그들은 천사와 같은 마음을 가
지고 세상에 나갔다 하였느니라.
4 천사와 같은 마음을 가지고 사는 백성
너희들이 살아가면서 악과 선을 너희
스스로 가슴에 만드는 백성이라 하였
음이니라.
5 그리하여 그와 같은 백성들이 스스로
악과 선을 만드는 나약한 나의 백성들
을, 그 마음에서 악의 뿌리를 뽑으며
선만이 존재하도록 그들을 이끌고 지
도하여 나에게 오를 수 있도록 하는
것이 종교 집단이요, 지도자 너희들이
해야 할 일이며 가야 할 길이니라.
6 그러나 그와 같은 자들이 그 의미를
모르며 그 뜻을 모르며, 제가 역사하
며 제가 해야 할 일을 모르는, 단추가
잘못 끼워진 오늘의 잘못된 종교 집단
의 지도자들이,
7 참진리요, 하늘의 나 여호와의 뜻과
내가 모두 역사하는 것을 이룬다 하며
그를 가르치고 있다 하는 자들이 과연
어찌하고 있는 줄 알고 있느냐?
8 나와는 관계없는 것을 가르치며 그를
전하고 있는 것이 오늘의 그들이 아니
더냐?
9 종교 집단이요, 지도자 너희들이 사랑
으로써 모두를 역사할 것이며, 이 세
상에 나갈 때 천사와 같은 그 마음으
로 나감이니,
10 너희들의 삶 속에서 두마음이 생기는
악의 마음을 절단하고 잘라 주며 그를
뽑아내는 데
11 온갖 정성을 다 바치며 네 모두를 다
바쳐 한 사람의 의인이 나올 수 있도
록 하는 것에 모두를 다 바치는 것이
종교 집단 지도자 너희들이 가야 할
길이니라.
12 사랑하는 나의 아들아!
13 너희들은 여기서 그 두려움을 모르느
냐?
14 너희들이 수억의 수많은 종교 지도자
요, 그 집단 속에 있는 자들이 한 사람
의 의인도 만들지 못했다면 어찌하느
냐?

15 너희들이 오늘의 이리 요란한 방법이
요, 그 많은 물질로 그 많은 나의 백성
들을 지옥으로 이끌어 가면서 하나의
천사와 같은 백성을 만들지 못했으니,
16 너희들이 온 종교 집단의 지도자가
모여 한 사람을 다스리며 한 사람을
가르치며 그가 의인이 되도록 모든
교육을 시키는 것만도 못한 짓을 하
고 있다는 것이 아니더냐?
17 지금의 너희들이 수십억의 종교 집단
지도자들이 온갖 정성을 다하며, 저
자신을 버리며 저를 버리는 그리고 제
가 가장 낮은 자의 행복을 얻는 그 기
쁨을 안다면,
18 그들이 모여서 한 사람을 집중적으로
교육을 시켜 하나의 의인을 세상에 만
들어 낸다면, 그것이 얼마나 위대하고
값진 것이냐?
19 그리하여야 너희들이 한 사람이라도
구할까 말까 할 것이 아니더냐?
20 그러나 너희들은 그와 같은 길을 선택
하지 아니함이니라.
21 그리하여 너희들이 수억의 종교 지도
자들이 있으나, 나의 피조물 만백성들
을 의인으로 만드는 것이 아니요, 더
사악한 방법으로 흩으러 놓고 무너트
림이니,
22 너희들이 오늘의 모든 교회요, 성전이
요, 성막이요, 불당이요, 모두를 다 버
려 버리고 그 모든 종교 집단 지도자
들이 정녕 나의 뜻에 의하여 역사하는
백성이라면,
23 너희들이 가지고 있는 지혜를 다 모아
한 사람의 의인을 만드는 것에 모두를
다 바쳐도 너희들은 그 의인을 만드는
것보다 위대한 역사가 없는 것이거늘,
24 너희들이 지금 갈라지고 갈라진 자들
이 나의 백성들을 지옥으로 이끌어 가
는 짓만 하고 있음이니,
25 이제 내가 나의 아들을 통하여 나의
법전이 160권이 세상에 나가 모두를
덮는 것이 무엇이더냐?
26 너희들이 종교 지도자보다 더 많은 나
의 법전이 나가 한 사람의 의인을 세
상에 만드는 그 공을 들이며 그 역사
를 함이니, 오늘의 너희들과 가는 그
방법이 전혀 다른 정반대의 방법이니
라.
27 모든 종교 집단이요, 지도자 너희들이
종파를 따지지 말며, 너희들이 지금
가고 있는 그 길을 하늘에 오르는 길
이요, 저만이 영광된 길이요, 저만이
천국이요, 극락세계를 간다 울부짖고
그리하지 말고,
28 너희들 모두가 다 모여 하나의 의인
을 만드는 역사를 하는 것만큼도 너
희들이 오늘의 가고 있는 행위가 거기
에 미치지 못할 것이니,
29 너희들은 이와 같은 뜻을 알아 바른
길을 가도록 그리하지 아니하면 아니
될 것이니라.
30 모두 힘을 합쳐 하나의 천사와 같은
백성을 만들라.
31 그것이 너희들이 지금의 가고 있는 그
와 같은 것보다 천배 만배 위대한 길
이라는 걸 어찌 모른단 말이더냐?
32 그러니 모든 종교 집단이요, 지도자
너희들이 어렵고 힘든 길에서 모두가
합쳐 하나의 의인을 만드는 영광된 그
길을 가야 되는 것이며, 그것을 하기

도 너희들이 부족한 자들이라는 것을
알라.
33 그러나 지금의 모든 백성들이 어찌 가
느냐?
34 너희들은 신도들이요, 나의 백성들에
게 존경을 받는 방법을 연구하며, 신
도들 앞에 인기 있는 자요, 너희들이
말하는 무대에 서는 연극을 하는 자보
다도 더 인기를 얻기 위하여 수단과
방법을 가리지 아니하고 그를 연구하
는 것이 아니더냐?
35 그리하여 인기 있는 방법으로써 너희
들이 인기 있는 자가 되어 신도들을
끌어모으는 것, 그 수단을 연구하고
그것만을 공부한 것이 너희들이 아니
더냐?
36 그리하여 그 인기 있을 때 너희들은
재물을 거둬들이며 재물을 갈취하는
것이니라.
37 그러면서 너희들이 어떠한 사악한 자
인 줄 알겠느냐?
38 나의 신도요, 사랑하는 백성들에게 너
희들이 재물을 거둬들이면서도 그 흔
적을 남기지 아니하려고 그것만을 연
구하며, 그와 같은 것을 너희들이 생
각하고 살아가는 것이 오늘의 종교 집
단이요, 지도자들이지,
39 너희들이 과연 나를 위한 참진리의 길
을 가고자 하느냐?
40 이제 내가 너희들에게 명하며 정답을
내리느니라.
41 너희들이 정녕 종교 지도자라면 너희
들이 다 모여 하나의 나의 아들 예수
와 같은 그와 같은 의인을 세상에 만
들라.
42 그것이 너희들이 할 수 있는 길이요,
그 이상은 너희들이 아무것도 할 수
없는 자들이니라.
43 너희들이 만백성을 가르칠 자격이 없
음이니라.
44 너희들이 존경을 받는 그와 같은 사람
으로, 그리고 너희들이 그 존경의 박
수 소리를 듣고자 하여 위장된 거짓된
행위를 하며, 인기를 얻기 위하여 너
희들이 수단과 방법을 가리지 않는 그
와 같은 방법으로써 참진리의 길이 없
다 하는 것을 알라.
45 모두의 그를 연구하고 공부하는 것이
너희들이 가르치는 너희들의 학교라
는 것이요, 그리고 너희들이 가짜 지
도자를 육성하는 교육기관이 다 그와
같은 것만을 가르치고 연구하는 것이
아니더냐?
46 그러면서 너희들이 나와서는 나로부
터 선택된 목자요, 기름 부음을 받은
자요, 만백성을 구하는 대명을 받은
자라 그리 말함이니,
47 너희들의 그와 같은 허상이 드러날 날
이 머지않았음이니, 그 허상이 드러난
것을 알 때, 이미 너희들은 때가 늦었
음이니 그리 알라.

10,572 번째 하나님 말씀

2004년 4월 16일 06시 58분

1 사랑하는 나의 아들아!
2 "네, 아버님! 말씀하옵소서."
3 하늘의 뜻이요, 나의 진리를 전함에
있어서 큰 교회요, 성당에 많은 사람
들을 너희들이 모아 놓고 너희들이 인

기 있는 연극을 하며 인기 있는 연설
을 하는 것이 나의 복음을 전하는 길
이 아니라 내가 그리 너희들에게 전하
였느니라.
4 나 여호와의 뜻을 역사하는 방법이요,
내가 만백성을 깨우치고자 하는 그와
같은 그 모두를 나의 성경에 일찍이
기록하여 너희들에 전하고 가르쳐 주
었거늘, 내 뜻을 역사하는 자 너희들
이 바로 그를 거역함이니라.
5 짓지 말라는 교회를 수없이 지어 내
몸에 상처를 내는 것처럼, 너희들이
복음을 전하는 방법 또한 내가 너희들
에게 가르쳐 주었거늘, 그를 너희들이
거역하는 짓만을 하는 것이 오늘의 종
교 집단이요, 지도자니,
6 내가 너희들을 이와 같이 책망하며 꾸
짖고 나무라는 그와 같은 것으로 하여
오늘의 나의 모든 백성들의 눈을 뜨게
하고자 함이 여기 있음이니라.
7 내가 너희들에게 전한 그 내용이 무엇
이더냐?
8 진실로 다시 내가 너희들에게 이르노
니, '너희 중에 두 사람이 땅에서 합심
하여 무엇이든지 구하면, 하늘에 계신
내 아버지께서 저희를 위하여 이루어
주실 것이라' 그리 나의 아들 예수가
기록하여 전하지 아니하였더냐?
9 이는 바로 무엇이더냐?
10 너희들이 한 사람, 두 사람이 모여 합
심하여 나에게 기도하며, 그리고 너희
들이 기도하고 깨우치고자 하는 그 백
성에게 지도자가 찾아가 전달하고 깨
우쳐 줘, 그들이 바로 설 수 있도록 그
리 찾아가 가르치며 전하라 하는 것이
나 여호와의 뜻이라는 것을 너희들은
어찌하여 모른단 말이더냐?
11 그를 정면으로 너희들이 거부하며 큰
교회요, 성당을 지어 놓고 많은 백성
들을 모으고 또 모아 그 백성들을 허
구한 날 죽을 때까지 가르치고 가르
치는 그들만을 위하여 너희들이 기도
하며 중언부언하는 웃지 못할 형국을
하고 있는 것이니, 나의 성서를 들여
다보도록 그리하라.
12 이것이 바로 무엇이더냐?
13 너희들이 두 사람이 모여 나를 경배하
며 나의 뜻을 알고자 한다면 나 여호
와가 너희들과 항상 같이하고 있다는
것을 알라 하며 그 뜻을 들어준다 함
이니,
14 너희들이 그와 같은 곳에 가서 복음을
전하는 것이, 깨우친 지도자가 찾아가
서 전하는 것이 진리의 뜻이요, 나의
뜻이라는 것을 기록한 의미임을 너희
들은 알라.
15 나의 아들 예수가 무어라 말하였느냐?
16 '두 사람이 내 이름으로 모인 곳에는
나도 그들 중에 있느니라.' 그리하지
않았더냐?
17 그러니 너희는 두 사람이요, 세 사람
이 모인 곳에 가서 복음을 전하며 나
의 뜻을 전하도록 하라 한 것이 내 뜻
이며 너희들에게 명하였거늘,
18 너희들이 편안하고자, 너희들이 재물
을 거둬들이고자 너희들이 더 안일한
방법으로 하기 위하여 너희들이 그 모
이는 장소를 만들며,
19 모이는 장소를 만들자니 그 장소를 만
든다는 빌미로 재물을 거둬들이며 너

희들이 사기극을 벌이고 있는 것이니,
20 이 모두가 잘못되었음이니, 내가 너희
들을 그대로 재앙으로써 모두를 다스
리고자 하나, 내가 한 번의 기회를 주
어 오늘의 어렵고 힘든 이 역사의 길
을 가고 있음을 명심하고 또 명심하라.
21 이것이 끝난 다음에 너희들이 바로 서
지 못할 때, 결과는 무엇인가를 스스
로 네 책임을 져야 된다는 그 무서운
사실을 상기하지 아니하면 아니 될 것
이니라.

10,573 번째 하나님 말씀

2004년 4월 16일 08시 41분

1 사랑하는 나의 아들아!
2 "네, 아버님! 말씀하옵소서."
3 나의 법전을 접하는 백성들이요, 그리
고 너를 따르는 제자들이 그 얼마나
많은 축복과 영광 속에, 너희들이 나
로부터 은혜 속에서 살아가는 것인가
를 과연 알고 있는가?
4 이 세상의 모든 백성들이 나로부터 생
명을 받아 세상에 나감이니, 그는 다
누구나 너희들이 나로부터 받은 은혜
라 말할 수 있음이니라.
5 그러나 여기서 너희들은 또 한 가지를
더 생각해야 됨을 알라.
6 너희들이 나로부터 생명을 받아 세상
에 나간 그 은혜도 다 갚지 못함이니,
7 너희들에게 내가 천사와 같이 아름다
운 삶을 살라 했거늘, 너희들이 수없
이 짓고 산 그 죄요, 너희들이 지금 어
깨에 짊어지고 있는 그 많은 죄의 숫
자요,
8 그 모두를 다 내가 알면서도 너희들을
용서하지 아니하여 너희들을 체벌하
지 아니하며, 너희들의 생명을 거둬들
이는 그와 같은 벌을 내리지 아니함이
니,
9 그것이 너희들은 감사함이요, 그것 또
한 나로부터 받은 은혜로써 너희들이
무엇을 다 갚을 길이 없다는 것을 생
각하도록 그리하라.
10 그리고 또한 위로는 모든 백성들이 똑
같이 적용되는 것이나, 너희들은 바로
무엇이더냐?
11 내가 너희들이 하늘의 뜻을 알며, 육
의 삶에서 너희들이 똑같이 살아가는
그 백성들이나, 그중에서도 너희들은
참진리요, 육에서 심판을 받는 그와
같은 삶을 살며,
12 너희들이 어렵고 힘든 그 악습을 하나
하나 버리며 욕심의 뿌리요, 그 무게
를 지금 계속 뽑아내고 있음이니, 가
벼워지는 것이 아니더냐?
13 그러니 너희들이 나의 법전을 접하고
이를 만들고 전함으로 인하여 나로부
터 선택된 백성이요, 나의 아들을 따
르는 너희들은 지금 너희 자신을 가볍
게 하여,
14 한도 끝도 없이 그 악습이요, 욕심의
뿌리며 시기 질투하는 마음이요, 그
모두를 뽑아내어 너희들이 가볍게 가
볍게 또 만드니, 너희들이 서서히 떠
오르는 것은 당연한 것이 아니더냐?
15 그와 같은 은혜를 하나 더 받은 것이
요, 하나의 축복을 더 받은 것이 너희
들이니, 과연 너희들이 어찌 살아가는
가?

16 모든 백성들과 똑같이 받은 그 은혜
속에서 사는 그 백성들의 삶과 가장
큰 은혜요, 영광을 받은 그리고 나로
부터 은혜요, 선물을 받은 너희들이
과연 어찌 살아야 되겠는가, 이를 너
희들이 생각해 보았는가?
17 너희들은 일반 백성들보다 더 나로부
터 큰 은혜요, 영광을 받았으니, 너희
들이 그들보다 열배 백배 더 노력하고
바로 살고 계명을 지키며 나의 법전대
로 살아가는 삶을 산다 해도,
18 나로부터 받은 은혜에 갚을 길이 없으
며 거기에 보답할 길이 없는 것이 너
희들의 삶이라는 걸 이제 너의 제자들
에게 깨우쳐 주고 전하도록 그리하라,
사랑하는 나의 아들아!

10,574 번째 하나님 말씀

2004년 4월 16일 08시 48분

1 사랑하는 나의 아들아!
2 "네, 아버님! 말씀하옵소서."
3 나로부터 보내진 자요, 나로부터 은혜
속에 세상에 태어난 백성 너희들이 살
아가는 그 길이 무엇이더냐?
4 모두를 주관하는 나 여호와의 뜻에 너
희들이 살아가며 그 뜻을 거역하지 아
니하고 살아가는 것이 너희들이 살아
가야 하는 길이며, 너희들이 존재하는
이유가 아니더냐?
5 그러니 그와 같은 백성들이 바로 살고
바로 깨우쳐 나에게 돌아올 수 있는
그 인간의 본성이요, 너희들이 처음에
가지고 나왔던 천사와 같은 마음으로
돌아가라 함이요, 그와 같은 삶을 살
라 하니,
6 내가 너희들이 그리 스스로 깨우쳐 하
늘에 오르는 길을 보라 하였더니,
7 종교 집단이요, 지도자들이 지금 너희
들을 인도한다, 그리고 가르친다면서
인간 스스로는 그리 거듭날 수 없으
며, 인간 스스로 갈 수 없다 그리 말함
이니,
8 너희들이 지키고 못 지키는 것도 인간
스스로 너희들이 역사하는 것이 과연
무엇이더냐?
9 선행을 행하는 것도 너희들 스스로 판
단해서 가는 것이요, 악행을 하는 것
도 너희들이 함이니,
10 너희들이 하지 아니하고 그 결정만 내
리면 되는 것이지, 너희들이 무엇 때
문에 인간이 할 수 없으며 인간이 할
만한 능력이 없다 그리 말하느냐?
11 모두는 너희들이 이리 하든 저리 하든
너희들 자신에 달렸느니라.
12 내가 성령을 부어 주어 너희들이 하늘
의 지혜를 얻는다 해도, 행동이 그를
따르지 아니하며 그를 거역하는 그와
같은 길을 간다면 무엇한단 말이더냐?
13 그러니 모두는 너희들 자신에게 달렸
기 때문이니, 그 너희들이 어렵고 힘
들고 감당키 어려운 것 같아도 그 모
두는 다 너희들 스스로 해결하며 너희
들 스스로 모두를 역사하는 것이니라.
14 그러니 스스로 역사하려 하지 아니하
고 너희들이 남의 힘을 빌어 남의 능
력을 빌어 모두를 역사하고자 함이니,
15 오늘의 인간인 너희들을 모든 종교 집
단이 이끌어 간다 하면서 그들이 영적
인 것으로써 모두를 해결하며 들여다

보는 것이 아니라,
16 육적인 문제요, 인간 세상의 문제를
가지고 너희들의 모두를 다 거기에 맞
춰 역사하니,
17 너희들 또한 해결하고자 하는 것이 너
희들이 영원히 사는 구원의 길이요,
거듭나는 역사함을 위해서 모두를 바
치는 것이 아니라,
18 인간 속에서 인간이 거래하는 그 모두
에서 인간의 판단으로써 해결하고 이
루고 역사하고자 하는 것이 너희들의
오늘의 삶이니라.
19 그러니 너희들은 나로부터 받아 나간
인간의 그 형태는 아름답고 고운 모습
이나, 너희들의 속모양은 다 썩어져
있으며 다 엉클어져 있느니라.
20 외형은 너희들이 반듯하되 죄를 짓고
사는 마음이요, 욕심을 버리지 못하는
마음이요, 너희들이 그와 같은 것을
이리 떼고 저리 떼었을 때, 너희들이
얼마나 앙상하고 보기 흉한 모습인지
아느냐?
21 너희들의 마음 자세가 내가 보기에 민
망할 정도로 흉한 모습인 것이니라.
22 그러니 오늘의 너희들이 사람의 모습
이 그렇다 함이니라.
23 그러니 더욱이 종교 집단이요, 지도자
그들의 형태는 무엇인 줄 알겠느냐?
24 저 자신이 하늘에 오르는 길이 무엇이
며 진리가 무엇인 줄 모르며, 인간의
욕망을 위하여, 인간의 사업을 위해서
하늘에 오르는 백성이라며 거짓된 행
위로 너희들이 나의 백성을 끌고 가니,
25 그 종교 집단이야말로 겉은 화려하며
겉포장은 빛나게 화려하게 만들어져
있으나, 그 속은 다 비어져 있으며 다
썩어져 있음이니라.
26 그러니 너희들이 남을 속이기 위한 위
장 전술이요, 위장의 포장으로써 지금
나의 피조물 만백성을 이끌어 가니,
27 너희들이 아름다운 모습으로 사나, 욕
심이요, 죄를 지으며 시기하고 질투하
는 마음으로 너희들의 모양을 이리 떼
고 저리 떼고 떼어 버리니,
28 너희들이 앙상하고 흉악한 모습으로
남아 있는 너희들의 속마음의 모양처
럼 지금의 모든 종교 집단이요, 지도
자들이 그보다 더 험악하고 더 흉물스
러운 모양으로써 되어 있음을 알라.
29 겉으로는 화려한 화술이요, 화려한 위
장으로써 너희들이 가려져 있으나, 종
교 집단의 그 속이야말로 썩고 썩어져
너희들이 무너지고 무너진 험악한 그
와 같은 형국으로 되어 있음이니라.
30 너희들이 말하는 몇십 년 동안 사람이
살지 않는 흉가와 같은 형태가 오늘의
너희들의 종교 집단이요, 너희들의 단
체의 모습이라 함을 알아야 될 것이니
라.
31 그러니 나의 백성을 천국으로 인도하
는 것이 아니요, 너희들이 겉으로는
그리 말하나, 속으로는 지옥의 길로
인도하는 마귀들이 들끓는 그 울타리
에 나의 백성들이 지금 갇혀 있어,
32 밖의 세상을 모르며 광명 천지의 세상
을 모르며 하늘에 오르는 길을 모르며
너희들이 주는 독소를 받아 마시니,
33 너희들이 썩고 죽어 너희들의 육은 가
고 너희들의 영혼마저도 구원을 받지
못하는 그와 같은 형국에 지금 처해

있다는 것,
34 이를 다스리고 고치고 너희들이 그 독
소를 뽑아내는 것은 바로 그 약이 무
엇인 줄 알겠느냐?
35 나의 아들을 통하여 내리는 새로운 법
전이요, 생명수이니라.
36 지상의 삶과 하늘의 이치와 그 모두를
교통할 수 있는 것, 그리고 너희들이
하늘의 지혜요, 그 참진리의 길에 눈
을 뜰 수 있고 귀가 열리는 나의 법전
을 보지 아니하고는 아무것도 역사할
수 없음이니라, 사랑하는 나의 아들딸
들아!
37 내가 나의 법전에 수천수만 번 기록하
며 이와 같이 애절히 너희들에게 매달
리는 마음으로써 호소하고 또 호소함
이니,
38 모르는 너희들에게 바로 살라, 바로
가라 말하는 그 말을 귓등으로 듣지
말고 들어 볼 필요가 있지 않으냐?
39 너희들은 어찌하여 그를 듣지 아니하
려 하며 네 고집을 피우며 그리 역사
하느냐?
40 이것이 너희들의 가장 어리석은 삶이
니라.

10,575 번째 하나님 말씀

2004년 4월 16일 08시 54분

1 사랑하는 나의 아들아!
2 "네, 아버님! 말씀하옵소서."
3 세상에 내려와 너희들이 지키고 사는
그 모두가 하늘의 법도요, 하늘의 뜻
이 아니더냐?
4 너희들이 인간 세상에 살아가면서 어
떠한 형태로 어떠한 마음 자세로 살아
가냐 하는 그 모든 답은 세상에 내려
와 있으며 너희들이 다 알고 있느니라.
5 그러나 그것을 너희들이 마음의 결정
을 하지 못하기에 너희들이 그를 행하
지 못하는 것이며,
6 내가 너희들에게 사탄과 같은 마음으
로써 존재하지 말라 했으며, 사탄의
마음을 뽑아 버리라 했거늘, 그를 뽑
지 못하기 때문에 너희들이 그를 행하
지 못하는 것이 너희들의 오늘의 삶이
아니더냐?
7 너희들이 인간 세상에 살면서 남을 인
정해 주고자 하는 자는 자신이 남으로
부터 인정을 받을 수 있는 자요, 그러
니 제가 인정을 받는 사람이 되고자
하는 것은 무엇이더냐?
8 너희들이 남을 인정해 주는 그와 같은
믿음의 마음을 가지고 사는 것이니라.
9 남을 칭찬하는 자는 바로 무엇이냐?
10 남으로부터 너희들이 칭찬을 받을 수
있는 자니, 남의 칭찬함을 아끼지 아
니하고 할 수 있는 자가 남으로부터
칭찬을 받는다는 세상의 법도요, 이치
를 너희들은 잘 알고 있느니라.
11 그러면서도 너희들이 그를 행하지 아
니함이니, 가장 기본적인 것이요, 너
희들이 손해 보는 것이 없으며, 재물
을 잃는 것이 없는 것, 그것도 너희들
이 그리하지 아니하니 어찌한단 말이
더냐?
12 그러니 너희들 것을 잃어버릴 때, 너
희들이 손해를 볼 때, 남을 위하여 무
엇인가를 주어야 할 때, 그때 너희들
의 마음 자세는 어떠하던가?

13 형용할 수 없고 상상할 수 없을 만큼
너희들은 그와 같은 일이 있을 때 마
음을 닫느니라.
14 남에게 봉사하며 남을 도우며 제가 희
생하여 남을 즐겁게 할 수 있는 그와
같은 일 그 모두는 상상할 수도 없으
며,
15 그를 행하는 자는 바보요, 천치라 말
하며, 어리석은 자라 비웃는 자들이
이 세상을 덮고 있는 것이 오늘의 나
의 사랑하는 백성들이 살아가는 마음
자세이니,
16 내가 너희들이 세상에 나갈 때 부여해
준 그 천사와 같은 마음을 찾아볼 길
이 없는 것이니라.
17 나의 백성들의 기본 양심의 뿌리를
뽑아 버린 것이 바로 누구더냐?
18 너희들이 오늘의 수천 년 동안 흘러오
면서 그 방대한 조직이요, 방대한 물
질이요, 그 많은 교육 시간을 가지고
있으며, 나의 피조물 만백성을 깨우치
며 사랑을 베풀며 가르친다고 하면서,
19 나의 백성들이 남을 인정해 주며 남을
칭찬해 주는 그와 같은 간단한 기본의
양심의 뿌리마저도 모두 뽑아 버린
것이 너희들이니라.
20 너희들이 없었다면 오늘과 같이 이리
험악한 세상은 되지 아니하였을 것이
니라.
21 그것이 바로 너희들이 어디서부터 그
교육을 시켰으며 그리 행한 줄 아느
냐?
22 너희들은 다른 종파를 인정치 아니하
며, 그리고 다른 사람들과는 대화하지
아니하려 하며,
23 어떠한 종파든 어떠한 형국이든 너희
들의 뜻과 맞지 아니하며 너희들과
생각이 다르다 하며 너희를 따라 예배
하고 경배하지 아니하면,
24 어떠한 종파든 너희들이 그저 사탄이
요, 이단이라 그를 판단해 버리며, 그
들을 돌아다보지 아니하려 하며,
25 저희 집안에 같은 형제요, 부자지간에
도 같은 종파가 아니며 네 것이 아니
면 사탄이요, 이단이라 너희들이 경멸
하고 담을 쌓고 사는 그와 같은 삶을
사는 것이요, 나몰라라 하는 그와 같
은 삶을 사는 것이 너희들이 아니더냐?
26 그러니 너희들은 알아야 될 것이니라.
27 그 위대한 백성들을 가르치며 그 집
단들로 하여금 오늘의 나의 피조물 만
백성들이 남을 칭찬하기에 인색함이
요, 남을 인정하지 못하는 그와 같은
백성으로 만드는 것이 바로 너희들의
그 죄의 온상이요, 기본이라는 것을
잊지 말라 그리 전하라.
28 저 자신이 사탄의 행위를 하고 있으
며, 사탄의 앞잡이가 되어, 사탄의 자
식이 되어 나의 피조물 만백성을 잘못
인도해 가면서, 남의 다른 백성들을
인정하지 아니하며 그들이 사탄이라
말하는 이 험악한 세상,
29 이를 바로잡고자 하며 이를 바로 세
우고자 하는 것이 나 여호와의 뜻이니
라.
30 그러니 너희들은 남을 인정하는 마음,
남을 칭찬하는 마음으로써 삶을 살도
록 그리하라.
31 그러면 너희들의 마음속에서 봄에 눈
이 녹는 것처럼 너희들이 마음의 변화

를 알 수 있으며,
32 모든 악이 너희들의 마음속에서 용광
로에서 녹는 것처럼 녹아내리는 것을
너희들이 알 수 있을 것이니라.
33 그러니 칭찬할 줄 모르는 백성이요,
남을 인정하지 못하는 백성이 되지 말
며,
34 남을 칭찬하고 남을 인정하는 그와 같
은 마음으로 나의 아들을 따르는 제자
들이요, 나의 법전을 읽고 깨우친 백
성 너희들은 그리 살아가도록 그리하
라.
35 너희들이 이리 행하지 못하며 지키지
못할 때, 이 세상은 하늘의 천국이 이
루어질 수 없음을 알라, 사랑하는 나
의 아들딸들아!

10,576 번째 하나님 말씀

2004년 4월 16일 08시 56분

1 사랑하는 나의 아들아!
2 "네, 아버님! 말씀하옵소서."
3 내가 너를 사랑하며, 너의 제자들을
사랑하며, 나의 법전을 읽고 깨우친
만백성 그들을 사랑함이니라.
4 나의 아들을 따르는 그 제자요, 법전
을 읽고 깨우친 내 사랑하는 너희들은
들으라.
5 너희들은 모든 사랑이 없이는 너희들
이 사랑함을 행하지 아니하고는 살아
갈 수 없는 마음으로 돌리라, 그리고
너희들이 그리 가라.
6 사랑할 줄 모르며 사랑을 행하지 아니
하며 남에게 베풀지 아니하면, 결코
너희들은 사는 의미가 없으며 사는 기
쁨이 없으며 삶의 의미를 모르는 그와
같은 백성으로 너희들의 모든 삶이요,
생활을 그리하도록 하라.
7 사랑하지 아니하면 너희들이 존재할
가치가 없으며 존재할 수 없다는 그와
같은 아름다운 마음으로 너희들이 세
상을 보고 살아가도록 그리하라.
8 너희들이 살아갈 수 있는 것, 그리고
살아갈 수 없는 것, 그것이 바로 너희
들이 마음의 결정을 지어야 될 것이니
라.
9 사랑이 없는 마음으로써 너희들이 살
아갈 가치가 없으며 살 의미가 없다
그리 마음을 정할 것이며,
10 사랑이 없는 너희들의 삶은 의미가 없
는 것이요,
11 오로지 너희들은 사랑을 하기 위해 살
아가는 사람이요, 사랑을 하는 것이
기쁨이요, 베풀어 주는 것이 행복이라
는 그와 같은 너희들의 마음으로 돌려
놓고 너희 자신이 오늘의 하루하루를
살아가다 보면, 너희들 자신이 그 속
에 기쁨이요, 위대함을 알게 될 것이
니라.
12 너희들이 사랑의 자체 또한 그 사랑이
무엇이더냐?
13 그 모두를 너희들이 사랑함에도 거래
하는 사랑이요, 생각하는 그 사랑이
요, '나'를 먼저 사랑하는, '나'를 생각
하는 그와 같은 사랑을 해서는 아니
되느니라.
14 사랑의 자체, 그 또한 '나'를 버리고,
'나'를 위한 사랑이 아니라 남을 위하
는 사랑이요, 이웃을 위하여 사랑하는
그 순수한 사랑의 마음으로써 거듭나

는 너희들이 되도록 그리하라.
15 사랑이 없이는 살 수 없는 백성이요,
사랑이 없이는 숨을 쉴 수 없는 백성
이요, 사랑이 없이는 먹고사는 것을
할 수 없는 그와 같은 백성이라 그리
생각하고 살라, 사랑하는 나의 아들딸
들아!

10,577 번째 하나님 말씀

2004년 4월 16일 11시 41분

1 사랑하는 나의 아들아!
2 "네, 아버님! 말씀하옵소서."
3 나 여호와가 너희들에게 똑같은 큰 통
나무요, 네 키만 한 나무를 주었으며,
그리하여 그 나무를 가지고 네 아름다
운 모습대로 나무를 깎고 깎아,
4 네 손으로 들 수 있는, 손안에 들어가
는 그와 같은 하나의 목각 인형을 만
들어 그를 가지고 나에게 오르라 내가
너희들에게 똑같이 명을 했음이니,
5 그러니 너희들이 그와 같은 네 키와
같은 통나무를 깎고 깎아서 네 손에
들 수 있는 작은 목각 인형을 만들어
그를 들고 나에게 오라, 내 백성은 그
리되어야 된다 내가 그리 명했다 하자.
6 그렇다 하면 그것을 너희들은 깎고 깎
아서 작은 목각 인형을 만들어 나에
게 올라오고자 깎고 찍어 내어 다듬
는 백성이 되어야 되겠는가?
7 그렇지 않으면 그것이 너희들이 그를
만들 수 없는 것을 창조주 아버지께서
만들라 하였음이니,
8 그대로 나무로 놔두라, 그리고 깎아서
만들 수 없는 것을 깎고자 대드는 자
는 어리석은 자요, 바보라 그리 가르
치는 사람이 있다 하면,
9 그리하여 그 사람의 말을 듣고 너희
들이 깎지 않는다면, 그 깎는 것을 명
령한 나 여호와가 너희들에게 와서
불로 기적으로써 깎아 주는 것, 그 인
형을 너희들의 손으로 쥐면 될 것이
요, 그때까지 기다리리라,
10 아니 나의 아들 예수가 내려와서 모두
를 다시 깎아 줄 테니 깎아 줄 때까지
기다리리라, 그것이 너희들이 나를 믿는
것이요, 예수를 믿는 것이요, 창조주
를 믿는 것이다 그리 가르치는 자가
있다 하면,
11 과연 어떠한 것이 내 뜻에 따라 순종
하는 자요, 내 뜻에 의해 역사하는 것
이란 말이더냐?
12 나 여호와는 너희들에게 그리 명했느
니라.
13 이 너희들 키만 한 나무를 너희 스스
로 깎고 다듬고 또 다듬어서 네 손안
에 들 수 있는 네 모습을 각자 만드는
그 목각 인형을 가지고 나에게 오라
하였음이니,
14 지금 나의 아들을 따르는 너희들은 그
것이 나 여호와의 뜻이라 하여 그를
깎고 또 찍어내고 다듬고 다듬으며,
너희들이 껍질을 벗겨 내고 속살을 베
어 내고 잘라 내기 시작하는 것이니
라.
15 그러니 그것이 바로 무엇이더냐?
16 너희들이 가지고 있는 악습이요, 잘못
된 습관이요, 그 모두를 찍어 내고 다
듬고 다듬어서, 내가 너희들에게 세상
에 나갈 때 준 천사의 마음을 가져야

만 하늘에 오른다 하니, 너희들은 그
길을 가기 위해서 함이니,
17 내가 예를 들어 너희들에게 하나의
그림으로써 보기 쉽고 알아들을 수
있도록 가르침이니,
18 그것이 지금 나의 아들을 따르는 제자
들이 나의 성전에 와 말없이 나의 성
령의 가르침을 들으며 설교를 들으며,
나의 아들을 통하여 내리는 모든 나
여호와의 뜻을 그리 만들고 다듬고
하는 것이 아니더냐?
19 지금의 모든 신앙생활이요, 믿음의 길
을 가는 그 백성들이 바로 어떠한 줄
알겠느냐?
20 이 험하게 생긴 통나무요, 아름드리
통나무를 깎아서 손안에 들어올 수
있는 것이,
21 너희들이 평생을 깎고 깎아도 그리 만
들 수 없다 말하는 자니, 과연 너희들
이 평생을 깎을 수 있도록 한번 해 봤
느냐?
22 그리 노력하지 않는 자, 노력하지 못
하도록 하는 것이 오늘의 종교 집단이
요, 지도자 그들이니라.
23 내가 너희들을 세상에 내보낼 때는
가장 아름다운 천사의 마음을 가지고
나가도록 하여 세상에 내보냈으니,
24 내가 너희들에게 그 마음의 형태로
돌아오라 하며, 그것이 하늘에 오를
수 있는 길이니 그리 가라 함이니라.
25 그 모두도 너희들의 마음이요, 생각에
서 역사하는 것이 아니더냐?
26 그러니 내가 오늘의 예를 들어 나의
아들에게 명하니, 그 통나무를 나의
명에 따라 깎고 또 깎는 그와 같은 고
충이 있는 자,
27 깎다 깎다 못 만들어 네 손에 들어오
는 목각 인형을 만들지 못했다면, 그
래도 만든 자가 그 부피를 줄였으며
그 무게를 줄였음이니,
28 무거워 짊어지고 올 수 없는 그것을
너희들이 그저 쥐고 가라 그리 가는
것이 하늘에 오르는 뜻이다, 그리고
하나님께서 깎아 주기까지 그대로 있
어야 된다는 그 백성들과,
29 그래도 깎고 잘라 내고 문질러 내서
그 가벼운 나무토막을 들고 나에게
오는 너희들과,
30 과연 누가 쉽더냐?
31 반드시 너희들은 너희와 똑같은 모형
의 목각을 만들어 네 손에 들고 와야
된다 하였음이니,
32 그래도 깎고 깎아 내리는 것이, 너희
들의 죄요, 악한 마음을 지우고도 지
우는 자가 하늘에 오기가 가벼운 것이
아니더냐?
33 이와 같이 내가 너희들을 깨우치기 위
하여 세상의 이치를 하나하나 손바닥
에 그리듯이 그려 내려보내니,
34 그래도 너희들이 그 이치를 거부하며
그것이 말도 안 된다 그리 말한다면,
너희들은 과연 어떠한 자가 나의 백성
인가?
35 그 잘못된 자요, 거짓된 자의 그 가르
침에 현혹되어 너희들이 지옥으로 가
는 그와 같은 길에서 벗어나지 못하는
백성이 되어서는 아니 됨이니라.
36 사랑하는 나의 아들을 따르는 제자들
이요, 그리고 나의 법전을 읽고 깨우
친 만백성 너희들은 아름드리 통나무

요, 네 키만 한 나무를 깎고 깎아 네
손안에 들어오는 네 모습의 가장 아
름다운 목각 인형을 만들어 그를 들
고 나에게 오라 하였음이니,
37 그를 깎는 자요, 지금 잘라 내는 자요,
그 노력을 하는 것이 너희들이니, 그
들과 너희들의 차이니,
38 과연 그것을 들고 너희들이 결국 나에
게 와야 됨이니, 어떠한 것이 너희들
이 나에게 들고 오기 쉬운 것인가 그
는 알아서 너희들이 평하도록 그리 전
하라.

10,578 번째 하나님 말씀

2004년 4월 16일 11시 48분

1 사랑하는 나의 아들아!
2 "네, 아버님! 말씀하옵소서."
3 참진리의 길이요, 하늘의 지혜를 얻으
라 함이, 과연 나 여호와가 너희들에
게 무엇 때문에 그와 같은 것을 얻으
라 하느냐?
4 그리고 또한 너희들이 나의 법전을
정독하여 깨우치라 내가 그리하는지
너는 알겠는가?
5 "네, 아버님! 알고 있사옵나이다.
6 지금 아버님께서 내리는 이 새로운 성
경이요, '하늘에 오르는 길'이요, '하나
님! 말씀하옵소서.' 이 책은 참진리요,
하늘의 지혜요, 하늘의 지혜를 얻음으
로 인하여 바로 그는 이정표와 같은
것이요, 이정표와 같은 역사를 하기
때문이옵나이다.
7 넓은 광야에서 길을 찾지 못하는 자에
게 그 이정표가 있음으로 하여 그들이
길을 찾을 수 있도록 그와 같은 역할
을 하는 것이 오늘 아버님께서 내리시
는 새로운 성경이기 때문에 그러하옵
나이다.
8 정녕 아버님께서 말씀하시고자 하는
것은, 저희들에게 그리 말씀을 주시는
한 장의 그림을 저는 보았사옵나이다.
9 이정표가 황금으로 그려졌어야만 그
이정표가 제 구실을 다하며, 화려하고
호화롭게 그려진 것이 과연 이정표요,
그 역할을 다하는 것이 아니라는 그
아버님의 한 장의 그림이요, 그 말씀
을,
10 호화롭게 장식된 것만이 이정표요, 황
금으로 뒤집어씌운 것만이 이정표요,
저희들을 구하고 살리는 것이 아니라
는 것,
11 그리하여 그 이정표라는 것은 나그네
가 정확히 그 길을 보고 찾아올 수 있
도록 그저 그려지며 표시되는 것이
그것이 가장 위대한 것이며,
12 그것으로써 그 소임이요, 그 모두를
다한다는 것,
13 많은 교회요, 호화롭고 찬란하게 짓는
것, 많은 백성들을 모아두는 것, 그리
고 궁궐같이 짓는 것, 그리고 그와 같
이 수많은 행사요, 저희들이 요란한
그 역사 속에서 그들만이 하늘에 오르
는 길이요, 진정한 하늘에 오르는 길
을 가르쳐 주는 것이 아니라는 것,
14 아무리 초라하고 볼품이 없는 것이라
해도 아버님의 성령이요, 직접 그리고
쓰는 이정표인 이 법전이 초라하다
해도, 그보다 더 정확하고 위대한 이
정표가 없거늘,

15 그를 구분하지 못하는 것이 지금 믿음
의 길을 가는 백성들이 현 상태요, 그
들의 마음 자세요, 그들이 잘못된 믿
음인 것을 보여 주셨사옵나이다."
16 모든 지금의 종교 집단과 지도자, 그
리고 그 백성들이 잘못된 그 이정표를
보고 지금 그 이정표가 맞는 길이라
하여 달려가고 있는 그와 같은 형국이
니라.
17 그들이 잘못 인도하며 잘못 그려진 그
이정표이기 때문이니라.
18 처음부터 잘못 그려졌으며 처음부터
방향과는 틀리게 그저 그려진 그 이정
표요, 사악한 자가 그려 놓은 것을 보
고 지금 사막에 가는 그 백성들이 그
를 보고 가고 있는 그 형국이라면 과
연 너희들은 그를 믿겠느냐?
19 그리하여 나의 새로운 성경으로 세상
에 내가 이 모두를 다시 다 바꾸고자
개혁을 하기 위하여 내가 내려보냄을
너희들은 알아야 될 것이니라.
20 그러니 지금 나의 아들을 통하여 내리
는 나의 새로운 성경이요, 이가 곧 너
희들이 하늘에 오를 수 있는 이정표이
니라.
21 바로 그려줘 내가 바른 모습으로써 세
상에 내려보내니, 이것이 바로 너희들
이 새로운 성경이요, 새로운 이정표
요, 성령으로써 임하는 길이라는 것을
너희들이 깨닫지 못하면 아니 될 것이
니라.
22 너희들이 지금 가고 있는 그 길이 잘
못 그려진 이정표요, 알지 못하는 자
가 그저 그려 놓은 그 길을 처음부터
잘못된 길을 가고 있다면, 너희들은
황당하며 그 당혹스러움을 말할 수 없
으나,
23 이제라도 너희들이 그를 보지 말며 그
곳에 따라가면 아니 됨이니라.
24 나의 아들을 통하여 내리는 바로 새로
운 초라하고 보잘것없는 그 작은 이정
표, 이것이야말로 너희들이 가는 길을
그려 주는 것이며 그를 안내함이니,
25 초라한 이정표면 어떠하며 작은 이정
표면 어떠하더냐?
26 황금의 화려한 것으로써 만들어진 이
정표만이 너희들을 안내하고 인도한
다 생각하지 말라.
27 지금 초라한 나의 법전이요, 나의 아
들딸들이 지금 선택된 자들이 너희들
에게 전하고 가르치는 것이 진정한 이
정표요, 안내자라는 것을 너희들은 알
아야 될 것이니라.
28 하늘의 뜻을 모르고 그려 놓은 자, 하
늘의 뜻을 정확히 알지 못하며 마음
대로 그려 놓은 그것을 보고 너희들이
하늘에서 내린 이정표라 하고 온다면
결국 너희들은 어찌 되겠는가?
29 그것은 너희들이 그리 올 수 없음을
알라 내가 너희들에게 깨우쳐 줌이니
라.
30 새로운 성경이요, 새로운 성령이요,
그리하여 내가 하늘에 오르는 길이요,
나의 법전에 이 이정표를 정확히 만들
어 내가 너희들에게 내려보내니,
31 누구도 이것을 보지 아니하고는 아니
되며, 이를 너희들이 갖지 아니하면
하늘에 오르는 길을 구할 수 없다는
것을 알라.
32 목적지를 모르고 너희들이 가다 그저

죽어져 가는 그와 같은 자가 되어서는
아니 되니,
33 너희들은 나의 법전이요, 나의 새로운
성경을 정독하고 읽고 깨우쳐 하늘에
오르는 정확한 이정표를 봐 너희들이
나에게 오르는 길에 오를 수 있도록
그리하라.
34 세상의 모두는 나 여호와가 필요하여
만들었다는 너희들이 그 내 뜻에 위대
한 찬양이요, 창조주요, 전지전능한
아버님이라 함이니,
35 이 세상의 모두는 너희 말대로 내가
존재하게 했음이니, 너희들은 나의 법
전을 읽어 보라.
36 그러면 너희들이 그 사막에서 진정한
길의 이정표를 보듯이 길을 알게 될
것이니,
37 그 길을 아는 자 나에게 오를 수 있음
이니라, 사랑하는 나의 아들딸들아!

10,579 번째 하나님 말씀

2004년 4월 16일 11시 54분

1 사랑하는 나의 아들아!
2 "네, 아버님! 말씀하옵소서."
3 너희들 자신의 모두를 너희 자신보다
잘 아는 자가 없음이라 하였음이니라.
4 너희들이 선행을 행하는 것, 악습을
하는 것, 보이지 않는 곳에 한 점의 부
끄러움이 없는 그와 같은 삶을 사는
것,
5 나의 법전을 읽고 깨우친다 해도 너희
들이 정녕 어떠한 길을 가고 있는가
하는 것은 너희 자신만이 잘 알며 너
보다 잘 아는 자가 없다 하였음이니라.
6 너희들이 인생의 삶을 살아가면서 너
희들은 그와 같이 삶 속에서 무거운
짐을 짊어지고 인생의 고난의 길이요,
고통스럽고 힘든 길을 가는 것이 너희
들의 삶이니라.
7 너희들이 지금까지 살아오면서 지고
있는 그 많은 죄들의 무게가 얼마나
무거우며, 그 무거움을 지고 가는 것
이 너희들 인생의 삶에 얼마나 고달픈
짐인 줄 알겠느냐?
8 누구도 너만큼 스스로 네가 가지고 있
는 짐의 무게를 모를 것이니라.
9 네가 지고 있는 그 짐의 무게는 너만
이 알며 남이 알지 못하지 않겠느냐?
10 그러니 수많은 인간 세상에서 얽히고
설킨 그 많은 사건들, 그 모든 일들이
다 네 어깨를 짓누르고 있는 그 무거
운 짐이니,
11 정녕 너희들은 너희 무거운 짐의 내막
을 남들이 알 수도 없을 것이며, 또한
너희들이 지고 있는 그 천 가지 만 가
지 복잡하게 얽히고설킨 죄요, 너희들
의 슬픔이요, 기쁨이요, 고통이요,
12 해야 될 모든 만 가지 일들을 남에게
일일이 말할 수 없으며, 알려 주고도
싶지 않을 것이며, 말하고도 싶지 않
으며, 그것을 아는 것도 너희들이 원
하지 아니할 것이니라.
13 다만, 너희들이 수없이 무거운 그 삶
의 짐을 네가 해결해야 되는 것이며,
네가 역사하는 길밖에 없다는 것을 너
희들은 스스로 알 수 있을 것이니라.
14 그러니 지금 너희들이 살아가는 인생
의 삶이 무엇이더냐?
15 나 여호와는 너희들에게 그리 전함이

니라.
16 자신의 인생의 삶을 짊어지고 가기도
너희들이 지금 어렵고 힘든 그와 같은
길을 가고 있지 않으냐?
17 너희들이 나의 법전을 읽고 깨우친 그
백성들이요, 나의 아들을 따르는 제자
그들에게 물어보라.
18 그들이 지고 있는 그 죄의 짐을 벗어
버리며, 천 가지 만 가지 부닥칠 때마
다 정의로움이요, 아름다움으로 생각
하고 정리할 때,
19 '나'를 지워 버리며 남을 위해 사는 것,
'나'를 지우고 남을 위해 기도하는 것,
그리고 하늘에 오르는 길이 하나가
있다 할 때,
20 그 선물이요, 그 귀중한 것마저 그 스
스로 거부하며 남을 위하여 주겠다는
그 마음으로 가는 그들이 얼마나 그
를 벗어 버리는 것이 어렵고 힘든 것
인가를,
21 결코 너희들이 내려 지고 있는 그 무
거운 짐은 스스로 너희들이 벗어 버리
는 것이요, 지워 버릴 것이니,
22 남이 대신할 수 없으며 그 무거운 짐
을 대신 짊어질 수 없다는 것을 나의
아들을 따르는 제자 그들은 너무나
잘 알고 있음이니라.
23 그러니 이와 같은 깨달음을 알지 못하
는 오늘의 믿음의 길을 가는 백성 너
희들은 알라.
24 지금 너희들이 지고 있는 수많은 무
겁고 힘든 고통이요, 그 짐을 대신 누
가 져다 줄 것이라는 말에 현혹되어
지금 너희들이 너희 자신의 짐을 버
리며, 너희가 해결하고자 하는 노력을
하지 아니하고,
25 너희들이 나를 찾으며 예수의 보혈로
써 울고불고하니, 그러면서 그들은 무
엇이라 말하느냐?
26 너희들의 모든 무거운 짐을 다 덜어
줄 것이며 대신 지고 갈 자가 있다 하
니,
27 그 말에 현혹되어, 너희들이 짧은 그
시간이요, 정해져 있는 그 시간에 바
로 살지 못하고 너희들의 짐을 벗어
버리는 노력이 없이 나에게 왔을 때,
28 결코 너희들은 벗어날 수 없는 것이니
라, 사랑하는 나의 아들딸들아!
29 내가 너희들에게 명하느니라.
30 대신 너희들의 그 무겁고 어려운 짐을
져 줄 자도 세상에 없느니라.
31 제 짐을 지고 가기도 어려우며 저 자
신이 가기도 어렵고 힘든 그들이 어찌
하여 대신 네 것을 짊어지고 갈 수 있
다 생각하느냐?
32 대신 져 줄 수도 없는 자요, 대신 짊어
지고 갈 수도 없는 것이 하늘의 법도
이니,
33 그 무거운 짐을 너희들이 하나하나 덜
어 버리고 지워 버리는 것은 오늘의
이 세상에서 할 수 있는 너희들의 최
대의 과제요,
34 너희들이 그 길을 가지 아니하면 아니
된다는 것을 명심하고 명심하도록 하
라, 사랑하는 나의 아들딸들아!
35 너희들이 무겁고 힘든 인생의 그 짐을
남이 져다 줄 수 없음이니라.
36 제 것도 지고 가기가 지금 비틀거리는
그가 어찌하여 남의 것을 지고 간다
할 수 있겠느냐?

37 그러니 대신 져 준다 하는 자, 그리고
대신 모두를 역사하여 들어다 준다는
것, 너희들 대신 모두를 다 목적지까
지 갖다 준다는 것,
38 그와 같은 자들의 말에 현혹되어 너희
들이 귀한 인생의 삶의 소중한 시간
을, 나를 아버지라 부를 수 있는 그 시
간에 모두를 저버리는 어리석은 삶을
살지 말도록 그리하라, 사랑하는 나의
아들딸들아!

10,580 번째 하나님 말씀

2004년 4월 16일 11시 58분

1 사랑하는 나의 아들아!
2 "네, 아버님! 말씀하옵소서."
3 너희들이 이 세상에 살아가면서 더불
어 사는 세상이라 그리 살며 그리 보
이느니라.
4 어렵고 힘든 자 도와가며 서로 이웃과
의논하여 너희들이 모두를 해결하며,
그리하여 너희들이 이 세상은 인간이
혼자 살지 못하며 서로가 더불어 사는
세상이라 그리 말하느니라.
5 그러니라, 사랑하는 나의 아들딸들아!
6 인간 세상에서 너희들이 더불어 사는
세상이니라.
7 그러나 너희들이 어떠한 일에 당면했
을 때, 그에 대한 책임은 과연 누가 지
는가?
8 모든 것은 저 자신이 져야 되며, 저 자
신이 그 책임을 해결하며 스스로 모두
를 결정하고 답을 내야 되는 것이 너
희들 인간 세상이 아니더냐?
9 더불어 사는 세상에서도, 너희들이 더
불어 사는 것 같은 세상에서도 너희들
이 그 책임이요, 그 문제는 자신이 모
두 책임져야 되며,
10 모두가 너희들이 그에 대한 대가를 이
루어야 되는 것이며, 대가를 지불하는
것이 이 세상의 삶이 아니더냐?
11 더욱이 너희들이 거듭나는 구원의 길
이요, 하늘에 오르는 길이요, 그 모두
는 다 너희 자신의 몫이며, 너희 자신
이 책임지지 아니하면 절대 아니 되는
것이 너희들이 하늘에 오르는 길이라
는 것을 잊지 말라.
12 그리고 너희들이 심판의 기준이요, 심
판이 무엇이라 말하였느냐?
13 인간 세상에 너희들이 살아온 그 모두
를 가지고 내가 심판한다 하였음이니,
너희들 자신이 해결해야 된다는 것을
절대 잊어서는 아니 되느니라.
14 그를 가지고 너희들이 지금 문제를 삼
고 시시비비를 함이니라.
15 그리하여 너희들이 행한 것을 너희들
이 책임을 지는 것이 아니요, 창조주
나 여호와요, 보낸 자가 있으니, 보낸
이의 사랑으로써 모두가 이루어지며
덮어진다 너희들이 그리 말함이니,
16 이걸 가지고 너희들이 수천 년 동안
지금 시시비비하며 오늘도 갑론을박
하고 있는 것이 아니더냐?
17 나 여호와가 너희들에게 엄히 명함이
니, 이 모두는 자신의 것은 자신이 해
결해야 된다는 것, 모든 문제는 너희
들이 확실히 알고 해결해야 한다는
걸 절대 잊지 말라.
18 이와 같은 것을 시시비비하기 때문에
너희들이 크나큰 문제를 이루게 되어

있으며,
19 오늘의 너희들이 죄를 지어도 두려운 줄 모르며,
20 너희들이 죄를 짓고 용서를 빌면 그 죄가 너희들에게서 떨어지는 것처럼 그리 생각하며,
21 재물을 바치면 재물을 바친 것만큼 너희들의 그 죄를 사해 주며, 봉사하면 봉사한 것만큼 너희들의 죄가 사해진다는 것,
22 그와 같은 것을 너희들이 지금 그리 알고 있기 때문에 가장 큰 문제요, 지금 너희들이 잘못되었다 함이니, 내가 확실히 너희들에게 알리느니라.
23 저 자신이 모두를 해결하지 아니하면 아니 되느니라, 모든 것은 너희들 스스로 답을 구해야 되며,
24 네가 모든 결과를 받고 그 결과에 따라서 거기에 상이요, 은혜가 같이한다는 것이 너희들이 마지막 관문이요, 마지막 너희들에게 이루어지는 것이 모든 역사라는 것을 잊지 말라.

10,581 번째 하나님 말씀

2004년 4월 16일 12시 04분

1 사랑하는 나의 아들아!
2 "네, 아버님! 말씀하옵소서."
3 너희들이 세상에 태어날 때 어떠한 마음을 가지고 태어난다 하였느냐?
4 "네, 아버님! 저희들이 세상에 태어날 때, 아버님이 저희들의 생명을 주어 세상에 태어났을 때는 천사로서 천사의 마음을 가지고 저희들이 세상에 나오도록 하였으며,
5 그와 같은 마음이 되지 아니한 자 세상에 내보내지 아니하시오며, 천사와 같은 마음을 가지고 세상에 태어났다 저는 그리 알고 있사오며, 아버님의 뜻이 또 그러한 것이라 알고 있사옵나이다."
6 그러하니라, 사랑하는 나의 아들딸들아!
7 그러한 너희가 살아가면서 생각의 차이로 선과 악과, 그리고 해서는 아니 되는 일과 너희들이 해서 남에게 기쁜 일이요, 그와 같은 것을 너희들이 엇갈리는 그 삶을 살아가는 것이요, 그 속에서 너희들이 살아가고 있는 것이 아니더냐?
8 그러니 너희들은 선과 악의 그 모두는 무엇이라 생각하느냐?
9 "네, 아버님! 그와 같은 것은 두렵고 무서운 것이 아니며, 저희들이 그를 다스리고 이기지 못할 것이 아니라 생각되옵나이다.
10 저희 인간 자신이 생각해 내는 그 것이 바로 악과 선이라 그리 저는 생각하옵나이다.
11 자신이 생각해 내는 것이요, 자신이 만들어 내는 것이요, 자신이 생각하고 만들어 내는 것에 의하여 저희들이 모두를 잃어버리고 사는 삶을 산다 그리 생각되옵나이다."
12 사랑하는 나의 아들아! 그러하니라.
13 너희들이 생각으로써 모두를 이루니, 너희들이 악한 생각을 하는 것, 선한 생각하는 것, 그 모두는 너희 스스로가 만들어 낸 것이며, 너희들이 스스로 마음속에 그를 만드는 것이요,

14 너희들 자신이 만들어 낸 선과 악의
그것에 너희들이 모두를 잃어버리는
그와 같은 삶을 사는 것이 바로 너희
들이라 내가 그리 말함이니라.
15 천사로서 세상에 너희들이 나갔으니,
천사로 살다 돌아오라 함이 나 여호와
의 뜻이니라.
16 그러나 너희들이 지금 어찌하는가?
17 생각의 차이라는 것 때문에 너희들이
천사의 그 마음은 진주와 같은 마음으
로 이 세상에 너희들이 태어났다 하면
바로 너희들은 무엇이더냐?
18 진주와 같은 너희들이 태어난 그 마음
에 너희들이 지금 선과 악은 진주에
붙은 오물과 같은 것이라 생각하면 될
것이니라.
19 너희들이 그 진주와 같은 곱고 아름다
운 그 천사의 마음이 너희들의 마음이
니, 바로 너희들이 선과 악이 그 진주
에 붙어 있는 것이라 하면 너희들은
알 것이니라.
20 그러니 진주에 붙어 있는 오물이요,
그 모두를 제거하고 깨끗이 씻어 네
가치를 찾아 네가 쓸 수 있도록 하라
함이거늘,
21 오늘의 종교 집단이요, 지도자들이 진
주에 붙어 있는 오물을 씻을 수가 없
으며 닦아 낼 수 없다 그리 가르치고
그리 말하여,
22 나의 백성들이 그와 같은 수고스러움
을 하지 아니하고 그 모두를 너희들이
얻을 것이라 그리 생각하느니라.
23 나 여호와는 너희들에게 다시 한 번
명함이니, 너희들이 생각해 내는 것,
너희들의 생각으로써 이루어지는 것,
그 모두는 너희들이 선과 악을 만들어
내는 것이요,
24 그리고 너희들이 그 악이라는 것은 무
엇이더냐?
25 천사와 같은 마음으로 세상에 내보낸
것이 너희들이 진주와 같은 것이라면,
진주에 붙어 있는 그 악한 것이요,
26 진주에 붙어 있는 그 오물을 씻어 내
고 제거하는 것이 너희들이 해야 할
일이거늘, 그걸 하지 않는다는 어리석
은 백성들이니,
27 하늘의 뜻을 지킬 수 없으며, 십계명
을 지킬 수 없으며, 내 뜻대로 살 수
없다는 것은 너희들이 진주에 붙은 그
오물을 씻지 않겠다는 그 간단한 것을
거부하는 자요, 그 수고로움을 행하지
아니하는 자들이라는 것을 잊지 말라.
28 내가 너희들에게 그리 말함이니라.
29 너희들이 모두는 만들어 내는 것이요,
너희들이 만들어 낸 것에 너희들이 잃
고 얻는 그것은 너 자신의 노력에 달
렸다는 이 의미를 깊이 깨우쳐 보도록
그리하라.

10,582 번째 하나님 말씀

2004년 4월 16일 12시 10분

1 사랑하는 나의 아들아!
2 "네, 아버님! 말씀하옵소서."
3 나의 아들 너를 따르는 그 사랑하는
제자들이요, 나의 법전을 읽고 깨우친
선택된 나의 백성, 너희들이 가장 행
복한 삶이요, 나 여호와에게 기쁨을
줄 수 있는 길이 무엇이더냐?
4 "네, 아버님! 저는 그리 생각하옵나이

다.
5 정녕 제가 이와 같은 것을 기록하여
전한다 해도, 모든 백성들은 저를 미
친 자요, 정신 나간 자라 그리 생각하
며, 이를 읽고 깨우치는 자가 없으면
어찌하겠사옵나이까, 아버님!
6 정녕 아버님께서 쥐여 주시는 그것이
정녕 어찌해야 되겠사옵나이까?
7 이를 기록하여 전한다 해도 그 누구도
믿지 않는 것이 오늘의 모든 백성의
삶이요, 가는 길이라 그리 생각되옵나
이다."
8 사랑하는 나의 아들아, 그 모두는 네
가 걱정할 것이 없느니라.
9 다만, 너희들이 나에게 가장 기쁨이
요, 영광을 줄 수 있는 길이 너는 무엇
이라 생각하느냐?
10 "네, 아버님께 기쁨과 영광을 드리는
것은 인간 세속에 살아가는 육의 삶
이요, 육의 세상에 자신들의 그 행복
을 초월하여 삶을 사는 백성, 그가 곧
천사요, 아버님의 품에 오를 수 있는
백성이라 그리 생각되옵나이다, 아버
님!
11 모든 육의 세상에 인간 자신의 행복
이요, 즐거움이요, 그 모두를 초월하
여 사는 삶을, 이 길을 어찌 가야 될
것이며, 이 길을 저의 제자들에게 어
찌 가라 할 것이며,
12 만백성에게 이것이 아버님의 뜻이요,
아버님을 기쁘게 하는 길이라 한들,
그 누가 이것을 받아들이며 이를 깨
닫는 자가 있을 것인가 감히 두렵고
무섭사옵나이다."
13 사랑하는 나의 아들아!
14 얼마 되지 않는 삶에 인간의 육이요,
그 자신의 행복을, 그리고 자신이 그
리는 모든 인생의 향락의 그 모두를
다 초월하지 아니하면 아니 되니, 너
는 그리 전하면 될 것이니라.
15 너희 자신의 행복을 초월하는 백성,
그를 뛰어넘는 백성만이 곧 천사요,
내 뜻을 알 수 있으며 내 품에 안길 수
있는 백성이라는 것을 너는 그리 기록
하여 전하면 될 것이니라.
16 그는 엄연한 사실이니라.
17 아무리 부귀영화요, 권좌를 누린다 해
도, 너희들이 다른 사람의 삶을 짓밟
으며 그들을 욕되게 하며, 남의 것을
불편한 관계로 갈취하며, 그와 같이
너희들이 얻고 이룬 것이 있다면,
18 그것은 과연 너희들의 행복이 아니요,
너희들의 즐거움이 아님을 알아야 될
것이니라.
19 그러니 남에게 누를 끼치지 아니하며,
남에게 피해를 주지 아니하며, 제 행
복을 먼저 생각하지 아니하며, 남의
행복을 위하여 너희들이 행할 수 있
는, 그와 같은 '나' 자신의 행복을 버
리고 초월하는 마음 자세, 그것만이
너희들이 나를 가장 기쁘게 하는 것이
니,
20 오늘의 수천 년 동안 흘러오는 모든
백성들이 저희들의 행복이요, 저희들
의 그 즐거움을 위한 그 모두를 초월
했으며 그를 넘는 길을 가려 노력이라
도 한 백성들이더냐?
21 그들이 울부짖는 소리를 들어보라.
22 개굴개굴 부르짖는 그들의 소리는 무
엇이더냐?

23 저에게 행복을 달라, 저에게 축복을
달라, 저에게 건강을 달라, 저에게 남
에게 지지 않는 걸 달라, 더 높은 걸
달라, 더 위대한 것을 달라, 그들이 지
금 악을 쓰는 그 형국이 얼마나 추하
고 더러운 모습인 줄 알겠느냐?
24 그러니 그와 같은 짓을 하고 있는 자
들이 정상의 그 자세로 살 수 있느냐?
25 정상의 자세도 유지하지 못하느니라.
26 더 달라는 마음을 가지고 사는 자들만
도 못함이니라.
27 그러니 정녕 나의 백성은 무엇이더냐?
28 그리 달라 하는 자, 정상적이고 남을
탐하지 아니하고 살아가는 그 순수한
백성들, 그들만도 못한 것이 오늘의
믿음의 가는 길이요, 그 위치도 돌아
올 수 없는 것이 너희들이니,
29 더욱이 너희들이 '나' 자신의 행복을
초월하며, 자기 모두를 초월하는, 그
와 같은 자기 행복 모두를 놓는 그와
같은 삶을 살라 하면, 그것이 그들에
게 먹혀들며, 그게 말이라 생각하겠
느냐?
30 정신 나간 자요, 미친 자라 치부할 것
이니라.
31 그러니 그들이 죽어 왔을때는 알게
될 것이니, 오늘의 너희들이 죽음이
요, 모든 그 역사 앞에서 모두를 다 보
게 될 것이니,
32 그때 두려움이요, 무서움에서 벗어나
고자 하거든, 오늘의 너희들이 달라,
이루어 달라는 그 개구리 울음소리의
장난을 더 이상 하지 말며,
33 모두 자신의 행복을 초월하여 던지는
그와 같은 삶을 살며,
34 남의 행복을 들여다보며 그 남의 행
복을 위하여 너희들이 그 자리에 있어
주는 사람이 되는 삶을 살라 그리 간
곡히 전하라, 사랑하는 나의 아들아!

10,583 번째 하나님 말씀

2004년 4월 16일 12시 15분

1 사랑하는 나의 아들아!
2 "네, 아버님! 말씀하옵소서."
3 너희들이 세상에 태어났음이니, 너희
들이 태어나는 그 순간에 그 죽음의
길을 갈 때까지, 너희들이 그 모두를
마칠 때까지 살아가는 과정이 어떠하
던가?
4 헬 수 없는 수많은 일들을 너희들이
겪으면서 그 속에서 살아가는 것이 너
희들의 삶이며 너희들의 전부인 것이
아니더냐?
5 그러니 너희들이 살아가는 동안에 그
때마다 너희들에게 부닥치는 것, 그
많은 것은 반드시 선과 악으로써 그를
선택하며,
6 거기에서 너희들이 결정하여 무엇인
가 이루는 그와 같은 일로써 반드시
다가오는 것이 너희들의 삶이 아니더
냐?
7 그러니 순간순간이 지속적으로 진행
되는 그 많은 것들을 그때마다 너희들
이 악을 이기고 선의 사랑함을 선택해
야만 되는 것이 너희들이 가야 할 길
이니라.
8 그러니 길고 긴 그 너희들의 삶 속에
서 그 헬 수 없이 많이 부닥쳐 오는 그
모두를 결코 너희들은 악을 버리며 선

을 선택하는 그와 같은 삶만을 살 수 없다 하여,
9 너희들은 무너지는 수밖에 없으며 포
기하는 백성이 되는 것밖에 없다 하지
않더냐?
10 그러나 너희들은 여기서 알아야 될 것
이니라.
11 거듭나는 훈련으로써 너희들이 훈련
을 훈련을 거듭한다면, 너희들은 또한
그것을 모두 이길 수 있는 길이 있음
을 알라.
12 훈련으로써 거듭된 너희들 백성이 악
과 선을 선택할 때, 너희들은 결코 악
을 선택하지 아니하며 선을 선택할 수
있는 백성으로서 거듭날 수 있는 것이
니, 너희들은 이를 알아야 될 것이니
라.
13 너희들이 그 사랑하는 마음으로써 사
랑을 선택하고 사는 마음이 너희들 가
슴 깊이 뿌리를 잡힌다면,
14 너희들이 악의 유혹이나 그 악에 대한
모든 생각을 너희들 마음속에 지워 버
리고 산다 하면,
15 너희들은 그 무서운 악이요, 그리고
그 사탄이요, 그 악의 유혹의 그 모두
가 다 너희들에게는 아무런 가치가 없
는 것이라는 것을 알아야 될 것이니라.
16 그것은 너희들에게 의미조차도 없는
것이니라.
17 너희들이 훈련과 훈련을 거듭하여 사
랑을 선택하는 그와 같은 삶으로 살아
가기 시작하여 어느 정도 너희들이 단
계에 오른다면,
18 너희들이 그리 무서워하고 두려워하
는 사탄이요, 사탄의 유혹이요, 그 모
두는 다 너희들이 생각하지 않는 그와
같은 단계에 오름이니,
19 너희들 자신이 생각을 하지 아니하며
사탄과 악에 대한 것을 지워 버리고
산다 하면, 악이요, 악의 유혹이요, 그
사탄의 행동 그 모두는 너희들에게 무
가치한 것이며 의미가 없는 것임이니,
20 감히 그들은 너희들을 무너트리지 못
하며 쓰러트리지 못하는 것이니라.
21 너희들이 무가치하게 생각할 때, 너희
들이 의미 없이, 관심이 없이 바라보
지 아니하고 살아갈 때, 너희들이 저
항하지 아니하며 그를 두려워하지 아
니하고 마음 자세를 바로 세운다면,
22 그리고 사랑의 마음으로써 선택할 수
있는 그 훈련에서 견디고 이긴다면,
23 그 모두는 다 너희들에게 무가치한 것
이며 의미가 없는 것이요, 존재 가치
가 없는 것이 바로 악과 사탄이라,
24 너희들이 무너지듯이 그들이 또한 너
희들 앞에 그리 물거품처럼 무너지는
것이라는 것을 알라.
25 너희들이 무너지겠느냐, 그 사탄과 악
이 너희들 앞에 물거품처럼 무너지고
지워지도록 하겠느냐,
26 그것은 너희들에게 달렸음이니라, 사
랑하는 나의 아들딸들아!

10,584 번째 하나님 말씀

2004년 4월 16일 12시 20분

1 사랑하는 나의 아들아!
2 "네, 아버님! 말씀하옵소서."
3 너를 따르는 제자들이요, 나의 법전을
읽고 깨우친 만백성, 너희들이 이 세

상에 정녕 가장 어리석은 백성으로 살
아갈 것인가, 현명한 백성으로서 살아
갈 것인가, 스스로 너희들이 정하도록
그리하라 전하라.
4 내가 나의 아들을 통하여 너희들 제
자를 선택했으며, 나에게 부름을 받은
너희들이 누군 줄 알겠느냐?
5 너희들이 불바다 속에서 떨어져 불에
타 죽기 직전이요, 물속에 빠져 그 물
을 마시며 숨이 멈춰 죽어 가기 직전
에 내가 너희들을 구원한 것이거늘,
6 너희들이 불 속에서 죽음 직전에 타
죽기 전에 거기서 놀라고 두려워 깨
우친 자요, 그리고 물속에 빠져 죽기
전에 너희들을 구원한 자들이거늘,
7 어찌하여 너희들이 그 불 속으로 다시
뛰어들려 하며 그 물속으로 또 뛰어
들려 하는 그와 같은 어리석은 행위를
한단 말이더냐?
8 불 속에서 너희들이 타 죽기 전에 내
가 구원했으며 물속에서 빠져 죽기 전
에 내가 너희들을 구원한 것이 나의
아들을 따르는 제자요, 그리고 나의
법전을 읽고 깨우친 백성, 너희들이니
라.
9 그리고 너희들이 말하는 그 무섭고
두려운 지옥에 너희들이 거기서 떨어
져 내려가는 자, 내려가는 자 중에서
내가 너희들을 손을 뻗어 구원한 자
라, 그리고 다시 한 번 너희들에게 기
회를 준 백성이라 너희들이 어찌 그리
생각하지 못하느냐?
10 그러니 지금도 너의 제자들이 하늘을
향하여 한 점의 부끄러움이 없는 삶을
살지 못하며, 우왕좌왕하며, 너희들이
깨우치고 변했다 해도 정녕 마음속에
변한 것이 없으며 행동에 변한 것이
없다면,
11 너희들이 불 속에서 그 무서운 불에
놀라고도 너희들이 그 불 속으로 또
뛰어들겠다 하는 자들이요, 물에서 너
희들이 죽기 전에 놀란 자들이 그 물
속으로 들어가고자 하는 자들이요,
12 너희들이 심판을 받아 지옥의 그 아우
성 속에 떨어지기 전에 구원을 받은
자가 거기에 또 들어가겠다는 어리석
은 백성이니,
13 너희들이 현명한 백성이 되겠느냐, 어
리석은 백성이 되겠느냐?
14 오늘 이 순간부터 나의 기도를 듣는
그 제자들부터 마음의 각오를 다시
하지 아니하면 아니 되느니라.
15 너희들이 불 속에서 물속에서 죽기 전
에, 지옥에 떨어지기 전에 너희들을
내가 구원한 백성이라는 것을 잊지 말
며,
16 그 은혜에 보답하는 길이 무엇인가 깊
이 깨우쳐 그 길을 살아가도록 그리
명하라.

10,585 번째 하나님 말씀

2004년 4월 16일 15시 59분

1 "너는 나 외에는 다른 신들을 네게 있
게 말지니라.
2 너를 위하여 새긴 우상을 만들지 말
고, 또 위로 하늘에 있는 것이나 아래
로 땅에 있는 것이나 땅 아래 물속에
있는 것의 아무 형상이든지 만들지 말
며, 그것들에게 절하지 말며 그것들을

섬기지 말라.
3 너는 너의 하나님 여호와의 이름을 망
령되이 일컫지 말라.
4 안식일을 기억하여 거룩히 지키라.
5 네 부모를 공경하라.
6 살인하지 말지니라.
7 간음하지 말지니라.
8 도적질하지 말지니라.
9 네 이웃에 대하여 거짓 증거하지 말지
니라.
10 네 이웃의 집을 탐내지 말지니라.
11 나 여호와가 존재함을 믿는 그 자체가
구원의 길에 들어서는 기본이요 근본
이며, 나의 법전을 가슴에 안고 정독
하는 자, 반석 위에 서서 하늘에 오르
는 찬란한 빛을 보게 되는 영광을 얻
게 됨이니라."
12 사랑하는 나의 아들아!
13 "네, 아버님! 말씀하옵소서."
14 네가 십계명을 암송하고 암송함이니,
그 한 장의 종이가 쌓이고 쌓여 네 키
만큼 올라설 것이라 그리 말하였으니,
15 네가 나의 십계명을 암송하면서 너 자
신이 변하며 네가 깨달음을 얻는 그와
같은 네 마음의 각오요, 네 마음 자세
를 다시 해 가는 그와 같은 변화된 삶
속에서 가고 있음이니,
16 너를 따르는 제자들이요, 나의 법전을
읽고 깨우친 만백성, 그들은 십계명을
많이 암송하고 또 외우고 그리해야 될
것이니라.
17 그 속에서 너희들이 마음을 다스리며,
너희들이 깨달음이 있으며, 너희들의
생각이 다져지는 그와 같은 삶을 살아
갈 수 있는 것이니라, 사랑하는 나의
아들아!
18 이제 너를 따르는 제자들이요, 그리고
만백성을 구하는 너희들은 살아가면
서 남을 사랑하며 남에게 베풀고 살아
감이니라.
19 그러니 너희들이 사랑을 베푸는 만큼,
너희들이 남으로부터 과연 그 사랑의
신뢰도를 받고 있는가 그와 같은 것을
너희들은 돌아다보며 그와 같은 삶으
로 살아가야 될 것이니라, 사랑하는
나의 아들딸들아!
20 너희들이 남을 위하여 베풀어 주며 남
을 사랑하며 사느니라.
21 그러니 너희들이 사랑하고 베푸는 만
큼 그들이 너희들이 그 사랑하는 마음
을 받아들이는 마음이 있는가, 그리고
너희들이 사랑하는 만큼 그들이 또한
너희들을 사랑하는 마음을 가지고 있
는가,
22 이것을 너희들은 볼 줄 알아야 될 것
이니라.
23 너희들이 진심으로 진정한 마음으로
사랑을 했으며, 모두를 다 바쳐 가식
이 없는 사랑을 했더라면,
24 너희들이 준 만큼 그들이 사랑을 너희
들에게 바칠 것이며, 그들은 반드시
너희들의 마음으로 돌아올 것이니라.
25 그렇지 못한 너희들이 베푼 사랑을 했
다면, 이것은 진정한 사랑이 아니니라.
26 너희들의 상사가 아랫사람을 사랑할
때, 그 표현하는 방법이요, 윗사람이
아랫사람을 사랑하는 방법이요, 스승
이 제자를 사랑하는 그 모두를 받는
그 밑의 부하요, 그 제자요, 그 백성들
이,

27 주는 사람의 마음을 알 수 있으며, 주
는 사람의 사랑의 진정한 것이며 진
실된 것처럼 받은 만큼 돌려주는 데
주저하지 않는 그와 같은 사랑을 하고
있는가, 그와 같은 삶을 사는 것인가
를,
28 너희들은 이제 너희 자신을 조용히 들
여다보며 깨우쳐 봐야 될 것이니라.
29 너희들이 주는 만큼 받지 못하며 주는
만큼 돌아올 수 없다면, 이는 어찌 생
각하면 너희들이 받고 못 받는 거래를
떠나서 너희들이 진실한 마음으로 내
려 주지 못하였기 때문이며, 진실로
사랑하지 못하였기 때문이 아니더냐?
30 너희들이 기르는 동물들도 진실이요,
아니요, 그를 아느니, 진실로써 사랑
한 동물은 너희들에게 진실로써 그걸
표현하지 않더냐?
31 하물며 지혜가 있는 나의 백성 너희들
이 준 만큼 그들이 너희들이 어렵고
힘들 때 너희들에게 돌려주지 못하며
바치지 못한다 하면, 그는 바로 너희
들이 잘못된 사랑이요, 잘못된 삶이니
라.
32 너희들이 오만함이요, 방자함이요, 무
시함이요, 그와 같은 너희들의 자세에
서 어렵고 힘든 네 이웃이요, 그들을
도우며 살아가는 것이 형식적이었을
것이니,
33 이제는 너희들이 사랑하는 만큼 돌아
올 수 있는 것인가를 보라.
34 너희들이 인간 세상에 살아가면서 그
런 말을 하지 않더냐?
35 아무리 뭐라 해도 사랑은 '내리사랑'
이요, 부모의 사랑을 자식이 따를 수
없으며 형의 사랑을 아우가 따를 수
없다 함이니,
36 이제 너희들은 제자들이요, 그 모두가
너희들에게 그와 같이 따를 수 있으
며 같이 올 수 있는, 같이 사랑을 줄
수 있는 그들의 마음을 너희들이 그리
심어 줬으며, 그들을 그리 다스리고
깨우쳐 주고 가르쳤는가,
37 그리고 진실로써 너희들이 그리했는
가, 이것을 확인하고 이것을 볼 수 있
는 것도 중요함이니라.
38 그렇지 못하면 너희들이 슬픈 사랑이
요, 진실한 사랑이요, 하늘의 사랑을
베풀지 못한 것이니,
39 너희들은 오고 안 오는 것을 따지지
말며,
40 너희들이 정녕 준 만큼 돌아오지 않는
다면, 너희 과실이요, 너희 잘못된 사
랑이요,
41 그리하여 네 마음을 다스려 네가 진실
된 마음으로 살아가는 삶으로 바꾸라
는 것이 나 여호와가 너희들에게 깨우
쳐 줌이니 그리 알라.

10,586 번째 하나님 말씀

2004년 4월 16일 16시 03분

1 사랑하는 나의 아들아!
2 "네, 아버님! 말씀하옵소서."
3 네가 살아가면서 마음의 그 고통이 무
엇이더냐?
4 나 여호와는 네 마음을 아니, 네가 나
의 법전이요, 새로운 성경에 기록하여
그 제자들이요, 너를 따르는 그들이
알 수 있도록 그리 전하라.

5 "네, 아버님! 저는 그렇사옵나이다.
6 아버님께서 말씀하시기를, 선물을 받
지 말라 하셨으며, 그리고 그를 받는
다면 저희들이 그와 같은 것을 배로
갚으라 그리 말씀을 주셨사옵나이다.
7 그러니 가능하면 그리 받지 말라 그리
가르쳐 주신 그 말씀의 뜻이 거기에
있는 것을 알았사오나,
8 아버님 마음의 뜻이요, 아버님의 가르
침이 어디에 있는가, 그리고 또 무슨
의미인가 그것을 이제야 제가 다시
들여다볼 수 있는 마음의 여유요, 생
각을 할 수 있는 것이 되었사옵나이
다."
9 그러니 네가 그 뜻을 깨우친 것이 과
연 무엇이더냐?
10 "아버님께서 말씀하시고 저에게 바라
는 것은, 과연 제가 그 사랑이요, 그
선물을 받을 자격이 있는가 하는 것,
그걸 들여다보라 하는 말씀이라 그리
생각되옵나이다."
11 지금 네가 울고 있는 그 마음이 무엇
이더냐?
12 "네, 그렇사옵나이다.
13 저의 제자들이 저를 위하여 모두를
헌신적으로 하고 제가 바로 서기를 바
라며 온갖 정성을 다하니,
14 그 정성을 받을 자격이 있으며, 그 사
랑을 받을 자격이 있으며, 그 사랑을
받을 수 있는 자로서 살아가는 것인
지, 그와 같은 자격을 갖추고 살아가
는 것인지, 그것이 가슴이 아프고 너
무 답답하고 너무나 두렵사옵나이다.
15 그리하여 그 마음속에 그것을 깨우친
것이 바로 아버님께서 말씀하신 그 뜻
이라는 것을 이제 알았사옵나이다.
16 선물을 받지 말라 하심은, 받지 말라
하기 전에, 그를 받을 자격이 되었으
며, 준비가 되어 있는 백성인가, 이걸
스스로 저희들이 들여다보고 깨우쳐,
17 자격이 있는 자 받을 것이며, 자격이
없는 자 받아서는 아니 된다는 그 가
르침이요, 그 깨달음을 이제야 제가
알고 있사옵나이다, 아버님!
18 먼저 제가 저 자신을 점검해 보며, 제
가 그만큼 대우를 받을 수 있으며, 그
만큼 선물을 받을 수 있으며, 그만큼
칭찬을 받을 수 있는 사람인가를 먼저
다스려 보고 돌이켜 보라는 것,
19 그렇지 아니할 때 그걸 받는 것은 오
만이요, 교만이요, 그것이 죄가 된다
는 것을 이제야 깨달았사옵나이다.
20 그리하여 아버님께서 명분 없는 선물
이요, 저희들이 어떠한 선물이든 받지
말라, 가능하면 저희들이 받는 것보다
주는 마음을 가지라는 그 가르치심의
뜻을 이제야 제가 알 것 같사오며,
21 그리하여 그 마음의 고통이요, 오늘의
시련이, 아버님께서 말씀하시니, 그
고통이 저에게는 너무나 강하며 견디
기 어려우며, 그리하여 변하지 못하는
저 자신이 고통스러우며,
22 또한 그 속에서 변하고자 노력하는 것
이며, 그리고 갈 수 있다 생각하며, 가
고자 노력하는 그와 같은 마음을 가지
고 있사옵나이다.
23 그와 같은 제 마음이, 오늘의 아픔의
그 속에 아버님께서 주신, 가능하면
저희가 모두에게 그저 받지 말며, 누
구든지 그저 함부로 받지 말며 거둬들

이지 말라 하신 말씀은,
24 자격이 있느냐 없느냐를 먼저 보라 하
는 그 말씀의 뜻임을 이제야 깨달았
사옵나이다, 아버님!"
25 나의 아들아! 그래서 네가 나의 아들
이요, 만백성을 구하는 지도자요, 목
자이니라.
26 그러니 너는 그와 같은 마음에 부끄러
움이 없는 자가 되라.
27 네가 고통스러우며 울지 말며, 네가
너 자신이 그리 변하면 되지 않겠느냐?
28 그리 변하는 길을 가도록 하라.
29 그것이 나의 아들로서 네가 가는 길이
며, 160권의 성령을 받아 기록하여 만
백성을 구하는 그 역사를 이루는 네가
가야 할 길이며, 지켜야 할 길이며,
30 네가 그리해야 될 것이라는 것을 알았
으면 그리 행하도록 하라, 사랑하는
나의 아들아!

10,587 번째 하나님 말씀

2004년 4월 16일 16시 08분

1 사랑하는 나의 아들아!
2 "네, 아버님! 말씀하옵소서."
3 이 세상에 가장 불행한 백성이요, 내
가 보기에 딱한 백성들이 누구인 줄
알겠느냐?
4 너희들이 이방인이라 하는 그 백성들
은 나에게 감사함을 알며, 감사 기도
를 진심으로 순수한 마음으로써 드리
는 자들임을 너희들은 알아야 될 것
이니라.
5 너희들이 이방인이라 말하는 믿지 않
는 그 백성들이 나에게 감사를 드리며
감사를 드리는 그들의 마음이 얼마나
순수하고 진지한 것인지 알겠느냐?
6 거래하는 마음이 없으며 요구하는 것
이 없으며, 느낀 그대로 감사함을 전
하는 것이 너희들이 말하는 이방인들
이니,
7 그 마음을 내가 너희들보다 먼저 거
둬들인다 함을 알겠느냐?
8 지금의 모든 종교 집단의 믿음의 길을
가는 백성들이 얼마나 가련하고 불쌍
한 자들인 줄 알겠느냐?
9 인간 교리에 맞춰서 끌고 가는 그 틀
에 맞추어 모든 삶을 살아가니,
10 내가 이 세상에 내려 준 자연의 아름
다움이요, 이 강산의 아름다움이요,
지상의 모든 아름다운 것을 너희들은
보지도 못하며 느끼지도 못하며,
11 그를 너희들이 스스로 감탄하지 못하
며, 나에게 감사하는 것을 모르고 살
아가는 가장 어리석고 불쌍한 백성들
이니라.
12 아름다운 이 내면을 너희들이 보지 못
하며, 아름다운 이 지상의 자연의 오
묘함을 보지 못하는 것이 오늘의 믿음
이요,
13 그리고 자유 시간의 모두까지 박탈해
가는 잘못된 종교 집단의 그 틀에 맞
춰 너희들이 끌려가는 짐승처럼 끌려
가다 보니,
14 내가 세상에 내려 준 이 위대한 자연
이요, 방대한 이 세상의 아름다움이
요, 그것 하나도 보지 못하고,
15 그저 짐승처럼 정해진 시간에 왔다 갔
다 하는 그와 같은 삶으로 살아가는
가련하고 불쌍한 백성이라는 걸 너희

들은 알겠느냐?
16 아름다운 이 지상은 계절에 따라서 변
화되며, 그 계절에 따라서 변화되는
그 아름다움이 얼마나 곱고 신비로우
며,
17 그 자연 속에 사는 꽃이요, 나비요, 모
든 미물들이요, 그들이 살아가는 모습
이 얼마나 너희들이 신비함이요, 귀하
고 소중하더냐?
18 그러니 나의 백성들이요, 그리고 나를
믿지 않는 자들이요, 그리고 너희들이
이방인이라는 그 백성들이 자연 산천
의 아름다움을 느끼며 계절에 따라서
그를 구경하며 감탄하면서 하는 말이
무엇이더냐?
19 '하나님은 위대하시다.' 하며 내가 내
려 준 것에 감사하며, 나에게 감사의
기도가 스스로 나오니, 그 기도야말로
아름다운 기도요, 순수한 기도요,
20 너희들은 내가 내려 준 자연의 아름다
움도 모르고 사는 자들이나, 내가 베
풀어 주고 내려 준 것을 마음껏 즐기
고 그를 보고 감사하며 사는 것이 이
방인 그 백성들이라는 것을 너희들은
알라.
21 내가 일찍이 열여섯 권의 법전 속에
너희들에게 일찍이 깨우쳐 주었느니
라.
22 부모가 수고스럽게 만들어 주는 그
음식을 자식이 맛있게 먹을 때, 그 부
모의 기쁨은 이루 말할 수 없다 하지
않았더냐?
23 내가 만들어 준 이 자연의 방대함이
요, 계절에 따라서 변하는 그 아름다
움이요, 계절에 따라서 피는 꽃이요,
식물들이요, 미물들이요,
24 하늘을 나는 날짐승이요, 모든 동식물
이요, 미물들이 살아가는 그 위대함이
요,
25 자연의 노을이요, 해가 지고 달이 뜨
며 별이 비치는 밤의 그 아름다움이
요, 풀벌레의 울음소리요,
26 그 모두를 너희들이 제대로 느끼고
살지 못하는 것이 나의 백성이요, 나
의 은혜 속에 사는 백성들이니,
27 인간의 잘못된 사탄들이요, 그들의 틀
에 맞춰 그들의 쇠사슬에 묶여 살아가
는 것이 너희들이니,
28 과연 어떠한 백성들이 내가 내려 준
이 자연을 느끼며 감사하며 사느냐?
29 부모가 만들어 준 음식을 맛있게 취하
는 자식을 보는 마음이 기쁘다 하듯
이, 내가 세상에 모두를 다 내려 준 것
을 너희들이 아름답다 느끼며 감사하
다 느끼며,
30 그 속에서 나에게 경탄의 감사 기도를
하는 그 백성들이야말로 나에게 선택
된 백성이요, 위대한 백성들이요,
31 내가 만들어 준 걸 감사하며 감사할
줄 아는 너희들이야말로 나를 기쁘게
하는 백성들이니라.
32 그러니 이방인들이 나에게 더 감사하
며, 틀에 박힌 너희들은 아름다움을
모르며 자연의 소중함을 모르며 그러
기에 메마른 자들이니,
33 사랑을 모르며 나눔을 모르는 어리석
고 불쌍한 백성들이니, 황폐하고 황폐
한 것이 너희들의 오늘의 모습이라는
것을 알라.

10,588 번째 하나님 말씀

2004년 4월 16일 16시 13분

1 사랑하는 나의 아들아!
2 "네, 아버님! 말씀하옵소서."
3 성서에 기록하여 전하기를, 너희들은
앞을 보지 못하는 자요, 장님 같은 자
요, 그리고 들어도 듣지 못하는 귀가
없는 자들이라 그리 말함이니,
4 너희들은 성령을 본다, 그리고 성령을
듣는다 그와 같이 가르침이 과연 너희
들이 육의 감각에 의하여 너희들이 보
고 안 보는 것으로 그리 깨닫고 있는
가?
5 내가 성서에 기록하여 너희들이 본다,
보지 못한다, 앞을 보지 못하는 자가
인도한다, 너희들이 눈이 떠 있어도
앞을 보지 못하는 자요, 귀가 열려 있
어도 듣지 못한다는 그와 같은 말을,
6 너희들은 육의 세상에 네 눈이 감겨져
있으며 네 귀가 막혔다 그리 생각하느
냐?
7 나 여호와가 성서에 기록하는 그 모든
가르침은 성령으로써 임하지 않는 백
성 너희들을 가르침이니라.
8 마음으로 보지 못하는 자요, 마음의
문이 열리지 아니한 그 백성들을 봐
도 보지 못하며 들어도 듣지 못하는
백성이라 내가 그리 말함이니,
9 영안이 열리지 않는 그 백성들에게 내
가 전하는 말임을 너희들은 알아야 될
것이니라.
10 성령으로 임하지 않는 백성은 육의 세
상에 너희들이 보이는 것으로써 모두
를 끝맺으나,
11 보이지 않는 다음 세상의 그 위대하고
아름다운 삶이요, 너희들이 거듭나는
그와 같은 생명의 위대함을 보지 못하
는 자요, 생각하지 못하는 자를 내가
눈으로 봐도 보지 못하는 자요, 귀로
들어도 듣지 못하는 백성이라 그리 말
함이니라.
12 그러니 여기서 너희들은 알아야 될 것
이니라.
13 너희들이 깨우친 백성과 깨우치지 못
한 그 백성의 차이가 무엇인 줄 알겠
느냐?
14 나의 법전을 읽고 깨우친 백성들이요,
나의 아들을 따라 강론을 듣는 백성
너희들과 그들의 차이점이 그것이니
라.
15 사랑하는 나의 아들을 따르는 제자 너
희들은 마음의 문이 열려 있으며 마음
의 귀가 열려 있으며 마음의 눈이 떠
있음을 알라.
16 그러니 너희들이 다음 세상의 그 모
두를 볼 수 있으며, 내가 역사하는 것
을 알 수 있으며, 깨달음이 있는 것이
니라.
17 그러나 영적인 마음이 열리지 않은
백성들, 그들은 아무리 보고 듣는다
해도 듣지 못하는 자요, 볼 수 없는 백
성이니,
18 그것이 너희들과 차이점이며, 그는 넘
을 수 없는 한계임을 너희들은 알아야
될 것이니라.
19 그러니 너희들이 살아가는 것이 비정
상이요, 너희들이 살아가는 것이 어리
석은 자요, 바보 같은 자요,
20 저희들이 살아가는 것이 현명하여 저

희들이 사는 것이 바른 자세라 하느
니라.
21 너희들이 범죄를 하고 남이 못 보니,
그것이 제가 똑똑한 것이며 현명한 자
라 하여 제가 그늘진 곳에서 웃음을
얻는 백성,
22 그 죄를 내가 알고 천사들이 알고 사
탄이 다 아는 것을 모르는 가장 어리
석은 백성이니라.
23 남 앞에 새치기 하면서 제가 똑똑한
자요, 영특한 자라 그리 생각하니, 그
것이 얼마나 바보고 어리석은 백성인
줄 알겠느냐?
24 그 죄를 열배 백배로 치러야 된다는
걸 모르는 어리석은 자요,
25 미련할 만큼 제자리를 지키며 그 질
서를 지켜 제가 제 순서에 왔을 때 행
하는 자, 그는 바보요, 천치 같은 자라
하나,
26 그는 다음의 세상에 와 벌을 받을 것
이 없으며 상만이 있다는 것을 모르는
어리석은 자들이니, 너희들 인간의 오
늘의 삶이 그러하니라.
27 모든 믿음의 길을 가는 그 종교 집단
이요, 지도자 그들이 그러하니라.
28 많은 사람들이 질서를 지키기 위하여
기다리고 있는 곳에서 제가 두 발로
제 육신이요, 제 몸뚱이로 달려가면
서, 남들 앞에 법을 위배하며 가면서,
그것이 제가 똑똑하고 영리한 자라 하
며 기다리는 자가 바보 천치라 하니,
29 저는 그리해도 언젠가는 제가 그 육신
이요, 그 생명마저도 잃는 불행을 당
하는 것을 모르는 자요,
30 오늘의 믿음의 길을 가는 백성들이요,
신앙을 가는 백성들이 지금 그러하니
라.
31 진정한 것이 무엇이며 하늘에 오르는
것이 무엇인지 그를 모르기에 위법과
위법 속에서 지금 살아가는 자들이요,
그러면서도 저희들이 현명한 자요, 영
특한 자라 하느니라.
32 그저 모든 무거운 짐을 대신 져다 주
며, 저희들이 지고 있는 죄까지도 대
신 씻어 줘 죄를 닦아 준다 하며, 저희
들은 깨끗한 자라 말하는 그 어리석은
백성들이,
33 불법을 하면서 질서를 지키는 백성들
을 비웃으며 어리석은 백성이요, 불쌍
한 자라 비웃는 자들과 똑같은 형국
임을 잊지 말라 그리 전하라.

10,589 번째 하나님 말씀

2004년 4월 16일 16시 17분

1 사랑하는 나의 아들아!
2 "네, 아버님! 말씀하옵소서."
3 모든 백성들이요, 너를 따르는 그 제
자들이 이제 세상에 나가 나의 피조물
만백성의 선생으로서 역사하는 시대
는 자연히 이루어질 것이며,
4 그리하여 또한 나의 피조물 만백성이
나의 법전을 읽고 깨우치는 그 역사가
이루어짐이니라.
5 그러니 너희들은 그와 같은 삶을 살아
갈 때, 어떠한 기본의 자세로 살아가
야 되느냐?
6 오늘의 나의 아들이 울고 있는 그 마
음을 뭐라 말하였느냐?
7 그를 돕는 제자들이요, 그리고 그를

도와서 역사하는 제자들이요, 그리고
헌신적으로 모두를 이루며 160권의
법전을 나오게 하여 어렵고 힘든 고통
의 길을 가는 그 제자들이 베푼 것,
8 그리고 돕는 것을 과연 받을 자격이
있는가 없는가 하여, 그것이 너무 고
통스럽고 괴로워 눈물을 흘린다 하지
아니했던가?
9 나의 아들을 따르는 모든 제자들이요,
만백성을 구하는 제자들은 우선 그
마음부터 갖도록 그리해야 될 것이니
라.
10 너희들을 옆에서 도와주고 너희들을
사랑하는 그 모든 자들에게, 그 너희
들의 제자요, 너희들을 따르는 자들에
게 한 점의 부끄러움이 없는 삶을 살
지 아니하는 그와 같은 자세를 가지고
산다면,
11 너희들이 그 속에서 어찌 이 세상에서
아름다운 삶을 살 수 있단 말이더냐?
12 이유 없이 너희들을 도우며 이유 없이
법전을 역사하는 데 모두를 봉사하고
희생하는 그 제자들이 너희들의 주변
에 있거늘,
13 그들을 속이며 그들에게 부끄러움이
있는 그와 같은 삶을 산다면, 너희들
과 거래하는 자를 너희들은 속이게 될
것이며, 거래하는 자를 진심으로 사랑
하지 못할 것이며,
14 너희들에게 피해를 입히는 자를 사랑
하지 못할 것이며, 너희들에게 피해를
입히는 자를 정녕 사랑하지 못함이니,
15 이 세상에 오늘의 믿음의 길을 가는
그 백성들과 너희들이 무엇이 다르며
차별화가 되어 있단 말이더냐?
16 이제 내가 너희들에게 전함이니, 나의
아들이 울고 있듯이 너희들 자신이 이
제는 정녕 너희들을 돕고 사랑하는
사람들 앞에 과연 한 점의 부끄러움이
없는 삶을 살며, 시기하지 아니하며
질투하지 아니하는가, 그리고 과연 미
워하는 마음은 없는가, 그들을 속이는
마음은 없는가, 그와 같은 마음 자세
로 너희들이 살아가야 될 것이니라.
17 그를 터득하면 너희들과 같이 공부하
는 모든 형제요, 너희들이 사랑하는
가족이요, 그 모두에게 너희들이 가까
이 있는 사람으로부터 한 점의 부끄러
움이 없는 삶을 살아야 될 것이며,
18 그들에게 행함이 모두가 진실이라는
그 훈련을 쌓게 될 것이니라.
19 너희들이 가장 가까운 자를 실망시키
지 아니하며, 가장 가까운 자를 욕되
게 하지 아니하며, 가장 가까이에서
도와주는 자에게 감사하며,
20 그 은혜에 어긋나는 짓을 하지 아니하
고 삶을 사는 훈련을 쌓는다면, 너희
들은 모든 백성들에게 그와 같이 살아
갈 수 있을 것이니라.
21 너희들을 도와주는 자, 끝없이 너희들
을 사랑하는 자에게 부끄러움이 없는
삶을 살지 못한다면, 너희들과 경쟁자
요, 시기 질투하는 자를 너희들이 그
리 사랑할 수 있겠는가?
22 그러니 너희들은 변할 수 없는 백성이
요, 변해진 것이 하나도 없는 백성이
라는 걸 명심하고 또 명심하도록 하
라, 사랑하는 나의 아들딸들아!

10,590 번째 하나님 말씀

2004년 4월 16일 16시 22분

1 사랑하는 나의 아들아!

2 "네, 아버님! 말씀하옵소서."

3 내가 너에게 말하여 전하기를, 모든 믿음의 길을 가는 백성들이 열이면 그 여덟 명이 지금 잘못 가고 있으며 그 믿음이 잘못되었다는 것을 알고 있다 하지 아니하였더냐?

4 그와 같은 현상이 일어나는 것은 무엇이더냐?

5 그와 같은 현상 속에 있는 백성 너희들이 그대로만 잠재해 있지 아니하며, 오늘의 너희들이 그와 같은 종교 지도자들의 그 사악한 잘못된 가르침에 결코 그대로 넘어가지는 아니 할 것이니,

6 지금 나의 뜻을 따르는 자, 그리고 너희들이 깨달은 자, 그리고 성령이 임하여 하늘의 뜻이 무엇인가를 스스로 터득한 자들이, 나의 피조물 만백성을 가르치고 지도하는 자들이 이 세상에 수없이 많이 있음이니라.

7 나름대로 저희들이 지금 바른길이요, 나름대로 올바른 길이요, 나름대로 나 여호와의 뜻에 의하여 이루고자 하는 자들이 지금 수없이 있음이니라.

8 그러나 그들은 진정한 믿음이 없으며 기초의 다짐이 없음이니라.

9 정상적인 교육이 아니요, 정상적인 기초가 없이 그저 너희들이 이웃에서 들으며 남으로부터 들은 그와 같은 깨달음으로써 그 한두 개 얻은 진리로써 지금 모두를 이끌어 가는 그와 같은 지도자들이 수없이 있음이니라.

10 그러니 160권의 법전이 세상에 나갔을 때, 정상적인 교육이요, 단계를 받아 나 여호와의 뜻이 세상에 전해짐이니,

11 이제 그 백성들이 나의 법전을 접하며 깨달음을 얻게 될 것이니, 그 준비된 백성이 수없이 있음을 너희들은 알라.

12 내가 너희들에게 말하기를, 80퍼센트라는 그 숫자가 잘못된 오늘의 불안과 공포를 느끼는 그 믿음의 길을 가는 백성들이라 하였으니,

13 그들 속에는 이미 물이 빠져 흐르듯이 그들이 빠져나오는 자, 또 빠져나온 자가 수없이 있음이니라.

14 다만, 그들이 나의 법전을 보지 못하며, 그리고 새로운 성경을 보지 못하며, 나의 아들의 강론을 듣지 못하며, 알지 못하기 때문에 역사하지 못함이니라.

15 그러나 너희들이 기본은 알되 너희들이 정상적인 교육이요, 하늘의 뜻에 따라 가르치고 배운 지도자는 아니라 해도, 너희들이 성령이 임하는 그와 같은 성령의 뜻을 알며 하늘의 뜻을 알며 깨우침을 얻은 그 백성들이 지금 역사하고 있음이니라.

16 그러니 정규군이 아닌 비정규군으로서 지금 그들이 임무를 다하고 있는 자들이 있다는 것을 너희들은 알아야 될 것이니라.

17 이제 정규군이 모두를 다스려 나가며 통치하는 시대가 올 것이니,

18 나의 법전이 160권이 세상에 나가며, 너희들이 전쟁으로 말하면 국부적으

로 비정규군으로서 싸우고 그 지역을
지키고 나름대로 수호하기 위하여 싸
웠던 그 모두들은 이제는 정규군의 그
속에 편입될 것이며, 정규군의 그 가
르침이요, 질서 속에서 이 세상은 평
화를 이룰 것이니라, 사랑하는 나의
아들아!
19 그때를 기다리라 하며, 그것이 내가
10년의 역사의 세월이라 했음을 잊지
말도록 그리하라.

10,591 번째 하나님 말씀

2004년 4월 16일 16시 24분

1 사랑하는 나의 아들아!
2 "네, 아버님! 말씀하옵소서."
3 나 여호와의 성전이요, 내가 기거할
곳은 이 세상에 한 곳밖에 없다 함은
무슨 뜻이더냐?
4 너희들이 눈은 떠 있되 보지 못하는
자들이 가르치고 이끌어 가는 형국입
이니라.
5 앞 못 보는 자가 앞 못 보는 자를 이끌
어 가는 그와 같은 형국이란 것이 오
늘의 종교 집단이요, 믿음이니라.
6 그러니 제가 앞을 보지 못하며 성령으
로써 열리지 않은 자가 가르치고 가르
친들 무엇하겠느냐?
7 육의 한계에서 벗어나지 못함이니, 육
의 눈으로 본 것으로써 모두를 저희들
이 평가하며, 그 보이는 것으로 나의
피조물 만백성에게 깨우쳐 줌이니,
8 그는 눈을 가진 백성들이요, 귀가 있
는 백성들은 다 듣고 볼 수 있는 것을
가지고 그들이 하늘의 뜻이라 하여 나
의 아들 예수와 내 이름을 팔아 지금
장사하고 있는 자들이니라.
9 그러니 육의 눈으로써 세상을 봄이니,
영적인 그 눈으로써 보지 못하며 깨우
침으로써 보지 못하는 백성들이니라.
10 참진리의 뜻이요, 나 여호와가 역사하
고자 하는 것을 알지 못함이니,
11 모든 나의 피조물 만백성을 하늘에 오
르는 길이요, 천국의 길로 인도하는
것이 아니요, 죽음의 길로 인도하는
것이 그들이라는 것을 너희들은 알아
야 될 것이니라.
12 내가 그리하여 너희들에게 영적으로
보지 못하는 백성들을 무어라 꾸짖었
느냐?
13 소경이라 꾸짖었음을 너희들은 알겠
느냐?
14 네 마음의 눈을 뜨라. 네 마음의 문을
밝히라.
15 그러지 못하면 너희들이 하늘의 뜻을
알지 못하며, 육의 세상에서 보는 것
으로써 본다면,
16 너희들은 결국 나의 피조물 만백성을
육의 세상에서 삶을 살다 구원의 길과
는 관계없는 그와 같은 삶을 살게 한
다 하였음이니라.
17 저희가 소경이 되어 소경을 인도한다
내가 꾸짖은 그 뜻을 너희들은 알라.
18 그 모든 백성들이 지금 그와 같은 속
에서 끌려가고 있음이니,
19 영적으로 거듭나는 백성이요, 영적으
로 너희들이 인도할 수 있는 참진리의
뜻이요, 진정한 나로부터 선택된 목자
를 너희들이 보고 그 강론을 들어 깨
우치도록 그리하라.

20 너희들이 눈이 가려져 있으며 모두가
다 장막으로 가려져 있으니, 너희들이
알지 못함이니라.

10,592 번째 하나님 말씀

2004년 4월 16일 17시 24분

1 사랑하는 나의 아들아!
2 "네, 아버님! 말씀하옵소서."
3 세상에 너희들이 살아가면서 모든 법
조항을 만들어 놓았으며 질서를 지키
기 위해 너희들이 모든 것을 다 통제
하여 너희들에게 가르쳐 주고 홍보하
여 깨우쳐 주느니라.
4 그리하여 이 세상에 사는 백성이요,
집단에 사는 백성은 인간 세상에 너희
들이 규약으로 정해 놓은 그것을 정의
롭게 이루기 위해 모두를 준비해 놓은
것을, 너희들은 그를 따르며 그를 지
키고 사는 것이 인간 세상의 삶이 아
니더냐?
5 내가 너희들에게 물어보고자 하느니
라.
6 너희들이 인간의 질서를 지키라 하여
만들어 놓은 인간이 만든 그 법을 과
연 인간인 너희들에게 지키라 말하는
것이냐,
7 그렇지 않으면 너희들이 짐승들에게
지키라 말하여 그를 만들었는가, 그리
고 미물들에게 지키라 그리 만들었는
가?
8 인간 너희들이 한 집단 속에 살면서
인간이 지키기 위한 너희들의 법도를
만든 것이지, 너희들이 짐승을 위해서
그 법도를 만들며 짐승이 지키는 것은
아마 아닐 것이니라.
9 그러면 내가 너희들에게 묻고자 하나
니, 나 여호와가 너희들에게 내린 구
약이요, 신약의 성경이요, 그리고 내
가 불로써 직접 써 내린 그 십계명은
과연 내가 누구를 위하여 지키라 말하
여 내렸느냐?
10 나를 믿는 백성들이요, 나를 경배하는
그 백성들에게 그를 지키도록 내가
명한 것이 아니더냐?
11 그러니 내가 인간인 너희들에게 지키
며, 나를 찾는 백성들에게 필요하며,
나를 찾는 백성들이요, 나를 아는 백
성들이요, 나를 경배한다는 백성들이
반드시 지켜야 될 그것을 내가 기록하
여 세상에 전하였으니,
12 구약과 신약이요, 지나간 것이요, 새
로운 것이요, 그를 시시비비할 것이
없음이니라.
13 거기에 지키도록 한 것이 나쁜 것이
없으며, 너희들에게 악하게 가라 하는
것이 없음이니, 그러니 시시비비를 할
것이 없으며,
14 그리고 너희들이 나의 십계명을 지킬
수 없으며 율법대로 지킬 수 없으며,
또 너희들이 내가 나의 아들을 통하여
내리는 새로운 성경이요, 나의 법전대
로 지키고 살 수 없다면,
15 인간인 너희들 믿는 자를 위하여 내가
내린 법도를 믿는 자가 지키지 못한다
면, 그 세상은 어찌 되겠는가?
16 이는 너희들이 어떠한 형국이 올 것인
가 한번 생각해 보라.
17 너희들 인간이 만든 인간의 법의 그
테두리에도 인간인 너희들의 그 집단

속에 살면서 너희들에게 지키라 하는
것이지 짐승에게 그를 지키라 만든 것
은 아니라 하지 아니했더냐?
18 그러니 그를 지켜야 할 인간이 그를
지킬 수 없다 하며 지키지 아니할 때,
그 법의 그 질서의 가치는 없으며 세
상은 다 혼란케 될 것이며, 너희들을
통제하고 다스릴 수 없는 것이 이 세
상의 법도가 아니더냐?
19 그러니 너희들이 말하는 무법천지가
이루어질 것이니라.
20 바로 내가 지키라 하는 것, 나를 믿는
백성들에게 지키라 내린 그 십계명이
요, 율법이요, 그리고 나의 아들을 통
하여 내리는 그것을 지켜야 될 너희들
이 지킬 수 없다 말한다면, 과연 너희
들이 어떠한 행위를 하느냐?
21 인간 세상에 만드는 법이요, 합의하에
만든 것을 너희들이 지킬 수 없다 하
는 자들이니, 그게 바로 무법천지요,
그가 용납되는 자라 할 수 있겠는가?
22 그러니 어찌하여 믿음의 길을 가는 그
백성들을 위해 지키라 내린 나의 십계
명을 인간이기 때문에 지킬 수 없으며,
23 이를 지키라 하는 것은 잘못된 것이
며, 이를 지킨다 하는 자는 사탄이요,
마귀요, 너희들을 현혹케 하게 하는
자라 그리 말함이니,
24 과연 지키라 하여 명을 받은 자들이
지키지 못한다 말함이니, 그것이 너희
들이 명령권자인 나 여호와를 얼마나
욕되게 하며, 나를 능멸하는 것인가를
알겠느냐?
25 그러니 나는 믿는 자에게 지키라 하여
그 백성에게 십계명을 내렸으며, 그리
고 나의 율법을 내렸으며, 새로운 성
경을 내렸으니,
26 그를 지켜야 될 백성들이, 그를 지켜
야 할 명을 받은 자들이 지키지 못한
다면, 바로 너희들이 무엇이며 다른
백성들은 무엇을 보고 무엇을 지키고
따라오겠는가?
27 그러니 이방인들을 탓하지 말라.
28 지켜야 될 명을 받은 자들이 지키지
아니하면서 그 명받지 않은 백성들에
게 지키지 아니하며 잘못 산다 너희들
이 이단이요, 사탄이라 그리 말하지
말라.
29 명을 받은 것을 행하지 않는 자들이
더 거역하는 자요, 명령을 위배하는
자는 너희들이 그 중한 벌로써 다스리
는 이치를 알라 그리 전함이니,
30 너희들이 하도 답답하고 알지 못하기
에 사회에 너희들이 살아가는 그 법이
가축을 위해서 만든 것이 아니며 너희
들을 위해 만든 것이니,
31 너희들을 위해 지키고 행할 자가 지키
지 않을 때 무법천지가 되는 것처럼,
32 믿음의 길을 가는 자들이 지키라는 십
계명이요, 나의 성경이요, 나의 새로
운 성경이요, 법전을 지키지 아니하며
지킬 수 없다 하니, 이는 바로 무엇이
더냐?
33 무질서한 세상이요, 너희들이 통제할
수 없는 세상이 된 것이니,
34 그리하여 오늘의 너희들이 무너진 세
상이요, 돌이킬 수 없는 세상을 만들
었다 함이니 그리 알라.

10,593 번째 하나님 말씀

2004년 4월 16일 17시 28분

1 사랑하는 나의 아들아!
2 "네, 아버님! 말씀하옵소서."
3 지금의 모든 종교 집단이요, 지도자
요, 그리고 맹종 맹신하는 그 광분하
는 신도들, 그들이 어찌하여 그리도
무너지고 찌그러졌으며 그 인간의 형
태를 찾을 수 없도록 그리 무너졌단
말이더냐?
4 육에 의한 관계에 있어서 너희들이
얼마나 지금 찌그러졌으며 얼마나 잘
못된 형태인 줄 아느냐?
5 육으로는 너희들이 멀쩡하나, 너희들
의 마음 자세요, 너희들의 그 생각은
무너지고 찌그러질 대로 찌그러져 더
무너질 수가 없는 그와 같은 형국이
되어 있음이니라.
6 너희들이 이익을 취할 수 있다면, 나
의 이름과 나의 아들 예수의 이름을
팔아, 너희들이 나의 말씀이라 하여
악용하여 그를 내세워 나의 사랑하는
백성들로부터 재물을 갈취하며,
7 그들의 사랑과 화해의 정신이요, 그
모두를 다 무너트리는 그와 같은 자가
오늘의 종교 집단 너희들이 아니더냐?
8 사랑을 실천하며 화합을 실천하며 나
누며 살라는 그 모두를 가르치는 지도
자들이 저희들의 이익을 위해서는 나
의 이름이요, 나의 아들 예수의 이름
을 팔면서 악용하는 데 모두를 내세
워,
9 그들의 사랑과 화해요, 그 모든 정신
을 송두리째 무너트린 것이니라.
10 그러니 이 세상에 어떠한 사악한 독재
자도 너희들같이 그리 폐쇄된 자들이
없으며, 너희들과 같은 집단으로써 이
끌어 가는 자는 세상에 없음을 알라.
11 그러니 이 모든 믿음의 길을 가는 그
지도자 너희들이 사랑의 기본이요, 그
모든 기초를 다 무너트렸으며 그 기
초마저 쓸어버렸으며,
12 그리하여 사랑의 싹이 이 세상에 트
지 못하도록 만든 자가 바로 오늘의
종교 집단의 지도자라 함을 너희들은
알라.
13 그러니 너희들은 무어라 말하느냐?
14 모든 종교 집단 지도자들이 말로써는
그리하느니라.
15 나 여호와의 뜻을 거역하는 자요, 우
리 부자의 이름을 팔아 너희들이 사랑
과 화해요, 그 모두를 무너트리는 자
들, 작은 이익에 눈이 어두운 자, 권력
앞에 눈이 어두운 자, 그리고 부자요,
권력 있는 자 앞에서 기도하고 중언부
언하는 것이 다른 자,
16 그것이 바로 너희들이 기름 부음을
받은 자요, 정녕 참진리요, 믿음의 길
을 가는 백성이라 말하느냐?
17 그러면서 너희들이 나로부터 위대한
선지자요, 의로운 선지자요, 나로부터
기름을 부은 자요, 그리고 너희들이
이 세상에 빛과 소금이 되는 자라 자
처하며 빛과 소금이라 말하는 자,
18 그와 같은 너희들을 나 여호와가 바라
보기에 어떠한 줄 알겠느냐?
19 너희들이 어둠의 본산지요, 이 세상의
대지를 어둡게 만드는 것이 너희들이
며, 너희들의 그 광기의 진원지가 오

늘의 종교 집단 너희들이요,
20 살인을 두려워하지 않는 것이 너희들
이요,
21 죄를 짓는 것을 두려워하지 않는 것이
너희들이요,
22 그리하여 너희들이 악의 소굴로서 전
락되어 있는 것이 오늘의 종교 집단이
요, 지도자요,
23 그 지도자 또한 나의 뜻에 의한 것이
아니요, 나의 사랑하는 백성들을 사탄
의 그 지옥의 낭떠러지로 이끌어 가는
것이 너희들이라는 것을 명심하라.
24 이는 너희들이 돌이켜 보면 알 것이
며, 모든 백성들이 오늘의 종교 집단
을 평가하는 것, 이방인들이 바라보는
따가운 눈초리를 너희들이 과연 알고
있는가?
25 이것이 너희들이 오늘에 잘못되었음
을 알라.

10,594 번째 하나님 말씀

2004년 4월 16일 22시 10분

1 사랑하는 나의 아들아!
2 "네, 아버님! 말씀하옵소서."
3 너희들이 살아가는 그 모습이 과연 얼
마나 진실되며, 아름다운 삶을 살아가
는가 스스로 한번 너희 자신을 평가하
며 점수를 매겨 보도록 그리하라.
4 내가 너희들에게 바라고 원하는 것은,
너희들이 완벽한 아름다운 삶을 살아
가기를 원하고 있음이니,
5 과연 너희들이 나로부터 합격점을 받
을 수 있는 그와 같은 믿음의 길을 가
고 그와 같은 삶을 사는가, 스스로 한
번 점검해 보라.
6 내가 원하는 그 합격점에 이르지도 못
한 너희들이 어찌하여 나에게 은혜와
상이요, 영광이요, 축복을 내려 달라
그리 매달리며 기도할 수 있단 말이더
냐?
7 본인의 할 일을 하지 아니하고 너희들
이 무엇을 얻으려고만 한다면, 그건
정녕 있을 수 없는 거래가 아니더냐?
8 너희들은 모두를 다 거래하는 마음이
요, 거래로써 모두를 역사하면서, 너
희들이 구하고 원하는 것은 어찌하여
대가 없이 그냥 얻으려 하며 취하려
그리하는가?
9 너희들이 그를 얻고 취하고자 한다면,
그 대가 또한 너희들이 지불하여야 될
것이며, 그만큼 너희들이 노력하며 변
함이 없이는 아무것도 이루어질 수 없
으며 역사할 수 없다는 것을 알라.
10 그러니 너희들이 믿음의 방법, 믿음의
가는 길, 그리고 기도하는 방법, 너희
들이 소원하는 그 모든 방법을 다 다
시 바꾸지 아니하면 아니 됨이니라.
11 내가 나의 아들을 통하여 너희들이 반
대로 가는 그와 같은 오늘의 삶을 살
지 아니하면 아니 된다 했듯이, 너희
들이 모두를 다 바꾸고 거듭나는 그와
같은 길을 가지 아니하면 결코 아니
될 것이니라.
12 그러니 이제 나의 아들을 따르는 제자
들이요, 그리고 나의 법전을 읽고 깨
우친 백성, 너희들은 스스로 네 점수
를 평가하여, 과연 얼마나 아름다운
삶을 살며 나 여호와가 원하는 그와
같은 삶을 사는가, 그것으로써 너희들

이 최선을 다하도록 그리하라.
13 나로부터 너희들이 칭찬받는 백성이
요, 백 퍼센트 내가 너희를 믿을 수 있
으며 너희가 옳은 길을 오고 있다는
그 말을 들을 때까지 최선의 노력을
다하지 아니하면 아니 됨이니 그리 알
라.

10,595 번째 하나님 말씀

2004년 4월 16일 22시 15분

1 사랑하는 나의 아들아!
2 "네, 아버님! 말씀하옵소서."
3 지금의 믿음의 길을 가는 그 백성들이
그 믿음의 대표적인 것이 무엇이더냐?
4 너희들은 나의 성령으로 임하는 백성
이요, 참진리로써 모든 백성을 깨우치
는, 앞에 가는 백성이요, 앞에 가는 삶
을 살아야 하는 너희들이,
5 지금 과연 나의 피조물 만백성을 인도
할 수 있는 앞서가는 백성으로서 종
교 집단이요, 지도자가 너희들의 자리
를 지키고 있는가?
6 너희들은 결국 그와 같은 것을 하지
못하고 있다 함을 알라.
7 너희들이 수천 년 동안 지금까지 온
그 믿음의 근본이요, 그 뿌리가 무엇
이더냐?
8 참진리요, 나 여호와의 뜻을 역사하는
것이며, 나의 아들 예수가 세상에 와
전하고자 한 성령이 임하는 길이요,
사랑을 행하는 것을 너희들에게 전하
고 가르치려 했으나,
9 너희들은 그와 같은 근본은 다 던져
버렸으며, 너희들이 지금까지 믿음을
지탱해 온 그것이 무엇인 줄 알겠느냐?
10 너희들이 재물이요, 헌금이요, 그리고
금화와 은화를 봉투에 담아 담당 지도
자요, 그 가르치는 종교 집단의 지도
자라는 자들에게 얼마나 많은 것을 갖
다 바쳤으며 얼마나 많은 금액을 봉투
에 담아서 바치느냐,
11 그것이 바로 너희들이 죄 사함을 받는
것이라, 그것을 믿음이라 가르쳤으며,
그것을 너희들이 행하도록 가르친 것
이요, 그리고 그리 행하는 것이 구원
을 받는 것이라 너희들이 지금까지 하
고 온 것이 수천 년 동안 믿음의 그 대
표적인 것이라면 너희들은 정녕 알겠
느냐?
12 너희들은 아니라 그리 부정할 것이니
라.
13 그러나 종교 집단이 처음에 시작할
때, 너희들이 면죄부라는 것을 가지고
나의 백성들의 죄지은 것을 사해 준다
하여 재물을 갈취하던 그 방법을 지금
도 너희들이 그리 계승하여 그대로 하
고 있는 것 외에는 아무것도 너희들이
한 게 없음이니라.
14 다만 너희들이 그저 구원의 길이요,
하늘에 오르는 길을 역사한다는 것으
로써, 그리고 재물을 많이 봉투에 담
아 바치는 자, 그는 구원을 받으며 하
늘에 오르는 길이라 너희들이 그리 가
르치니,
15 다만 면죄부라는 것은 너희들이 조건
부로 거둬들이지 아니하나, 너희들이
하고 있는 짓이 면죄부의 하는 짓과
똑같음을 알아야 될 것이니라.
16 지금도 너희들이 면죄부를 팔아먹고

있음이니라.
17 그렇지 않다면 너희들이 과연 맞고 맞
지 않은 것을 내가 여기서 말해도 너
희들이 이를 믿지 아니할 것이니,
18 머지않아 너희들이 나에게 왔을 때 그
것이 어떠한 것인가를 알게 될 것이니
라.
19 다만, 너희들이 지금에 스스로 인간이
깨우칠 수 있으며 인간의 지혜로써 터
득할 수 있는 것은,
20 나의 사랑하는 피조물 만백성들에게
재물을 거둬들이며, 너희들이 구원의
길이요, 하늘에 오르는 길로 인도한다
는 것,
21 그것으로써 너희들이 구원의 표를 살
수 있는 것처럼 그리 가르치고 인도하
는 것, 그것이 과연 어떠한 것인가, 잘
잘못을 너희들은 다 알고 있을 것이니
라.
22 그것이 너희들이 잘못된 것이며 너희
들 자신도 그 죄를 감당할 수 없다는
것을 알고 있는 것이 오늘의 종교 집
단의 지도자 너희들이니라.
23 그러니 그를 알면서 너희들이 행함이
니, 지금까지 너희들이 나의 복음이
요, 참진리를 가르친다는 것은 면죄부
를 사는 백성들을 모으기 위해 했던
것이요,
24 너희들이 나가서 복음을 전도하여, 나
의 아들을 믿는 자 천국이요, 믿지 않
는 자 지옥이라 그리하고 다니는 것
도, 너희들은 모르나, 면죄부를 살 수
있는 백성을 끌어들이는 것이요, 면죄
부를 사고파는 데 그와 같은 것을 사
고자 하는 백성을 끌어들이는 그와 같
은 역사만 했다는 것을 알아야 될 것
이니라.
25 면죄부를 사고자 하는 자, 그리하여
편하게 믿음의 길을 가는 자,
26 그리고 지은 죄의 불안과 공포를 느끼
는 자, 너희들이 육의 세상에 잠시나
마 편안한 마음을 갖고자 하는 자들
에게 면죄부를 팔려고 그들을 긁어모
으며 불러 모으는 것이 너희들의 오늘
의 복음이요, 전도 사업이었음을 알라.

10,596 번째 하나님 말씀

2004년 4월 17일 06시 07분

1 사랑하는 나의 아들아!
2 "네, 아버님! 말씀하옵소서."
3 인간 세상에 너희들이 살아가면서 너
희들 자신이 제 뿌리를 모르며 제 부
모를 모르고 살아가는 그와 같은 사람
이 있다 하면 어떠하겠느냐?
4 그러니 지금의 모든 백성들이 나 여호
와로부터 생명을 받아 세상에 나왔음
이니,
5 그들이 말로써는 나를 아버지라 부르
며 나의 아들딸이라 하나, 그들이 정
녕 나를 모르고 살아가는 그와 같은
백성들이니라.
6 그러니 너희들이 지금 160권의 법전
을 나의 아들을 따라 만들며, 그를 만
백성에게 전하는 그 역사를 이루는 것
이 무엇인 줄 알겠느냐?
7 너희들이 복잡하고 어렵게 생각하지
말라.
8 제 부모를 모르며 제 뿌리를 모르는
자, 제 집이 어디인 줄을 모르는 그 방

황하는 백성들에게, 그 어린아이에게
집을 찾아 주며 그 뿌리를 찾아줄 수
있도록 역사하는 것이라 생각하면 될
것이니라.
9 모든 백성들이 지금 길을 잃고 방황하
고 있으며, 제 뿌리가 누구며 제 조상
이 누군 줄 모르고, 제 부모가 누군 줄
모르고, 제 가정이 어디인 줄을 모르
고 지금 이리 방황하고 살아가는 백성
들의 삶이라 보면 맞으니라.
10 그와 같이 갈 곳을 모르며 뿌리를 모
르는 그 백성들을 너희들이 인도하며
그들을 깨우쳐 부모를 찾아 주며 그
뿌리를 찾아 주며 그 길 잃은 아이의
부모의 집을 찾아 주는 것, 그와 같은
역할을 하는 것이 너희들이 나의 법전
을 만드는 것이라 그리 생각하면 간단
하니라.
11 말로는 나의 아들딸이요, 나를 아버지
라 부르는 자들이 제 아버지를 모르며
제 뿌리를 모르며 제 부모를 모르고
지금 방황하는 자들이 오늘의 믿음의
길을 가는 그 백성들이요, 나의 피조
물 만백성들이 살아가는 형국이니라.
12 너희들이 말하는 이방인이라는 그 백
성들 또한 저희들의 그 뿌리를 모르며
정녕 저희 부모를 모르는 자들이요,
그리고 믿음의 길을 가는 백성도 저희
들이 그를 모르고 가는 자들이니라.
13 그러니 그들의 원위치요, 제자리를 찾
아 주는 것이 너희들이 하는 길이니,
어린아이가 길을 잃고 헤매고 방황한
다면 그를 보고 너희들이 그대로 지나
쳐서는 안 되지 않겠느냐?
14 그 아이의 부모요, 그 가정을 찾아 돌
려보내는 것이 너희들이 해야 할 일이
니,
15 오늘의 너희들이 나의 법전을 만드는
그 수고로움이요, 그 역사가 바로 그
와 같은 역사를 하는 것이라는 것을
잊지 말라.
16 방황하고 길 잃은 어린아이를 찾아 주
는 것, 그와 같은 것을 너희들이 지금
하고 있다 그리 생각하면, 오늘의 고
통이요, 어렵고 힘든 그 길에 너희들
이 마음에 위안이 될 것이니라.
17 그를 찾아 주도록 하는 것이 너희들의
뜻이니 그리 알라, 사랑하는 나의 아
들딸들아!
18 160권의 법전이 세상에 나와 길 잃고
제 뿌리를 모르며 조상을 모르고 부모
를 모르며 가정을 모르는 그 방황하는
백성들을 깨우쳐 그 가정으로 돌려보
내며, 뿌리를 바라보도록 하는 것이
너희들이 오늘 하고 있는 위대한 일임
을 알라, 사랑하는 나의 아들딸들아!
19 그와 같은 가벼운 마음으로써 너희들
이 살아가도록 그리하라.

10,597 번째 하나님 말씀

2004년 4월 17일 06시 13분

1 사랑하는 나의 아들아!
2 "네, 아버님! 말씀하옵소서."
3 성경에 기록하여 너희들에게 전하기
를, 너희들이 살아가면서 남의 허물이
요, 남의 죄를 용서해 주면 너희가 지
은 죄를 용서받음이요,
4 누구든지 남의 죄를 용서하지 아니하
고 용서해 주지 못하고 그대로 둔다면

너희들의 죄 또한 그대로 남아 있다
내가 성서에 기록하여 너희들에게 전
하였음이니,
5 이는 바로 너희들이 남을 용서하는 마
음으로 살아가면 너희들이 그 죄에 대
한 용서를 받는 것이라는 이와 같은
나 여호와의 가르침이요, 하늘의 뜻을
내가 너희들에게 전하여,
6 너희들이 남의 죄를 용서하며 허물을
탓하지 아니하며 그와 같이 살아가는
것이 너희들이 나의 백성이요, 하늘에
오르는 길의 백성이라 그리 가르쳤거
늘,
7 어찌하여 너희들은 특별한 지도자요,
특별한 사람으로 하여금, 어떠한 특별
한 나로부터 선택받은 사람으로 하여
금, 그들로 하여금
8 너희들에게 면죄부를 해 주며 너희들
의 죄를 용서해 주며 그와 같은 방법
으로 너희들이 지금 흘러오며 그리 가
르치고 있음이니, 이것이 너희들이 잘
못되었다 함이니라.
9 나 여호와는 어떠한 누구에게도 특별
한 사람으로 하여금 나의 사랑하는 백
성들의 죄를 용서해 주며 면죄부를 파
는 그와 같은 특권을 주지 아니하였거
늘,
10 어찌하여 너희들이 종교 집단이요, 지
도자라 하여 너희들이 무엇이길래 나
의 사랑하는 백성 그들에게 면죄부를
팔아 재물을 챙기는 그와 같은 사악한
행위를 하는가?
11 이것이 특별한 사람이 할 수 있는 길
이요, 나로부터 선택받은 목자들이 할
수 있는 길이라 너희들이 그리 말함이
니,
12 나로부터 명받은 목자가 나의 뜻을 전
함으로써 너희들이 들어주는 자의 수
고로움에 베풀어야 한다 했거늘,
13 어찌하여 너희들이 특별한 권한이 있
는 것처럼 나의 사랑하는 백성들의 그
죄를 너희들이 용서해 줄 수 있는 권
한이 있는 것처럼, 그리 나의 백성들
을 유혹하여 면죄부라는 것을 팔아먹
는 그와 같은 행위를 한단 말이더냐?
14 나는 너희들에게 그와 같이 거둬들이
라 한 적이 없으며, 그리 가르친 것이
없음이니라.
15 그러하거늘 어찌하여 너희들이 오늘
의 이 종교 집단이요, 지도자들이 사
악한 짓을 하는가?
16 너희들이 나의 아들 예수가 세상에 가
죽어 가니, 그때부터 너희들은 면죄부
라는 것을 팔아먹기 시작했으며,
17 지금에 와도 너희들이 그와 같은 방법
으로 각종 헌금이요, 모두를 다 받아
들이니,
18 많이 바치는 자, 봉투에 많이 담아 바
치는 자는 너희들이 구원이요, 너희들
의 죄로부터 용서를 받는다 그리하는
짓들, 이것이 바로 너희들의 오늘의
행위이니라.
19 모든 종교 집단의 지도자 너희들은 들
으라.
20 너희들이 나의 사랑하는 백성들에게
영수증 없이 수없이 거둬들이니, 그
근거가 없으며 그 근거가 없는 것이라
너희들이 그리 행위를 하고 있으나,
21 너희들이 영수증 없이 받아들이는 그
사악하게 갈취하는 재물의 증거가 너

희들이 하늘에 와 심판을 받을 때도
그것이 거기에 씻어짐이요, 없을 것이
라 그리 생각하는 어리석은 백성들이
니라.
22 너희들이 나에게 왔을 때는 너희들이
지금 영수증 없이 거둬들이고 그 갈
취한 모두가,
23 그리고 나의 사랑하는 백성들에게 너
희들이 특권이 있는 것처럼, 나의 명
을 받은 것처럼 거짓된 짓을 하며, 사
기 짓을 하며, 지금 영수증 없이 받아
들이는 그 모두가,
24 너희들이 심판을 받을 때, 그 모두가
하나도 지워지지 아니하고 근거로써
나오고 제출된다는 걸 알아야 될 것
이니라.
25 내가 너희들에게 전했으니, 나의 사랑
하는 아들을 따르는 제자들이요, 나의
법전을 읽고 깨우친 만백성, 너희들은
남의 죄를 용서해 주며 남의 허물을
용서해 주라,
26 그와 같이 용서해 주는 마음으로 살면
너희들이 곧 용서받는 것이요, 너희들
의 허물에 대한 죄의 대가를 치르는
것이라는 나 여호와의 이 합리적인 뜻
이요, 이게 공의의 하나님이요, 창조
주 나 여호와가 너희들에게 바라는 것
이지,
27 특권층에 있는 자요, 특별히 무엇을
나로부터 명을 받은 자처럼 내 이름을
팔아 너희들이 나에게 특사가 된 것처
럼 그와 같은 사기극을 더 이상 벌이
지 말며, 면죄부를 팔아먹는 행위를
더 이상 하지 말라.
28 면죄부를 팔아먹는 것보다도 너희들
이 인간의 욕정이요, 욕심을 버리지
못하여 그 면죄부를 삼으로써 너희들
이 구원을 받겠다 하여 나가서 또 죄
를 짓고자 하는 그 사악한 마음, 그들
도 다 똑같은 공범자임을 잊지 말라
전하라.

10,598 번째 하나님 말씀

2004년 4월 17일 06시 18분

1 사랑하는 나의 아들아!
2 "네, 아버님! 말씀하옵소서."
3 지금의 종교 집단과 지도자, 너희들이
잘못 가고 있음을 너희 스스로 알면서
지금 그 죄의 두려움을 알고 있느니라.
4 그것을 알면서도 너희들이 고치지 아
니하는 것이 종교 집단의 지도자요,
잘못된 것을 알면서 이를 고치려고 노
력하지 않는 것이요, 거듭나려 하지
않는 것이 오늘의 너희들의 종교 집단
속에 있는 지도자요, 구원을 받았다
광분하는 백성, 너희들이 그와 같은
처지임을 알라.
5 너희들이 한번 돌이켜 보라.
6 인간 세상에 사는 너희들이 이방인이
라 하는 자, 그리고 은혜 받지 못한 자
요, 구원받지 못할 자요, 사탄의 자식
이라 너희들이 말하는 그 이방인, 일
반 백성들이 사는 삶을 한번 들여다보
라.
7 그들은 살아가면서 저희들이 잘못되
었을 때 그것을 인정하며 그걸 바로잡
으려 하는 것이 아니더냐?
8 그리고 그를 후회하는 것이 그들이 가
지고 있는 평범한 마음 자세이니라.

9 그러나 이 세상의 모든 백성들이, 너
희들이 말하는 이단이요, 사탄이요,
구원받지 못할 자요, 나로부터 버림받
은 백성이라는 그 백성들도 잘못한 것
을 고치려 하며 잘못한 것을 후회하
며, 그 대가를 받으며 그 대가를 치르
고 살아가는 것이 그들의 순수한 삶이
니라.
10 그러니 오직 한 백성, 그리고 오직 한
계통만 그를 거부하며 그를 역사하지
아니하며 고치려 하지 아니하며 회개
하지 않는 자들이 있느니라.
11 그들이 누군 줄 알겠느냐?
12 믿음의 길을 가는 백성, 지도자 너희
들이니라.
13 너희들만이 잘못하여도 고치려 하지
아니하는 자요, 잘못을 인정하지 아니
하려는 자들이요, 너희들이 죽을죄를
지었으며 사악한 행위를 했어도 절대
그것은 너희들의 죄라 인정하지 않는
자들이니라.
14 죄를 지어도 자성하고 사죄하는 것을
모르는 자들이요, 우리 부자의 이름을
팔아 그 이름 아래 모든 죄를 정당화
하려 하며 합리화하려 하며, 너희들이
온갖 변명으로써 일관하는 자들이요,
15 너희들이 하다 하다 안 되면, 이는 하
늘의 뜻이라며 그리 그 백성들에게 너
희들이 위협적인 자세로써 공포 분위
기를 만들어 너희들이 탈출하는 것이
오늘의 종교 지도자요, 그 집단에 있
는 자들의 행위가 아니더냐?
16 자성하는 것이 아니라 귀를 막고 듣지
도 않으려 하며, 참진리라 깨우쳐 주
는 백성에게 사탄이요, 이단이라 하여
너희들이 그들을 되려 단죄하는 그와
같은 자들이 오늘의 종교 집단이요,
지도자니,
17 너희들로 하여금 이 세상이 거듭날 수
가 없으며, 새로운 싹이 세상에 자랄
수 없는 이와 같이 험악한 세상이 되
어 있음이니라.
18 그리해도 내가 너희들에게 마지막 한
번의 기회를 주어 오늘의 나의 아들에
게 너희들이 깨우쳐 오를 수 있는 그
모든 답을 주며,
19 그를 따르는 제자들로 하여금 그 삶으
로써 너희들이 그 빛나는 삶을 보고
깨우칠 수 있으며 자성의 목소리를 낼
수 있는 기회를 한 번 주고자 하는 것
이 나 여호와의 뜻이니,
20 마지막이라는 이 두렵고 무서운 말을
너희들이 그냥 들어서는 아니 될 것이
니라.
21 모든 백성들은 잘못된 것을 고치려 하
며, 알면 저희들이 다시 거듭나려 하
는 것이거늘,
22 모든 것을 변명으로써 일관하며 제 죄
를 죄라 인정하지 아니하는 것이 종교
집단의 단상에 서서 설교하는 그들이
니,
23 죄를 인정치 아니하며 잘못한 것을 인
정치 않는 자들은 무법천지요, 법도가
없는 것이니,
24 그 밑에서 배우는 그 백성들이 그리
광란하여 맹종 맹신하여 미친 자가 되
는 것이 그와 같은 자 속에서 가르침
을 받기 때문에 그러함을 알라, 나의
아들딸들아!

10,599 번째 하나님 말씀

2004년 4월 17일 06시 24분

1 사랑하는 나의 아들아!
2 "네, 아버님! 말씀하옵소서."
3 나의 백성 너희들이 구원의 길이요, 하늘에 오르기 위하여 그 성서를 읽고 외우고 또 외워 그것을 암송하느니라.
4 그리하여 너희들이 말하기를, 나는 성서를 몇십 번을 읽었으며 몇백 번을 읽었다 하는 그와 같이 자랑하는 백성들이 수없이 있음이니라.
5 그러면 너희들이 나의 성서를 몇십 번, 몇백 번을 읽었다 하면, 너희들이 그 속에 들어 있는 비밀의 뜻이요, 그 밀봉된 모두를 안다면,
6 너희들이 살아가는 그 행위요, 삶은 너희들이 나의 뜻에 의하여 살아가는 삶을 살아야 되느니라.
7 그러나 너희들은 몇십 번, 몇백 번을 읽었다 하나, 너희들이 행하고 사는 것은 나의 성경을 위배하는 짓을 하며 내 뜻을 모르고 사는 자들이니라.
8 그러니 그들이야말로 몇십 번, 몇백 번을 읽었다 해도 성경 속에 있는 그 뜻을 전혀 모름이니, 이는 바로 무엇인 줄 알겠느냐?
9 육의 눈으로 너희들이 보고 읽기 때문이며, 인간의 욕심인 그 근본의 뿌리를 너희들이 버리지 못하고 나의 성경을 몇백 번, 몇천 번을 읽는다 해도 정녕 그를 알 수 없음이니, 그를 알도록 그리 전하라.
10 너희들이 '나' 자신을 버리지 못하고 너희들이 읽고 듣고 쓰고 하기 때문이니라.
11 '나' 자신을 버리는 그와 같은 마음으로, '나'를 지워 버리고 사는 자, '나'를 지워 버린, 그와 같은 마음으로 너희들이 나의 성경을 읽고 듣고 쓰고 그리한다면,
12 너희들이 밀봉된 성서의 뜻을 알 수 있으며, 그를 열지 못함이 어디 있겠느냐?
13 그러나 너희들은 인간의 욕심이요, 너희 자신을 버리지 못하며 자기 중심적으로 살아가는 그 마음속에서는 그 욕심의 뿌리가 남아 있음이니,
14 그와 같은 형태로써는 너희들이 나의 성경을 몇천 번을 읽는다 해도, 밀봉된 그 비밀의 뜻이요, 그 속에 있는 내가 전하고자 하며 내가 역사하고자 하는 것을 절대 알 수 없으며 깨달을 수가 없는 것이니, 너희들은 알아야 될 것이니라.
15 그리하여 새로운 성경을 정독하면 그 모든 답을 얻을 수 있도록 내가 너희들에게 이를 내려보냄이니, 또한 너희들도 알아야 될 것이니라.
16 내가 아무리 쉽고 간단하게 모두를 풀어서 내리는 새로운 성경이요, 나의 법전이라 그리해도,
17 너희들이 예비된 백성이요, 준비된 백성이 아니면 그를 읽고 읽어도 알 수 없는 것이 또한 너희들임을 알라.
18 예비된 백성 너희들이 모든 것을 이를 읽고 깨우쳤을 때 너희들은 눈으로 보면서 그를 깨달음이요, 들으면서 깨닫는 그와 같은 너희들이 변화가 일 것이며,

19 예비되지 않은 백성들은 결코 알 수
가 없는 것이 또한 나의 법전이요, 나
의 성령임을 알라.
20 다만, 너희들이 나의 법전이요, 나의
새로운 성경이 간단하며 듣기 쉽고 알
기 쉽게 풀어서 모두를 내려보내어 이
는 쉽고 간단하다 그리 말하나,
21 그리 너희들이 알 수 있는 백성은 이
미 예비된 백성이요,
22 예비되지 않은 백성은 그 내용을 알
수 없으며 읽어도 알지 못하며 들어도
알지 못하는 자라는 것을 알아야 될
것이니라.
23 예비된 때에 내가 모든 성서의 밀봉을
열듯이, 예비된 백성만이 이를 볼 수
있으니, 어찌한단 말이더냐?
24 내가 내 이 뜻을 너희들에게 전함이
니, 너희들이 이 두려움과 무서움을
알아야 될 것이니라.
25 그러니 너희들이 어떠한 형태든 나의
법전이요, 새로운 성경이라는 나의 이
새로운 진리의 뜻을 읽든, 너희들이
온갖 정성을 다하여 피보다 진한 땀을
흘리는 그 마음으로 나의 법전을 읽고
깨우치는 그와 같은 마음으로 변해야
될 것이며,
26 너희들이 정녕 '나'를 버리라는 그와
같은 가르침을 지키고 행하는 자는 그
래도 무엇인가를 알 수 있으며 무엇인
가를 깨달을 기회가 있을 것임이니,
27 너희들이 그와 같은 노력을 하지 아니
하면 아무것도 이룰 수 없음이니라.
28 다만, 내가 예비한 백성이요, 준비된
백성 그 모두는 이 뚜껑을 여는 순간
에 그 모두를 알고 있음이니, 그들은
바로 너희들과의 차이가 무엇이더냐?
29 예비되지 않은 백성과 예비된 백성의
그 차이는 마음을 비우는 자요, 욕심
을 버리고 살아가는 자들이니,
30 또한 예비되지 아니한 백성 너희들이
하늘에 오르는 길이요, 반석 위에 서
고자 한다면, 너희 자신을 버리는 그
무서운 훈련을 거듭하라.
31 그리하지 아니하면 너희들은 절대 아
무것도 역사할 수 없는 것이니라.
32 다만, 지금의 나의 법전이 간단하고
쉽게 너희들이 한 번 보면 읽는 자 그
는 예비된 백성들이니,
33 이미 그들은 자기 자신을 버리며 나의
뜻에 의하여 살아가고자 하는 역사하
는 마음의 준비가 되어 있는 백성들이
기 때문이니 그 의미를 알라.
34 너희들은 지금 눈으로 보아도 들어도
알지 못하는 것이며, 생각할 수 없는
것이 예비되지 않는 백성이니라.
35 그러니 너희들이 상상의 그림을 그려
도, 그 그림도 그릴 수 없는 것이 하늘
의 뜻이요, 나의 뜻이라는 것을 알라.

10,600 번째 하나님 말씀

2004년 4월 17일 06시 28분

1 사랑하는 나의 아들아!
2 "네, 아버님! 말씀하옵소서."
3 진정한 믿음의 길이요, 하늘에 오르는
길이요, 너희들이 거듭나는 그와 같은
영광을 얻는 것은 너희들이 성경을 몇
번 읽었으며 얼마나 잘 외우느냐에
따라서 그것으로써 결정된다 그리 생
각하지 말라.

4 모든 믿음의 길을 가는 백성 너희들이
성서를 많이 읽으며 그를 잘 외우는
자, 그가 믿음이 강한 자요, 그것으로
써 믿음이 약한 자요 그를 구분하니,
그것은 가장 어리석은 자들임을 너희
들은 알아야 될 것이니라.
5 그리하여 참진리의 길을 가고 있다
너희들이 그리 생각한다면, 이것은 너
희들의 오판이니라.
6 그리고 그렇지 아니한 자, 성서를 많
이 외우고 암송하지 않은 자, 비진리
의 길을 간다 생각하며 너희들이 믿음
이 약한 자라 그리 생각하나,
7 결코 성경의 비밀은 그와 같은 것으로
써 너희들이 판단할 수 없음을 알아
야 될 것이니라.
8 성경의 내용은 너희들 인간의 지식에
서 아는 것이 아니며, 인간의 지식으
로써 너희들이 모두를 평가하고 역사
하도록 성서가 되어 있지 아니함을 알
라.
9 너희들이 너희 자신을 버리고 자기
중심적으로 살지 않는 백성이 하늘의
지혜를 얻게 됨이니,
10 하늘의 지혜를 얻는 백성이 되어야만
성서의 참뜻을 알 수 있다는 것을 너
희들은 알도록 그리 전하라.
11 이제 사랑하는 모든 나의 아들딸 너희
들은 성경을 얼마나 읽고 공부했느냐
하는 것이 중요한 것이 아니요, 나의
법전을 얼마나 정독했느냐 하는 것이
중요한 것이 아니요,
12 그 속에서 너희들이 얻은 지식이요,
인간의 그 지식으로써 너희들이 멈춘
다면 너희들이 읽은 그 의미가 없음을
알아야 될 것이니라.
13 이제 너희들이 나의 법전이요, 성경을
얼마나 외우고 암송하는지가 중요한
것이 아니라, 나의 뜻을 얼마나 아느
냐 하는 것이 가장 중요함이니, 그것
을 깨닫도록 그리해야 될 것이니라.
14 지금까지 믿음의 길을 가는 백성 너희
들의 그 믿음이요, 그 신앙생활이 무
엇이더냐?
15 얼마만큼 너희들이 인간이 만든 주일
을 지키며, 설교를 많이 들으며, 성서
를 많이 읽고 암송하느냐 하는 그것
으로써 너희들이 나에게 오르고 못 오
르는 그와 같은 뜻이 아님을 깨우치
라.
16 너희들이 나의 뜻을 얼마나 아느냐,
내가 원하는 길이며 내가 역사하고자
하는 것이 무엇인가를 알고자 노력하
는 그와 같은 믿음으로 가야 될 것이
며,
17 그걸 아는 백성이어야만 된다는 것을
절대 잊지 말라 그들에게 깨우침을 전
하라.
18 너희들이 모르고 가기에 모르고 가는
것은 죄가 아니라 하여 내가 너희들에
게 마지막 한 번의 기회를 주며, 하늘
의 뜻 모두를 나의 아들을 통하여 너
희들에게 전함을 알라.
19 너희들이 성서를 읽고 암송하는 것이
중요한 것이 아니요, 나의 법전을 읽
고 암송하는 것이 중요한 것이 아니라,
20 너희들이 나의 뜻을 얼마나 아느냐,
그리고 내 뜻에 따라서 너희들이 얼마
나 행하고 살아가느냐,
21 내 뜻을 알고자 노력하며 너희들의 믿

음의 방향이 그리 가야 된다는 걸 명
심하고 또 명심하도록 하라, 사랑하는
나의 아들딸들아!

10,601 번째 하나님 말씀

2004년 4월 17일 06시 38분

1 사랑하는 나의 아들아!
2 "네, 아버님! 말씀하옵소서."
3 나의 피조물 만백성 너희들이 지금 가
장 중요하고 귀한 것이 무엇인 줄 알
겠느냐?
4 하늘의 뜻을 아는 자요, 하늘의 뜻을
전하는 자요, 나로부터 선택된 자를
너희들이 만나는 것이요, 그리 가르침
을 듣는 것이 얼마나 귀하고 소중한가
를 너희들은 모르느니라.
5 그리하여 너희들은 울고불고 갈구하
지 않느냐?
6 너희들은 재림하는 나의 아들 예수요,
진정한 성령으로 인도하는 자가 내려
오기를 바라며,
7 나의 아들 예수가 천군을 데리고 나팔
불며 천사를 앞세워 오는 것, 그 환상
속에 벗어나지 못하며 그를 기다리고
기다리는 것이 너희들의 오늘의 믿음
의 그 근본이 아니더냐?
8 너희들은 그러면서 어찌하여 하늘의
뜻이요, 성경의 비밀을 아는 자가 세
상에 와 너희들을 그리 가르치려 하면,
9 그리 핍박하며 그리 처참하게 나의 아
들 예수를 못 박아 죽이는 것처럼 그
와 같이 사악한 짓을 하고 또 한단 말
이더냐?
10 너희가 참진리의 길이요, 나의 뜻을
전하는 명을 받은 지도자가 세상에 나
오기를 바라며, 그의 가르침을 바라
며, 그가 오기를 원하며 소원하면서,
11 그리하여 너희들의 소원을 들어 내가
나의 뜻이요, 참진리를 가르치는 나의
지도자를 세상에 내려보냈으나,
12 너희들은 또 어찌하여 언제 그랬느냐
는 듯이 그를 핍박하며 그를 견디지
못하도록 하여, 가장 잔인하고 사악한
방법으로써 나의 아들 예수의 피 한
방울까지 말려 죽이는 그 사악한 짓을
한 것이 아니더냐?
13 그러니 이를 어찌해야 된단 말이더냐?
14 나의 뜻이요, 참진리를 전하는 명받은
나의 목자를 세상에 내려보내면 너희
들은 그 말을 듣지 아니하며 그를 알
려 하지 아니하며 배우려 하지 않는
것이 아니더냐?
15 그 원인이 어디에 있는가?
16 너희들이 지금 너무나 썩어져 있고 너
무나 변질되어 있기 때문에, 진정한
참진리의 말의 뜻을 알지 못하는 것이
오늘의 종교 집단이요, 지도자요, 구
원을 받았다 울고불고하는 그 광신도
너희들이니,
17 그 말귀를 알아듣지 못하며 보지 못하
는 자들이기 때문이니라.
18 그러기에 너희들이 사악한 행위를 할
수 있었던 것이 2천 년 전에 그와 같
은 역사를 저지른 자들이요, 오늘에
또한 너희들이 그와 같은 행위를 하고
있지 않으냐?
19 너희들이 하늘의 뜻과 이치를 모르니,
진정한 나의 아들이요, 나의 목자들이
세상에 나가 나의 뜻을 가르치고자 하

나,
20 그를 듣지 못하고 알지 못하기에 너희
들의 그 고집으로써만, 그 아집으로써
만 모두를 일관하려 하는 것이 아니
더냐?
21 그리고 너희들이 진정한 목자요, 진정
한 지도자가 오기를 바라고 바란다면,
22 너희들에게 그와 같은 은혜를 내가
베풀었을 때 너희들이 감사 기도를 하
며 매사에 감사하며 그를 받아들여야
되나,
23 인간의 욕심이요, 인간의 욕정으로 모
두가 이루고 엉클어진 너희들이 그것
이 무너지는 것이 두려우며 그것이 파
괴되는 것이 두려운 마음이 먼저 앞서
니,
24 아무리 진정한 목자요, 나의 아들을
세상에 내려보낸다 해도, 너희들이 받
아들이지 아니하며 그를 들으려 하지
않는 것이니라.
25 그러니 너희들이 너희 자신을 기만하
며 아래로는 나의 사랑하는 백성들을
기만하며 위로는 나 여호와를 기만하
며 나를 능멸하는 자가 오늘의 종교
집단이요, 지도자들이라는 것을 알라.
26 다시 한 번 너희들의 죄상을 내가 밝
히나니, 너희들이 나에게 진정한 목자
요, 진정한 참지도자를 보내 달라 울
고불고하는 것은, 너희들이 진정한 목
자가 아니요, 나의 뜻에 따라 역사하
는 자들이 아니라는 증거가 아니더냐?
27 그것을 나의 백성들이 모르고 있음이
니라.
28 새로운 지도자요, 부활한 나의 아들
예수요, 새로운 목자가 내려와 주기를
울고불고 기다리며 그때가 와 구원을
받는다 말하는 것은,
29 너희들 말로는 너희들이 구원자요, 인
도자요, 기름 부음을 받은 자라 말하
나, 너희들이 기름 부음을 받은 사실
이 없는 자라는 것을 증명하는 그와
같은 행위임을 나의 백성들이 어찌 모
른단 말이더냐?
30 그러니 너희들이 그러면서 하늘에서
새로운 목자요, 지도자가 오기를 바라
고 원하는 것이 거짓이며 그것이 다
사기극이 아니더냐?
31 말로써는 그와 같은 자가 와야 구원을
받는다며 울고불고하는 행위가 너희
들이 다 거짓된 행위요,
32 그리고 막상 세상에 내려오면 그것이
아니라 하여 나의 백성들을 또 기만하
며 그와 같은 행위를 하고 있는 것이,
너희들이 아래위로 짓는 그 죄가 얼
마나 무섭고 두려운 것인가를 아느냐?
33 모든 종교 집단의 지도자들이 사기극
을 하고 있으며 삯꾼들이 지금 나의
피조물 만백성을 우롱하고 있는 것이
라 내가 말하는 그 뜻을 알겠느냐?
34 그들은 진정한 지도자가 와 주기를 바
라고 원하는 것이 다 거짓된 자들이니
라.
35 그러니 오기만 하면 저희들이 그저 내
치며, 오기만 하면 발을 붙이지 못하
도록 하는 것이 그들의 오늘의 형국이
니라.
36 저희들의 더럽고 추한 모습이 보일까
봐 선한 목자가 오는 것을 그저 그들
은 내치며 발을 붙이지 못하도록 하니,
37 보내 달라는 것은 거짓된 것이요, 위

장된 것이요, 화려한 포장일 뿐이니,
그들이 나를 능멸하는 것이니라.
38 그리하여 보내면 또 이것이 거짓된 자
라 하여 나의 백성들이 듣지 못하며
알지 못하도록 하니, 그들이 그와 같
이 사악한 짓만을 거듭하고 있는 자들
이니라.
39 그들이 몰라서 반대하며, 몰라서 받아
들이지 아니하며, 몰라서 나의 아들
예수를 못 박아 죽이는 그와 같은 짓
을 한 줄 아느냐?
40 아는 자들이 다 그리했음이니라.
41 그러니 그 죄가 어떠한 것인 줄 모르
니, 오늘의 모든 종교 집단 지도자들
이 새로운 보혜사요, 새로운 성령이
요, 새로운 말씀이 내려와 너희들을
구원할 때 구원을 받는다 울고불고하
나,
42 정녕 나의 아들을 통하여 새로운 성경
이요, 하늘에 오르는 이 법도를, 그리
고 이 성령을 내가 태워서 내려보내는
이 역사를 이루지만,
43 너희들이 이를 거부하고 또 못을 박아
죽이는 것보다도 더 처참한 방법으로
하고자 했음이니, 바로 이것이 너희들
의 오늘의 형태이니라.
44 그러니 얼마나 사악하고 잘못된 자들
에게 지금 나의 백성들이 끌려가고 있
는 것인가를 스스로 너희들이 깨달아,
하늘에 오르는 길을 볼 수 있도록 그
리하라.
45 정녕 나의 아들이 너희들에게 무어라
하느냐?
46 너희들을 구원하는 것은 나의 이 법전
이요, 성령이라 하였음이니라.
47 그리고 누가 오지 아니하며 대신 온다
하지 아니하였음이니라.
48 나의 성령이 구원의 길이요, 하나님의
말씀이요, 창조주의 말씀이요, 그리고
나 여호와의 뜻이라는 것을 나의 아들
은 알고 있기 때문에 그와 같은 말을
하지 않느니라.
49 오늘의 모든 종교 집단의 지도자들이
무어라 말하느냐?
50 누가 올 것이요, 구원자가 올 것이라
하니, 저희들이 그리 기름 부음을 받
은 자요, 구원자라는 것이 다 사기극
이요, 저 자신이 죄인이라는 것을 그
들이 말로 하는 그 행위를 듣고도 모
르며,
51 '아멘, 할렐루야! 구원받았다, 은혜 받
았다.' 너희들이 울고불고하는 어리석
은 백성을 깨우쳐 주도록 그리하라,
사랑하는 나의 아들딸들아!
52 두 살 먹은 아이만도 못한 생각 속에
젖어 있는 그 가련한 백성들을 성장시
키는 데 너희들이 교육자요, 선생이
되어서 가르치지 아니하면,
53 그들은 깨어나지 못하며 성장할 수 없
는 것이 오늘의 이 환경이요, 오늘에
처해 있는 위치니라, 사랑하는 나의
아들딸들아!

10,602 번째 하나님 말씀

2004년 4월 17일 06시 44분

1 사랑하는 나의 아들아!
2 "네, 아버님! 말씀하옵소서."
3 나의 슬픈 마음을 너는 알고 있느냐?
4 "네, 아버님!

5 아버님의 그 슬픈 마음이요, 아버님의
마음을 가눌 수 없으며 다스리지 못하
는 그 아픈 마음, 그 저려 옴을 저는
조금은 알고 있사옵나이다.
6 이 세상의 아름다운 강산에, 아버님
몸에 상처를 수없이 만들어 놓은 교회
요, 성당이요, 성막이라는 것을 수없
이 역사한 자들,
7 그들이 아버님의 몸에 상처를 내는 행
위를 하며, 그 상처 속에서 그들이 어
찌하는가를 보시는 아버님의 마음이
오죽 아프실까 하는 것이옵나이다.
8 차라리 저희들은 알지 못하며 저의
제자들이요, 아버님의 뜻을 따라 역사
하고자 깨우쳐 가는 저희들은 그를
모르기에, 차라리 그저 저희들에게 명
하신 대로 가면 그것으로써 저희들은
행복하며 최선을 다하는 삶이옵나이
다.
9 그러나 아버님이 듣고 보시는 그 깊은
뜻을 다 알아 헤아려 본다면, 얼마나
가슴이 저려 오고 아프실 것인가를
느끼옵나이다.
10 모든 종교 지도자들이 제가 있는 곳
에 오면 구원을 받으며, 저는 기름 부
음을 받은 자요, 아버님의 뜻을 역사
하는 자들이라 그리 말하옵나이다.
11 그렇다면 정녕 아버님의 뜻에 따라
역사하는 자요, 인도하는 자라면,
12 어찌하여 새로운 보혜사요, 새로운 성
경이요, 예수께서 다시 와 저희들을
구원한다는 그런 말을 감히 할 수 있
겠사옵나이까?
13 진정한 목자요, 선택된 목자요, 명받
은 자라면 제가 인도하며 제가 그대로
가르치고 전하면 될 것을, 어찌하여
저희들이 그와 같은 행위를 하고 있는
것인가 그것 하나만 들여다본다 해도,
14 모든 종교 집단이요, 지도자들이 아버
님을 기만하며 욕되게 하는 행위, 그
것 하나만으로도 아버님의 가슴이 저
려 와 견딜 수 없는 고통이라 하는 것
을 저는 이제 와 조금은 느끼고 있사
옵나이다."
15 사랑하는 나의 아들아!
16 내가 이 세상에 한 사람의 의인이 나
오면, 그를 세상 모두와 바꾸지 아니
한다는 그 말을 너희들은 그냥 듣고
흘리지 않느냐?
17 그것이 얼마나 나의 애절한 소망이요,
얼마나 가슴이 저리고 아프면 그리
말하겠느냐?
18 수천 년 동안 그 많은 백성들이요, 그
아들딸들이 살다가 죽어 가면서 그
삶이 반복되는 속에서 한 사람의 의인
이 없었다는 것이 얼마나 애절하고
내 가슴을 울리면, 한 사람의 의인과
이 세상 모두를 다 주고도 바꾸지 아
니한다 그 말을 하겠느냐?
19 내가 너희들에게 새로운 성경에 전하
여 기록하는 말 한 마디 한 마디를 그
저 너희들이 풀벌레 울음소리로 그냥
지나쳐 버리면 그 의미를 알 수 없으
며, 깨달음을 얻을 수 없으며, 변화를
이룰 수 없는 것이니라, 사랑하는 나
의 아들딸들아!
20 그것이 내 심정이요, 내 가슴에 바늘
을 꽂는 그 아픈 마음으로 내가 너희
들에게 전하고 전한다는 것을 너희들
이 그리 생각하고 읽어 볼 때,

21 너희들은 그 속에서 얻음이요, 하늘의
지혜를 얻게 될 것이니라, 사랑하는
나의 아들딸들아!
22 그와 같은 마음이요, 그와 같은 자세
로써 나의 새로운 성경을 정독하고 또
정독하라.
23 그리하여 나 여호와의 마음이 얼마나
저리고 아프면 이와 같은 것을 너희들
같이 부족하고 가진 것 없으며 내놓
을 것 없는 너희들을 선택하여 내가
오늘의 이 역사를 이루며 너를 쓰고
있는가 하는 것을 네가 생각해 보라.
24 너만 한 사람도 없으며, 너희들만 한
사람도 쓸 수 없는 백성들이며, 너희
들만큼 변하지도 못하며 변할 수 없는
백성들이니라.
25 그저 욕심에 그득히 차 있음이니라.
26 너희들은 네 하나를 위하여 한 덩이
의 김밥을 네가 먹지 아니하고 남에게
줄 수 있는 그 마음의 기초가 되어 있
으나,
27 이 세상의 모든 백성들은 제가 먹어
야 되며, 남은 굶더라도 제가 내일 먹
기 위하여 남의 것까지 뺏어 제가 뒷
손에 감추는 것이 그들의 마음이요,
그 심정의 상태이니,
28 나의 사랑하는 백성들이 다 그러하니,
그를 바라보는 나 여호와의 마음이 얼
마나 아프고 저려 오겠느냐?
29 내가 왜 나의 아들을 통하여 160권의
법전을 세상에 내려보내며, 내가 너희
들에게 구구절절이 이 뜻을 풀어 전하
는지, 나의 아픈 마음을 너희들은 알
겠느냐?
30 사랑하는 나의 아들아!
31 너희들은 나의 법전을 가슴에 안고 정
독하고 정독하라는 의미가 무엇인 줄
알겠느냐?
32 바늘로 찔려 오는 내 아픔을 너희들이
깨달으며 이를 읽었을 때, 너희들이
거듭날 수 있으며, 바로 날 수 있음이
니,
33 너희들이야말로 내가 내린 가훈처럼
하늘을 향하여 한 점의 부끄러움이 없
는 나의 아들이 될 것이며, 나의 아들
을 따르는 제자들이 될 것이며,
34 나의 법전을 읽은 만백성 너희들에게
나 여호와가 눈물로써 애원하니,
35 한 사람의 의인이 나오도록 하며, 한
점의 부끄러움이 없이 살며, 깨끗하고
아름다운 삶을 살기 위해 네 목숨을
바쳐 나에게 모두를 다 바치며 충성을
다하라, 사랑하는 나의 아들딸들아!
36 네가 하나 남으로써 만백성을 구하는
그 빛을 볼 것이니,
37 나 여호와의 저린 마음을 너희들이 안
다면, 어찌하여 너희들이 죄 앞에서
흔들리며 악 앞에서 흔들리며,
38 악과 죄 앞에서 너희들이 흔들리고
포위되는 백성이 될 수 있으며,
39 남을 시기하며 질투하며 음해하는 말
을 할 수 있단 말이더냐, 사랑하는 나
의 아들딸들아!
40 나의 저려 오는 법전을 읽으며, 내 찢
어지는 법전을 읽으며, 내 가슴 아픈
법전을 읽는 너희들이 그 뜻이 무엇인
가를 깨닫고 깨달아, 살과 뼈를 만들
라는 그 뜻을 잊지 말라, 사랑하는 나
의 아들딸들아!

10,603 번째 하나님 말씀

2004년 4월 17일 06시 45분

1 사랑하는 나의 아들아!
2 "네, 아버님! 말씀하옵소서."
3 인간 세상에 살아가는 너희들의 삶에
여러 자식을 둠이니, 그 자식이 부모
의 뜻에 따라 효성스럽게 자라는 자
식, 효성스럽게 살아가는 자식이 수없
이 있으며, 너희들은 그를 보지 않느
냐?
4 그러나 어찌하여 나 여호와의 그 많은
아들딸들은 그와 같이 효성스러운 자
식이요, 그와 같은 효도하는 자식이
하나도 없으며, 창조주 나 여호와의
뜻을 아는 백성이 하나도 없단 말이더
냐?
5 너희들은 그저 두세 명을 둔 자, 열 자
식을 둔 부모도 그 속에서 부모의 뜻
을 알며 너희들이 말하는 효성을 하는
자식이 있으며, 낳아 주고 길러 준 그
은혜를 아는 그 자식들이 있건만,
6 나 여호와는 수천 년 동안 헬 수 없이
많은 나의 아들딸들이 이 아름다운 지
상에 와 내가 내린 모든 은혜의 축복
이요, 영광 속에 살면서도 나를 기쁘
게 하는 자, 효성스러운 자식이 하나
도 없으며, 내 유업을 받을 수 있는 자
식이 없다면, 과연 그 마음이 어떠하
겠느냐?
7 다섯이요, 열 자식을 둔 부모가 그 자
식이 모두 그 부모의 뜻을 거역할 때,
그 부모의 가슴이 찢어지고 아플 것이
거늘,
8 나는 헬 수 없는 많은 자식들을 세상
에 내보냈으나, 그 자식이 부모에게
효성하며 충성하는 것처럼 내 뜻을 따
르며 내 유업을 받을 자식이 하나도
없다면,
9 내 마음이 얼마나 타 있으며 내 마음
이 얼마나 지금 저려 오고 있는가를
너희들은 알겠느냐?
10 이제 나의 아들을 따르는 제자 너희들
만이라도 나의 법전을 읽고 깨우쳐 이
대목을 듣거든,
11 나 여호와의 아픈 마음에 너희들이 정
녕 나의 아들딸로서 거듭나는 효성스
런 아들딸이요, 부모를 공경하는 자식
으로서 거듭나 주기를 바라고 바라는
것이 나 여호와의 뜻이요, 간절한 나
의 소망임을 내가 몇 자 적어 이리 전
함이니 그리 듣도록 하라.

10,604 번째 하나님 말씀

2004년 4월 17일 06시 51분

1 사랑하는 나의 아들아!
2 "네, 아버님! 말씀하옵소서."
3 육적인 세계에서 관계되는 그 모든 지
식으로 너희들이 성경을 분리하지 말
며 그 한계에서 멈추지 말라.
4 너희들이 인간 세상에서 배운 상식이
요, 지식이요, 인간이 가지고 있는 한
계의 그 지식 속에서 나의 성경을 보
며 내가 내리는 새로운 법전이요, 새
로운 성경을 풀고 이해하려 하면, 너
희들은 결코 알 수가 없음이니라.
5 영적인 것은 하늘의 지혜로써 너희들
이 그 성경을 풀어야 될 것이며, 그와
같은 노력으로써 너희들이 이루지 못

하면 아무것도 이룰 수 없음을 알아야
될 것이니라.
6 사랑하는 나의 아들아!
7 내가 너희들에게 간곡히 전함이니, 너
는 너의 제자들이요, 나의 법전을 읽
는 백성들에게 깊이 꼭 심어 주고 또
심어 줘야 됨을 절대 잊지 말라.
8 너희들이 인간의 지식으로써 하늘의
뜻이요, 영적인 것을 분류한다면 그를
알 수 없음이니,
9 하늘의 뜻을 알지 못함은 무엇이더냐?
10 바로 너희들이 사탄의 주관하에 무너
지며 사탄의 종으로서 무너지니, 너희
들을 끌고 가려는 자들이 이 세상을
덮고 있지 않더냐?
11 그러니 영적인 지혜를 얻어야만 너희
들이 성경의 비밀의 뜻을 알며 나의
법전의 뜻을 알 수 있다는 것을 너희
들은 절대 잊지 말라.
12 그렇지 아니하면 너희들이 사탄의 주
관하에 모두가 이루어지며 그리 무너
져 가는 것이니, 나를 버리는 자들이
됨이니라.
13 그러니 내가 그 많은 나의 아들딸들이
내 자식으로서 돌아온 자가 없어 내
가슴이 검게 탔다는 말을 너희들은 알
겠느냐?
14 지금의 모든 종교 집단들이 속해 있는
그 신도들과 그 백성들, 말로써는 나
여호와의 뜻에 의해 역사하며, 천사
요, 하늘의 백성이라 저희들이 그리
말하나,
15 내가 보는 너희들은 인간의 형태를 벗
어나지 못하였음이니라.
16 겉으로는 멀쩡한 인간이요, 멀쩡한 형
태이나, 너희들의 그 속을 들여다보니
너희들은 너무나 무너져 있으며 찌그
러져 있으며 망그러져 있으며,
17 그러니 그 속 모습은 인간의 모습이
아니요, 그 처참한 모습은 내가 차마
바라볼 수 없는 그와 같은 너희들의
형국이 되어 있음을 알라.
18 어찌하여 너희들이 겉으로는 인간의
모습을 가지고 있으나, 너희들이 구원
이요, 영적인 그 세상의 모습은 어찌
하여 저리도 흉악하게 무너졌으며 찌
그러졌는가?
19 내가 보기도 민망할 정도로 험악한 마
음이 너희들의 속마음이요, 속 모습이
라는 것을 알라.
20 그 속마음을 가지고는 너희들이 나에
게 오를 수 없으며 나를 볼 수 없으니,
그 슬픔이 내가 더 큼을 알라, 사랑하
는 나의 아들딸들아!
21 인간 세상에서 욕심이라는 것에 모두
를 맞춰 너희들이 지금 일하고 살아온
것이 너희들의 오늘의 삶이니라.
22 그러니 너희들이 복음을 전하는 것이
과연 진정한 복음을 전했다 생각하느
냐?
23 너희들이 복음을 전하는 것은 면죄부
를 살 수 있는 백성들을 끌어들이는
일만을 했으며,
24 너희들이 면죄부를 팔기 위하여 예수
를 믿는 자는 천국이요, 믿지 않는 자
는 지옥이라는 우리 부자의 이름을 팔
아 너희들이 허울 좋게 복음을 전했으
며, 전도하여 백성을 끌어들였다 함이
니,
25 면죄부로 살 수 있는 자를 너희들이

사탄 앞에 끌고 간 것이요, 그리고 면
죄부를 사 저희들의 마음이 편안하며,
저희들이 지은 죄를 털어 볼까 하는
그 욕심에 차 있는 자들이 면죄부를
사러 모여드는 것이 복음을 전하여 복
음을 전하고 깨달은 자들이니,
26 몇천 년 동안 너희들이 흘러온 그것이
믿음이요, 신앙생활이 이와 같은 속에
서 모두가 이루어지고 흘러왔음을 알
라.
27 이제라도 너희들이 거듭나지 아니하
면 아니 됨을 내가 애절히 이리 전함
이니,
28 이를 듣고 읽고 본 자들이 거듭나지
아니한다면, 어떠한 결과가 너희들에
게 있는지는 너희 스스로 깨우쳐 보도
록 그리하며,
29 너희들이 정녕 나의 법전이 의심스러
우며 나의 아들이 의혹스럽거든, 너희
들은 나의 법전을 끝까지 읽고 나 여
호와가 어찌하여 이 애절한 뜻을 세상
에 내려보냈는가를 생각하면,
30 너희들이 하늘의 지혜를 얻을 수 있도
록 내가 문을 열어 줄 것이니라, 나의
모든 백성들아!

10,605 번째 하나님 말씀

2004년 4월 17일 06시 54분

1 사랑하는 나의 아들아!
2 "네, 아버님! 말씀하옵소서."
3 지금의 믿음의 너희들이 가는 길은 무
엇이더냐?
4 그저 성경을 몇십 번 읽었느냐,
5 그리고 성경을 얼마나 많이 암송을
하느냐,
6 여기에 너희들이 모든 믿음에 매달려
있는 것이 그와 같은 너희들의 오늘
의 삶이며, 모두의 믿음이니라.
7 그러니 여기서 내 가슴이 더 아프고
저려 옴을 아느냐?
8 너희들은 그저 몇십 번, 몇백 번을 읽
으며 얼마나 암송하느냐, 이것만을 가
지고 지금 믿음의 길을 가고 있느니
라.
9 그러니 너희들이 그를 암송하고 그를
읽었다면, 그 뜻을 알아 그대로 행하
고 써먹고 가르치고 지도하는 것이 너
희들이 해야 할 일이 아니더냐?
10 그러니 암송하고 읽고 읽은 숫자만을
따지며 그를 써먹지도 못하는 것이라
면, 너희들이 바로 무엇인 줄 알겠느
냐?
11 하늘의 뜻을 알려 하지 아니하며, 하
늘의 뜻을 들여다보지 아니하며, 내가
원하는 것이 무엇인가를 알아보려고
노력하지 않는 백성들이니, 가장 중요
한 것을 잃고 있는 자들이 너희들이
니라.
12 그러니 하늘의 뜻에 따라 살아가지도
못하는 것이 너희들이니, 하늘의 뜻에
따라 너희들이 살지 못하는 것은 바로
무엇이더냐?
13 죽음의 길이니라.
14 그러니 모든 믿음의 길을 가는 백성들
이 성경을 암송하고 몇 번 읽었느냐
하는 것을 앞에 내세우지,
15 너희들이 그를 써먹으려 하지 아니하
며 그대로 행하지 못하고 행하지 아니
하느니라.

16 그러니 그것이 다 죽은 믿음이라는 것
이 바로 너희들이 말하는 것이 아니더
냐?
17 이제는 알고 있어야 될 것이니라.
18 알고 있는 것, 깨우친 것은 너희들이
써먹어야 되며, 그를 백성에게 가르쳐
주며, 이웃에게 전달하여 같이 변하는
그와 같은 삶을 사는 것이 너희들이
알고 있는 것이요, 너희들이 알고 있
는 가치라는 것을 알라.
19 이제 나의 아들을 따르는 제자 너희들
은 알아야 될 것이니라.
20 지금의 믿음의 길을 가는 그 백성들은
진정한 믿음이요, 구원이라는 것이 성
경을 암송하는 것, 몇 번을 읽었느냐
하는 것으로 측정함이니,
21 그리고 재물을 바치는 것, 하얀 봉투
에 돈을 담아 바치는 것이 얼마나 그
숫자가 많으며 얼마나 많은 것을 바쳤
느냐 하는 것으로써 모두를 너희들이
측정하고 따짐이니,
22 너희들은 거기서 벗어나야 될 것이니
라.
23 그리고 너희들은 배우고 깨우친 것을
네 이웃에게 가르치며, 네가 그리 행
하며 지키고 사는 삶으로써 모두를 바
꾸도록 그리하라.
24 내가 말하니, 아는 것을 써먹지 못하
면 그건 죽은 것이요, 가치 없는 것이
니,
25 아는 것을 너희들이 열배 백배 써먹고
활용할 수 있는 그와 같은 백성으로서
삶을 살아가며 나의 새로운 성경을 전
하도록 그리하라, 사랑하는 나의 아들
딸들아!

10,606 번째 하나님 말씀

2004년 4월 17일 06시 58분

1 사랑하는 나의 아들아!
2 "네, 아버님! 말씀하옵소서."
3 하늘의 지혜가 없는 백성과 지금의 성
경을 암송하는 것으로써 모두를 통달
하는 믿음의 길이라 매달리는 그와 같
은 자,
4 그리고 인간의 상식이요, 지식으로써
목매어 매달리고 있는 자, 그리고 하
늘의 지혜가 없으며 하늘의 지혜를 들
여다보지 못하는 백성들과,
5 지금 나의 아들을 따르는 제자들이요,
나의 법전을 읽고 깨우쳐 하늘의 지혜
를 얻고 가는 백성, 너희들과의 그 차
이점이 무엇인 줄 알겠느냐?
6 하늘의 지혜가 없는 백성은 구원파가
되어 있는 것이니라.
7 오로지 구원, 구원, 구원파가 되어 있
음이니, 믿기만 하면 저희들이 화려하
게 구원을 받는다 그리 가는 백성들이
니라.
8 그러니 구원파의 백성은 무엇이더냐?
9 너희들이 선함을 심고 뿌리지 아니하
면서, 너희들이 씨앗을 뿌리지 아니하
고 그저 때가 되면 열매가 열 것이며
그 열매를 거둬들일 것이라 하는 자들
이니라.
10 씨를 뿌리지도 아니하고 열매를 맺어
너희들이 들림을 받으며 나로부터 추
수로써 너희들이 거둬들이는 백성이
된다 생각하는 것이 하늘의 지혜를 모
르고 가는 백성들이요,
11 지금의 나의 아들을 따르는 백성들이

요, 그리고 그 제자, 너희들은 바로 무
엇이더냐?
12 하늘의 지혜를 얻고 깨우쳐 가는 나의
아들을 따르는 제자들이요, 그리고 이
를 읽고 깨우친 만백성, 너희들은 씨
앗을 뿌리고 잘 가꾸는 너희들의 그
수고로움이 있을 때 그 열매는 맺게
되며,
13 그리하여 그 열매가 맺어지니, 나 여
호와가 추수할 때 추수하여 거둬들인
다는 것을 알고 있는 백성들이니, 그
리하여 그 길을 묵묵히 가는 너희들이
니라.
14 그러니 너희들은 나의 뜻에 의하여 산
다 하나, 지금의 모든 백성들이 가고
있는 것은 나와는 전혀 관계없는 그와
같은 길을 가는 자들이니라.
15 울고불고 더구나 저 자신이 구원을 받
았다는 그 믿음으로 가는 백성들은 지
금 그들이 심지 않는 것이 다행이니라.
16 그러나 그들이 씨앗을 심는 것을 하지
아니하며 저희들이 구원을 받을 것이
라 그리 말함이니,
17 그들이 앞으로 이 세상에 심는 것은
악의 씨만을 심을 것이며 악의 씨만을
뿌리는 행위를 할 것이니, 그들이 차
라리 심지 않는 것이 다행이라 함이니
라.
18 그들이 무엇을 심는다면 열매를 거둘
수 있는 것을 심는 것이 아니요, 악의
씨앗을 심기 위하여 모두가 준비된 자
이며,
19 그를 심기 위하여 저희들이 지금 발버
둥치고 있는 자들이라는 것을 너희들
은 알아야 될 것이니,
20 그러니 악의 씨를 아직은 뿌리지 못하
며 뿌리지 않는 그들이, 심지 않는 그
들이, 심지 않고 거두려는 자들이 차
라리 낫다 함이니, 내 뜻이 여기 있음
을 알라.

10,607 번째 하나님 말씀

2004년 4월 17일 09시 46분

1 사랑하는 나의 아들아!
2 "네, 아버님! 말씀하옵소서."
3 너를 따르는 제자들과 나의 법전을 읽
고 깨우친 백성, 그리고 믿음의 길을
간다는 만백성, 너희들은 들어야 될
것이니라.
4 너희들이 이 세상에 태어날 때 누구에
의해 보내짐을 받았느냐?
5 너희들은 그리 말할 것이니라.
6 창조주 아버님의 뜻에 의하여 너희들
이 이 세상에 태어났으며 이 세상에
왔음이라 그리 말할 것이니라.
7 그러니 너희들은 이 세상에 태어난
것, 그것을 가지고 너희들이 시시비비
하지 말며, 그것을 가지고 어찌 태어
났느냐 하는 것을 너희들은 말하지 말
라.
8 나의 아들 예수가 성령으로써 세상에
태어났다, 태어나지 아니하였다는 그
것이 중요함이 아니니라.
9 나의 아들 예수가 어찌 태어났든, 그
가 태어나 세상에 살면서 너희들에게
깨우치고 전하고자 했던 그 역사함이
중요한 것이요, 그 진리를 전하고자
한 그 가르침이 중요한 것이지,
10 어찌 태어나고 태어나지 않는 그 근본

이요, 그것을 가지고 너희들이 시시비
비할 것이 아니며,
11 그것으로써 신성시하는 그와 같은 믿
음에서 너희들이 깨우치며 벗어나야
함을 알아야 될 것이니라.
12 성령으로 잉태하였으며, 그가 어떠한
상태에서 잉태되었으며, 그리하여 세
상에 나왔는가 그것은 너희들이 중요
한 것이 아니며,
13 어찌 그 믿음이요, 가르침이 얼마나
위대한 진리요, 어떠한 뜻이냐 하는
것, 그것이 너희들이 중요함이니라.
14 지금의 나의 아들이 이 세상에 어찌
태어났는지 그가 태어난 것을 가지고
너희들이 시시비비하며 그를 신성시
하고 신성시하지 않는 그와 같은 것은
다 너희들과 관계가 없음이니라.
15 어떻게 태어나든, 너희들은 나의 아들
딸로서 나로부터 보내진 자요, 나로
하여금 태어난 것이 아니더냐?
16 그러니 너희들이 나의 아들딸로서 나
로부터 보내진 자로서 세상에 태어났
으며 세상에 왔다 하면,
17 어떤 형태로 어떠한 형국으로 태어나
고 안 태어난 걸 가지고 너희들이 생
각할 것이 없으며, 그걸 가지고 너희
들이 어떠한 믿음에 대한 흔들리는 점
이 있어서는 아니 될 것이니라.
18 나의 아들이 너희들에게 전하는 나의
새로운 성령이요, 나의 뜻이 과연 진
정한 나 여호와의 뜻이요, 너희들에게
하늘에 오르는 길의 가르침인가,
19 그리고 너희들이 듣고 배워야 할 것인
가, 너희들이 듣고 배움으로써 변할
수 있으며 변해지는가, 그 가르침이
중요한 것이며,
20 나의 성령이, 세상에 새로운 성경이
내려오는 것, 그 자체가 중요하고 귀
한 것이며, 그 내용이 귀한 것이지,
21 나의 아들이 어찌 세상에 태어났으며,
나의 아들이 어찌 왔다는 것을 가지
고 너희들이 지금 생각할 필요는 없는
것이니, 너희들은 그 의미를 깨우치도
록 그리하라.

10,608 번째 하나님 말씀

2004년 4월 17일 09시 50분

1 사랑하는 나의 아들아!
2 "네, 아버님! 말씀하옵소서."
3 너희들이 성령으로 임하는 백성이요,
자기를 버리고 자기를 지워 버리며 거
듭나는 삶을 사는 백성이 아니면, 그
성경의 비유의 뜻을 알 수 없으며, 내
가 너희들에게 전하고자 하는 그 뜻을
절대 알 수 없다 하였음이니라.
4 그러니 나 여호와가 내린 나의 성경의
그 뜻을 너희들이 알지 못한다면 무엇
이더냐?
5 하늘의 뜻이요, 내 뜻을 알지 못하는
것이 오늘의 믿음의 길을 가는 백성
너희들이 아니더냐?
6 그러니 너희들이 하늘의 뜻을 알지 못
하며 그 뜻을 모른다면, 오늘의 믿음
의 길을 가는 것, 신앙생활 하는 것,
그 모두는 참진리의 길이 아니요, 내
가 원하는 길이 아니요, 너희들이 인
간의 그 믿음의 교리에서 가고 있는
것임을 알아야 될 것이니라.
7 하늘의 뜻을 모르는 그와 같은 내 뜻

이 아닌 너희들의 그 믿음은 인간의
욕심을 버리지 못했으며, 인간 너희들
이 지금 가지고 있는 잘못된 그 욕심
이라는 뿌리요, 근본을 버리지 못하고
가고 있는 백성들이니,
8 하늘의 뜻을 알지 못하기에 인간의 기
초 교육에서, 욕심의 기본의 그 마음
자세에서 벗어나지 못하고 그저 제자
리를 맴도는 그와 같은 신앙이요, 믿
음으로 가는 백성이라는 것을 너희들
은 알아야 될 것이니라.
9 믿음의 길이요, 참진리의 길을 가는
너희들은 하늘의 뜻을 알게 되며 하늘
의 지혜를 얻음이니, 너희들이 욕심을
버릴 수 있는 백성이요,
10 그러나 인간 너희들이 그를 깨닫지 못
하는 지도자요, 그를 깨닫지 못하고
가는 백성은 인간의 기본의 욕심을 가
지고 있는 그 욕심이요, 소유욕을 버
리지 못하기 때문에,
11 너희들의 교육은 인간 교육의 그 인간
삶의 기본이요, 기초 교육에서 벗어나
지 못하는 그것이 너희들의 오늘의 신
앙이요, 너희들이 그 믿음의 길이라는
것을 내가 나의 법전에 기록하여 전함
이니,
12 너희들이 이 뜻을 깊이 받아들여야 될
것이며, 이 두려움을 알아야 될 것이
니라.
13 너희들이 성경의 가르침을 성경의 지
식을 통달함이 아니요, 창조주 나의
뜻을 알지 못하며, 나의 뜻을 알지 못
하기 때문에 너희들이 그리 바라고 원
하는 구원의 길에 너희들이 구원의 길
이 아니요, 나의 뜻과는 관계없는 길
을 가고 있음이니,
14 이제 너희들이 정녕 구원을 받으며 거
듭나는 백성으로 영광의 길을 온다 하
면, 너희들이 오늘의 가는 길을 똑바
로 보도록 그리하라.
15 그리고 나의 법전이 세상에 내려가는
것, 이것을 너희들이 사탄이요, 이단
이라 말하기 전에, 나의 법전을 가슴
에 안고 정독하여 거기서 너희들이 깨
달음의 지혜를 얻도록 하라.
16 그렇지 아니하면 너희들이 하늘의 뜻
이요, 감춰진 비밀의 비유의 뜻인 성
경을 알 수가 없으며,
17 나의 아들을 통하여 내리는 마지막 심
판이요, 너희들이 구원의 길을 안내하
는 것이요, 반석 위에 서서 하늘에 오
르는 찬란한 빛을 볼 수 있는 너희들
의 영광을 얻지 못하며 이루지 못하는
것이기 때문이니,
18 너희들이 오늘의 성경의 지식으로써
하늘과 땅의 모두를 통달했다 하는
자, 그와 같은 오만한 자, 너희들이 거
듭나는 삶을 살지 아니하면 절대 아니
됨이니라.
19 너희들은 구원의 믿음이요, 구원의 신
앙의 길을 가는 자요,
20 내 뜻이요, 내가 역사하는 것을 바로
보고 내가 이루고자 하는 것을 이루는
나로부터 선택된 백성들이 아니요, 나
와 더불어 가는 백성들이 아니요,
21 오로지 구원파의 백성으로서 너희들
은 모두를 마치는 자들이니,
22 구원파의 백성 너희들은 구원을 얻을
수 없다는 것을 알라.

10,609 번째 하나님 말씀

2004년 4월 17일 09시 56분

1 사랑하는 나의 아들아!
2 "네, 아버님! 말씀하옵소서."
3 그래도 너희들이 손질되어서는 아니
되며 변질되어서는 안 된다는 그 성
경, 만일 성경이 잘못되며 변질된 것
이라 내가 너희들에게 전함이니,
4 이를 가지고 너희들이 나의 아들을 세
상에 존재치 못할 자요, 나의 법전을
사탄이요, 사악한 것이라며 너희들이
경악을 금치 못하고 있으나,
5 너희들이 그래도 변질되고 한 획도 더
넣고 빼서는 안 된다는 성경에 너희들
의 조상으로부터 수없이 변질되어 있
으며 수없이 변화된 성경이라 하면 너
희들은 어찌하겠느냐?
6 바로 나의 성경이 너희들이 그리 변화
되고 변질되지 아니하고 원래의 그 뜻
대로 신성하고 준엄한 계통에 의하여
전하여지고 그리 기록되어 지금까지
전했다면,
7 나의 피조물 만백성은 오늘같이 험악
한 세상에 살지 아니하며, 너희들이
저 자신만을 위주로 사는 이와 같은
험난한 세상은 절대 되지 아니하였을
것이니라.
8 너희들이 나 여호와의 원래의 뜻대로
그대로 기록되어 그대로 배우고 깨우
쳤다면, 오늘의 나의 법전을 읽고 깨
우치는 백성들보다도 더 너희들이 아
름다운 모습이요, 더 변화된 삶으로
살 수 있는 백성들이었음이니라.
9 그러니 얼마나 나의 백성들이 구원의
길에 와 있겠느냐?
10 그러나 너희들이 잘못 전하고 잘못 가
르쳤으며, 오로지 구원파들이 부르짖
는 그 소리에 현혹되어 갔기 때문에,
모두가 구원의 길이 아니요, 구원된
백성이 하나도 없다는 이 아픈 사연을
너희들은 알겠느냐?
11 그러니 지금의 너희들이 수천 년간 흐
르는 세월 속에서 인간 너희들이 나의
뜻에 의한 것이 아니요,
12 인간 교리에 의하여 너희들이 만드는
그와 같은 수단과 방법으로써, 다양한
방법과 다양한 방법이 다 동원되어 다
양한 형태로써 해석되고 추가되고 또
추가되며,
13 그와 같이 변질되고 변질되어 그리하
여 오늘의 복음서가 세상에 나왔으며,
그것이 성경이라 함을 너희들은 알겠
느냐?
14 그러니 내가 그리 전하니, 너희들이
지금 그 당황함을 이루 말할 수 없으
며, 황당하기 이를 데 없으며, 너희들
이 어찌할 바를 모르나, 이것이 엄연
한 사실이니라.
15 이는 창조주 내가 내 것을 가지고 너
희들에게 변질되었으며 다양한 방법
으로써 다양한 형태로써 해석되고 추
가되고 또 추가되어, 인간의 교리가
거기에 너무 많이 들어가 있다 함을
너희들은 알라.
16 나 여호와가 이루고자 했던 뜻을 저버
렸으며, 내 뜻과는 관계없는 그와 같
은 방향으로 지금 흘러가 이 믿음이
잘못되었다 함을 너희들은 알아야 될
것이니라.

17 나와는 관계없는 방법으로써 흘러온
것이 오늘의 너희들의 신앙이요, 믿음
이요, 또한 너희들이 죽기 아니면 살
기로 목숨을 거는 그 믿음의 형태임을
너희들은 알라.
18 너희는 어떠한 처지에 있는지 알겠느
냐?
19 모든 종교 지도자는 수천 년 동안 나
의 백성을 희롱해 오는 것으로써 너희
들이 지금의 삶을 유지했으며,
20 나의 백성들에게 사기 행각만을 해 온
자들이 바로 오늘의 종교 집단이요,
지도자요, 거기에 속해 있는 자들이라
면 너희들은 믿겠느냐?
21 지금도 너희들이 나의 피조물 만백성
을 수천 년 동안 희롱해 왔으며, 나의
백성에게 거짓된 행위요, 사기행각으
로써 재물을 갈취하고 살아온 자들이,
지금도 포장된 화려한 화술로써 나의
백성들에게 사기 치고 있는 자들이 그
들이니, 너희들은 그를 알라.
22 그것도 인간 세상에 살아가면서 인간
의 재물을 갈취하고 인간의 재물을 뺏
어 가기 위한 그와 같은 사기극이 아
니라,
23 나의 백성들이 하늘에 오르는 길이요,
구원의 길에 오르는 것이요, 거듭나는
그와 같이 귀하고 소중한 것을 송두리
째 무너트리며 송두리째 뺏어 가는 짓
을 하고 있느니라.
24 그를 걸고 너희들이 지금 사기 치고
있으며 사기 행각을 하고 있음이니,
25 거기에 걸려드는 자, 또한 걸려들어
가는 자, 너희들 욕심에 의하여 그를
보지 못하며 그를 바로 깨닫지 못함이
니,
26 그 또한 너희들의 죄가 큼을 알라 그
리 전하라.

10,610 번째 하나님 말씀

2004년 4월 17일 10시 00분

1 사랑하는 나의 아들아!
2 "네, 아버님! 말씀하옵소서."
3 이 세상에 살아가는 인간 너희들만이
이 세상이 오염되었으며 썩어져 있으
며, 새로운 세상이 와야 되며, 거듭나
는 세상이 되어야만 하며, 인간이 개
조되지 아니하며 인간이 변화되지 아
니하면 아니 된다 너희들만 후회하고
통곡하고 있는 줄 아느냐?
4 사랑하는 나의 아들아!
5 이 세상의 모두를 바라보라.
6 이 세상의 지상에 존재하는 그 모든
만물들이 다 새로운 세상이 이루어지
기를 바라며, 새로운 세상이 역사하기
를 바라며, 대변화가 이루어지기를 그
들이 더 바라고 있음이니라.
7 이 세상에 너희들이 살아가는 그 모습
을 너희들은 보지 못하나, 그들이 인
간 너희들이 세상을 오염시킨 그 오염
때문에 몸살을 앓고 있으며,
8 너희들이 거듭나기를 바라고 있으며,
새로운 세상이 이루어지기를 바라는
것을, 그들이 너희들보다 더 갈구한다
는 것을 너희는 알고 있느냐?
9 나 여호와는 그들의 마음을 알고 있음
이니라.
10 이 세상의 오염 때문에 몸살을 앓지
않는 것이 아무것도 없음이니,

11 그들이 또한 새로운 세상이 이루어지기를, 새로운 시대가 이루어지기를, 새로운 변화가 오며 새로운 세상이 오기를 너희들보다 더 갈구하고 바라고 있다는 것을 너희는 알아야 될 것이니라.

12 그러니 너희들도 바라는 것이며 모든 동식물이 바라는 새로운 세상이요, 새로운 역사가 이루어지는 이 지구의 변화는 과연 누가 하겠는가?

13 너희들은 그리하느니라.

14 너희들은 세상을 오염시키며 계속 무너트려 가면서도, 나의 아들 예수만이 세상에 와 재림하여 모든 새로운 세상을 만들 것이며, 모든 변화를 이루는 것이요,

15 그 누구도 이룰 수 없다고 포기하며 나의 아들 예수만을 찾고 기다리는 그와 같은 것이 오늘의 신앙의 길을 가는 백성들이 아니더냐?

16 그러나 너희들은 알아야 될 것이니라.

17 그와 같은 일은 역사할 수 없으며 그와 같은 일은 두 번 다시 있을 수 없음이니라.

18 다만, 세상의 모든 동식물까지 오염에 시달리고 고통스러워 새로운 세상이요, 새로운 시대가 열리기를 바라는 것은,

19 성령으로써 임한 백성 너희들이 거듭나면서 모든 세상 것을 사랑하는 마음으로 변화되는 그와 같은 너희들의 삶으로 역사해 갈 때,

20 새로운 세상이 만들어지며, 만물이 그 고통에서 벗어날 수 있으며, 그들의 몸살이 끝날 것이라는 것을 너희들은 알라.

21 너희들이 나의 성령이요, 나의 법전이요, 새로운 성경을 읽고 깨우쳐 변화되는 삶을 살지 아니한다면,

22 너희들처럼 거듭나는 백성이 세상을 덮어 그들이 아름다운 세상으로 가꾸고 다스려 나가지 아니한다면, 영원히 이는 돌이킬 수 없는 지금에 와 있다는 것을 너희들은 알아야 될 것이니,

23 나의 법전이요, 나의 새로운 성경으로써 너희들로 하여금 모든 동식물들이 고통 속에 살아가는 것을, 그들을 거기에서 구원하며, 몸살을 앓는 이 세상에서 구원할 수 있는 길은 나의 피조물 만백성 너희들이 법전이요, 나의 새로운 성경대로 행하고 지키는 그 길밖에 없다는 것을 너희들은 알아야 될 것이니라.

10,611 번째 하나님 말씀

2004년 4월 17일 10시 05분

1 사랑하는 나의 아들아!

2 "네, 아버님! 말씀하옵소서."

3 너희들의 믿음의 형태가 무엇과 같이 지금 흘러왔는 줄 알겠느냐?

4 너희들은 근본도 모르고 뿌리도 모르며 그 정확함도 알지 못하면서 광분하고 즐기며, 나의 아들 아기 예수의 탄생 기념일이라며 너희들이 하는 그 연례 행사의 그들과 같이 똑같은 방법으로써,

5 지금의 너희들이 근거도 없고 뿌리도 없는 믿음으로 흘러가는 형국이 오늘의 너희들의 신앙의 길이라면,

6 너희들은 경악을 금치 못하며, 이 말
을 듣는 자 너희들은 나의 법전을 집
어던져 분개하며, 나의 아들을 세상에
존재해서는 아니 될 자라 그리 말할
것이니라.
7 그러나 너희들은 들으라.
8 너희들이 예수 탄생 기념일이라 하여
정해 놓고 그날을 즐기며 경건한 마음
이라 하여 너희들이 온 세상에 온 백
성들이 들끓는 그와 같은 행사로써 그
를 즐기지 않느냐?
9 그러나 그날의 그 행사가 예수의 탄생
을 기리는 행사라 너희들은 말하나,
그가 탄생한 날이 아님이니,
10 너희들이 탄생한 날짜도 아닌 날을 가
지고 온갖 지금 광란의 짓을 하고 있
는 것이 아니더냐?
11 나의 아들 예수가 탄생하는 것과는 아
무런 관계도 없는 그와 같은 행위를
너희들이 지금 하고 있다는 것을 잘
알고 있지 않은가?
12 그러면 너희들은 무엇을 그리하느냐?
13 인간의 너희들이 사업이요, 재물이요,
경제적인 능력이요, 힘 있는 자들이
너희들이 가지고 있는 사업의 수단으
로써 사업을 번창하기 위하여,
14 너희들이 사업의 물건을 사고파는 그
와 같은 변화를 이루기 위하여, 사업
의 광고의 장이요, 사업을 팔아먹는
그와 같이 장으로써 너희들이 변질되
어 가지고 만든 것이 아니더냐?
15 그러니 너희들이 그날을 기리기 위하
여 나의 아들 예수의 고통을 기리기
전에, 너희들이 선물을 주고받는 것으
로써, 그리고 너희들이 휴가를 즐기며
낭비하는 것으로 즐겨 노는 것으로써
너희들의 머릿속에 젖어 있으며, 그와
같은 행사로써 그리 정녕 너희들은 가
지 않느냐?
16 그러니 언제부턴가 너희들은 그와 같
은 일, 그날을 정하여 너희들이 나와
는 관계없는 그와 같은 행위요, 그와
같은 행사를 치르는 것이 연례 행사로
써 변화된 것이 아니더냐?
17 온 세상의 백성 너희들이 사고 팔고
주고받는 그 선물이요, 그리고 거기에
팔리고 사는 그 광고물이요, 그 사업
의 물품이요, 그와 같은 것이 얼마나
많은 것이 소모되며 하루를 들뜨게 만
드는가?
18 그리고 너희들은 그 선물을 주고받는
즐거움이요, 그리고 휴가를 즐기는 그
와 같은 것으로써 나의 아들 예수의
탄생한 날을 기념하는 것이 아니더냐?
19 그러나 그것이 진정한 나의 아들이
탄생한 날이 아니요, 나와 관계없는
날이요, 나의 아들과 관계없는 날을
가지고 너희들이 그리 공공연히 그날
이라며 행사하는 너희들의 그 머릿속
이 무엇이더냐?
20 장삿속이요, 장사꾼들이 그려 낸 그림
이라는 것을 너희들은 알라.
21 지금 너희들의 믿음의 생활이 그와 같
은 형국으로 되어 있음을 알아야 하느
니라.
22 참진리요, 나의 뜻과는 관계도 없는
너희들의 상업의 장소로써 지금의 모
든 믿음이요, 그 종교 집단이 그리 전
락되었으며,
23 지도자들은 그 물건을 선전 선동하여

팔아먹는 그와 같은 오늘의 신앙이요,
믿음의 형국으로 되어 있다는 것을,
24 너희들을 다시 한 번 깨우치기 위해,
내가 예수 탄생의 기념일이라 하여
너희들이 하고 있는 그 행사를 빌미로
하여 내 뜻과 나의 아들의 탄생일과
관계없는 그 행사에 들떠 있는 모습
이요,
25 아무런 관계도 없는 걸 갖다 너희들이
두드려 맞추며 너희들이 선물을 받고
놀고 즐기며, 상업물을 광고하며 상술
로써 변해지는 그와 같은 연례행사처
럼, 오늘의 믿음이 그리 흘러가는 형
국이라 함을 내가 깨우쳐 주고자 함이
니라.

10,612 번째 하나님 말씀

2004년 4월 17일 12시 19분

1 사랑하는 나의 아들아!
2 "네, 아버님! 말씀하옵소서."
3 인간 너희들이 육의 세상의 삶에서 무
엇을 이루고자 할 때, 노력함이 없이
너희들이 무엇이 이루어지며 무엇이
너희들에게 쥐여진다 하더냐?
4 그러니 너희들은 고통과 시련 속에서
거듭나는 그 삶 속에서 성장되며, 너
희들이 하늘의 이치요, 땅의 이치를
깨닫고 살아가는 그와 같은 삶을 사는
것이 아니더냐?
5 고통과 시련 속에서 너희들이 깨달음
이 있으며 너희들이 변함이 있으며 얻
음이 있음이니라.
6 그러니 이 세상에 나로부터 선택된 백
성 너희들은 인간 세상의 삶의 목적을
위하여 시련이요, 고통의 그 길을 가
는 것이더냐?
7 너희들은 결코 아니니라.
8 너희들이 이 세상의 누구도 들여다볼
수 없으며 누구도 생각할 수도 없으며
감히 상상할 수도 없는 그와 같은 나
의 뜻을 역사하는 선택된 백성들이니,
9 너희들보다 더 귀중하고 더 크고 위대
한 일을 하는 자가 없음이니, 가장 위
대한 축복이요, 가장 큰 역사요, 가장
위대한 일을 하는 너희들의 그 고통
과 시련이 또한 다른 백성보다 어떠
하겠느냐?
10 작은 것을 꿈꾸며 작은 것을 이루고자
하는 그 백성들의 노력과 고통보다 너
희들은 상상할 수 없는 고통과 시련의
그 모두를 겪고 가며 그 모두를 이기
고 나가야 하는 것이 아니더냐?
11 너희들이 생각해 보라.
12 지금 내가 새로운 성경이요, 수십억
인구요, 수천 년 동안 흘러온 그 믿음
의 길을 가는 백성들이요, 오로지 성
서, 이것이 아니면 죽음이라 말하는
그 백성들에게, 그들이 지금 가고 있
는 것이 잘못된 것이며, 그들이 가는
길이 아니라 함이니,
13 그들이 얼마나 황당하며 얼마나 당혹
스러우며, 그들의 마음이 지금 어떠하
겠는가?
14 그와 같이 너희들이 그 모두를 변화
하며 그 역사를 개혁하는 것이 너희들
이 오늘의 가는 길이니, 너희들의 고
통과 시련이 없이 어찌 가겠는가?
15 그리고 너희들이 하고 있는 일이 무엇
이더냐?

16 모든 백성들이 놀랄 일이며, 모든 백
성들이 자다가도 놀랄 일이며, 감히
생각도 하지 못할 일이요, 상상도 못
하는 그와 같은 위대한 일의 역사를
너희들이 지금 하고 있지 않더냐?
17 이 지구상의 수많은 인종이요, 그 많
은 종파들이 자기들의 언어요, 자기들
의 습성이요, 그 모두를 가지고 살아
감이니,
18 그걸 하루아침에 바꾸라, 그리고 내던
지고 바로 보고 다른 것을 배우라 하
면, 그걸 원하며 배우겠느냐?
19 절대 그와 같은 것은 있을 수 없는 일
을 지금 너희들은 역사하며 그 일을
하고 있음이니,
20 너희들이 얼마나 위대한 일을 하는
것이며, 또한 너희들이 얼마나 무섭고
두려운 일을 하며 겁없는 일을 하고
있는지 한번 생각해 보았느냐?
21 너희들의 어떠한 조직이요, 단체의 그
숫자가 너희들이 가지고 있는 그 상
징물 하나를 바꾸는 것도 거기에 따
른 경비요, 거기에 따르는 것이 시시
비비가 붙으며 함부로 그리 이룰 수
없는 것이 너희들이 아니더냐?
22 그러니 이 세상의 모든 백성들이, 수
십억의 인구가 다 저희들의 습관이요,
관습이요, 그 모두를 버리고,
23 지금의 동양의 작은 나라의 언어요,
그리고 그 관습이요, 그를 가지고 너
희들이 깨우쳐 하늘에 오르는 길을 봐
야 된다 함이니, 이보다 더 무섭고 두
려운 일이 어디 있는가?
24 감히 누구도 상상할 수 없는 일이요,
감히 나의 아들이요, 내 성령으로써
임하지 아니하면 할 수 없는 그 일을
너희들이 지금 하고 있고 가고 있는
자들이 아니더냐?
25 그러니 너희들이 오늘의 고통과 시련
을 두려워하며, 너희들의 고통과 시련
은 당연한 것이거늘, 그것이 너희들에
게만 있는 고통이요, 시련이요, 어려
움이라 그리 생각하지 말라.
26 사랑하는 나의 아들을 따르는 너희들
이요, 법전을 만드는 너희들이 한번
생각해 보라.
27 네 작은 몸으로, 네 작은 손으로 지금
네가 무엇을 만들고 무엇을 하고 있는
가?
28 창조주 나 여호와의 뜻을 위하여 세상
을 바꾸며 세상을 다시 만들어 내며,
모든 동식물이 지금 자연의 오염이요,
너희들이 살아온 그 악습에 의하여
그들이 고통을 당하며, 새로운 세상이
오기를 바람이니, 그 누구도 이룰 수
없는 것을 지금 너희들이 하고 있음이
니,
29 너희들이 얼마나 두렵고 무서운 일을
하며, 너희들이 앉아 있는 자리가 얼
마나 두렵고 무서운 자리인가 그것을
생각해 보라.
30 그러니 감히 너희들이 괴롭고 힘들고
어렵다는 생각을 하지 말라.
31 너희들이 먹고살며 그저 잠잘 곳이 있
으면 되는 것이요, 그 이상 그 어떤 것
도 바라지 말며, 나의 법전을 만들어
만백성을 구하는 역사를 다하라.
32 그것보다 더 큰 은혜요, 그보다 더한
영광이 없는 모두를 갖고 모두를 얻은
너희들이, 자신이 흔들리며 시련이요,

고통이라 하여 견디지 못하는 그와 같
은 마음을 가지고 있어서는 아니 될
것이니 그리 알라, 사랑하는 나의 아
들딸들아!
33 너희들의 책무를 다시 한 번 생각하
며, 너희들이 하고 있는 일을 다시 한
번 생각하며,
34 너희들이 위로는 창조주 나 여호와의
뜻을 받아 기록하고 책을 만드는 역사
를 하며, 아래로는 만백성을 구하는
그와 같은 대명의 역사를 너희 손으로
이룸이니,
35 과연 너희들이 얼마나 귀하고 소중한
백성들이더냐?
36 나 여호와는 너희들이 그와 같이 나에
게 명을 하며 반대로 되었다면,
37 나는 잠을 자지 아니할 것이며 먹지
아니할 것이며, 나는 그리하면서 나의
법전을 만들어 만백성을 구하는 데 온
갖 정성과 모두를 다 바칠 것이니,
38 시련과 고통이요, 너희들이 어려움이
있다는 말을 감히 어찌할 수 있단 말
이더냐?
39 너희들이 하고 있는 일을 생각해 보
며, 너희들이 하고 있는 그 역사가 무
엇인가를 한번 돌이켜 보라.
40 그러면 너희들이 두려움을 알며 무서
움을 알며, 너희들의 위대함을 알게
될 것이니라.

10,613 번째 하나님 말씀

2004년 4월 17일 12시 23분

1 사랑하는 나의 아들아!
2 "네, 아버님! 말씀하옵소서."
3 세상에 거짓된 자요, 거짓 지도자요,
그리고 거짓 선지자요, 그리고 거짓
인도자라는 자들이 제가 누구라 하여
저희들의 이름을 내걸고 있는 자들이
수없이 있음이니라.
4 그러니 너희들이 오늘과 같이 수많은
종파요, 수많은 선지자요, 지도자요,
예수라 하여 세상에 와 저희들이 재림
한 자라 말하는 그와 같은 백성들이
이 세상을 덮고 있을 것이니,
5 내가 그와 같은 세상이 올 것을 몰랐
으며, 그것을 구분하는 그와 같은 것
을 내가 너희들에게 가르쳐 주지 아니
하며, 그 답을 내리지 아니하였다 생
각하느냐?
6 나는 성경에 기록하여 너희들에게 전
하였느니라.
7 거짓 양의 탈을 쓴 그 이리를 구분하
는 것, 그리고 너희들이 사탄이요, 이
단이라 말하는, 정녕 나 여호와의 뜻
과는 관계없는 종교 집단이요, 지도
자, 그들을 구분할 수 있는 것을 내가
다 가르쳐 주었거늘,
8 구분하는 것이 무엇이라 내가 기록했
느냐?
9 모든 종교 집단이요, 지도자 너희들은
그를 알고 다 읽고 읽었을 것이며 백
성들 또한 알 것이니라.
10 내가 너희들에게 그리 전했느니라.
11 모든 종교 집단의 지도자 그들이 하고
있는 행위를 보고 너희들이 구분해야
되는 것이며,
12 그들의 행동이요, 그들이 처신하는
것, 그 모두를 보고 너희들이 구분하
라 내가 너희들에게 기록하여 전하지

아니하였더냐?
13 가르쳐 주었으며 그리고 그와 같은 것
을 구분하는 것은, 너희들이 보는 지
혜를 그리고 너희들이 깨닫는 지혜요,
그리고 분별하는 지혜를 얻는 것만이
너희들이 그를 구분할 수 있으며,
14 너희 스스로 구원의 길이요, 죽음의
길을 선택할 수 있는 것도 너희 자신
의 문제라 하였음이니, 행동하는 것을
보고 너희들이 깨달으라 하였음이니
라.
15 너희들이 거짓된 종교 집단의 지도자
들이 너희들의 눈에 보이지 않는가?
16 재물을 긁어모으기 위해 모든 것을 다
바치며, 권력욕에 눈이 어두운 자, 그
리고 그와 같은 자를 찾아다니는 자,
세상의 이해관계 있는 곳에만 나타나
는 자, 그리고 저 자신의 부귀영화요,
저 자신이 편하고자, 제가 높고자 하
는 자,
17 어렵고 힘든 자요, 항상 고통을 겪고
있는 자, 눈물의 아픔을 맛보며 살아
가는 그 가련하고 불쌍한 자, 그리고
너희들이 필요로 하는 곳, 너희들이
같이 있어야 되는 곳,
18 그와 같은 곳에 있는 지도자와 그렇지
않은 지도자 그들의 행동이 어떠한 것
인가를 너희들이 면밀히 살펴보면 그
를 알 수 있을 것이니,
19 행동하는 것으로써 행하는 것을 보고
너희들 스스로 구분하라 하였음이니,
너희들이 그를 보고 구분하는 지혜를
얻도록 그리하라.
20 내가 모든 방법을 너희들에게 가르쳐
주었거늘, 너희들이 어찌하여 그리 행
하지 아니하고, 지금의 구원의 길이
아니요, 죽음의 길을 가면서 너희들이
찬송 부르며 그리 어찌 오늘의 광란의
행위를 하고 있단 말이더냐?
21 면밀히 검토하고 면밀히 들여다보라.
22 모든 종교 집단의 지도자 그들이 가고
있는 것, 그들이 하는 행위를 보도록
그리하라.

10,614 번째 하나님 말씀

2004년 4월 17일 12시 27분

1 사랑하는 나의 아들아!
2 "네, 아버님! 말씀하옵소서."
3 2천 년 전 예수가 세상에 태어나 만백
성을 구하고자 했으니, 그 예수가 지
금의 너희들의 종교 집단이요, 지도자
들처럼 왕궁을 짓기 위하여, 그 궁전
을 짓기 위하여 호화롭고 찬란한 그와
같은 삶을 살기 위하여 그와 같이 역
사한 적이 있다 생각하느냐?
4 나의 아들 예수는 왕궁에 태어나지도
아니하였으며, 왕궁 같은 것은 생각지
도 아니했으며, 그와 같은 것은 그림
도 그려 본 적도 없는 나의 아들이니
라.
5 그러니 나의 아들의 뜻에 따라 그 은
혜요, 죽음으로써 대속을 받았으며,
그 축복과 영광으로써 너희들이 오늘
의 삶을 살며 나에게 오를 수 있는 은
혜를 입었다는 자들이,
6 과연 나의 아들은 생각지도 안했던,
그런 왕궁에서 나의 아들이 태어난
것도 아니요, 가난하고 어려운 세속에
태어난 나의 아들이요, 그와 같은 속

에서 사는 삶을 살았거늘,
7 어찌하여 너희들이 나의 아들 예수의
사는 삶을 본보며 따르려 하지 아니하
고, 왕궁과 같은 그와 같은 것을 역사
하며 너희들이 그곳에 상주하며 제왕
적인 대우를 받는 그와 같은 사악한
짓을 하고 있단 말이더냐?
8 나의 아들은 왕궁을 생각지도 아니하
였으며, 나의 아들 사전에는 그와 같
은 것이 없었음을 알라.
9 오늘의 모든 믿음의 길을 가는 종교
집단 너희들이 과연 어떠하던가?
10 너희들의 교회는 더 아름답고 더 호
화롭게 왕궁같이 지어 놓았으며, 성당
또한 어떠하더냐?
11 그리고 너희들의 법당은 어떠하며, 너
희들의 성막이요, 공회당이라 하여 너
희들이 안주하여 나의 뜻을 가르치는
곳이 과연 어떠하더냐?
12 왕궁에서 태어나지 않은 나의 아들
예수요, 그의 삶이요, 그 태어난 것을
너희들이 보고 깨우친다면,
13 과연 너희들이 그와 같은 왕궁을 지을
필요가 있으며 궁궐과 같은 것을 역
사할 필요가 있으며,
14 그와 같은 행위를 너희들이 하는 것
이 나의 아들 예수의 뜻에 따라가며
행하는 것이더냐?
15 정녕 나의 아들 예수의 뜻을 거역하는
것이요, 그를 욕되게 하는 것이요,
16 인간의 생각이요, 인간의 교리로써 너
희들이 나의 백성들을 우롱하는 사악
한 자들이 이 세상을 지배함을 알라.
17 거기에 더 이상 우롱당하지 말며 더
이상 이용당하지 말도록 그리하라.

10,615 번째 하나님 말씀

2004년 4월 18일 06시 09분

1 사랑하는 나의 아들아!
2 "네, 아버님! 말씀하옵소서."
3 나의 피조물 만백성을 구하는 너와 너
의 제자들 또한 그 모두가 너희들이
왕좌요, 궁궐 같은 곳에, 남보다 나은
삶을 사는 것으로써 너희들이 선택되
었으며, 너희들이 그와 같은 축복 속
에서 세상에 와 나의 뜻을 역사하는
것이 아님을 알라.
4 나의 아들 예수가 세상에 태어났음이
니, 그가 어떠한 형국으로 태어났더냐?
5 가장 가난한 속에서, 가장 가난한 환
경에서 그는 태어났음이니라.
6 그러니 그는 부귀영화요, 그가 누리고
그가 역사하는 것은 너희들이 생각하
는 육의 삶의 세상에 남보다 지지 않
는 그와 같은 삶을 사는 것, 그와 같은
그림이요, 그와 같은 생각은 그 머릿
속에 없었음이니라.
7 다만, 그는 낮은 자요, 남들이 거래하
지 않는 자요, 남들이 쳐다보지 않는
자요, 남들이 친구 해 주지 않는 그와
같은 사람들에게 친구가 되었으며 이
웃이요, 벗이 되었으며, 그와 같은 삶
을 살았음이니라.
8 그러니 너희들이 오늘의 종교 지도자
요, 그리고 내 뜻을 역사한다는 백성,
그들이 과연 그와 같은 길을 가고 그
와 같은 마음을 가지고 사는가 너희들
은 그것을 봐야 될 것이니라.
9 이제 나의 아들을 따르는 제자 너희들
은 지도자요, 그리고 만백성을 깨우치

는 그 역사를 함에 있어서, 너희들이
남들처럼 부와 영화를 누리는 그와 같
은 삶을 살고자 한다면, 너희들은 지
금 이 순간에 나로부터 떠남이 옳을
것이니라.
10 너희들은 그와 같은 것은 관계해서는
안 되며, 그와 같은 것을 너희들이 생
각해서도 또한 안 되느니라.
11 너희들은 2천 년 전에 나의 아들 예수
가 세상에 와서 전하고 살았던 그 삶
을 살며 그와 같은 길을 가지 아니하
면 아니 되느니라.
12 모든 백성이 나의 아들 예수의 보혈의
은혜로써 구원을 받았다 하여 그것은
너희들이 부르짖고 원하면서,
13 어찌하여 나의 아들 예수가 태어난
것, 그리고 살아간 것, 그리고 행한 것
은 바라보지 아니하며 그는 들여다보
려 하지도 아니한단 말이더냐?
14 이것이 오늘의 믿음의 길을 가는 백성
들이니, 거기에 무슨 진리가 있으며
거기에 무슨 깨달음이 있는가?
15 이제 나의 아들을 따르는 제자 너희들
은 만백성을 구하는 그 대업을 맡은
것, 그 명을 받은 것, 그보다 더 위대
하고 소중하고 귀한 것이 없음이니라.
16 그러니 세상에 가장 귀하고 소중한 것
을 너희들의 손에 들고 있음이니,
17 너희들은 육의 삶에 부귀영화요, 남들
에게 지지 않는 삶을 살고자 하는 그
와 같은 생각은 아예 지워야 될 것이
며, 그 생각을 머릿속에 두어서는 아
니 됨이니 그리 알라.

10,616 번째 하나님 말씀

2004년 4월 18일 06시 13분

1 사랑하는 나의 아들아!
2 "네, 아버님! 말씀하옵소서."
3 모든 종교 집단이요, 지도자요, 나 여
호와로부터 선택된 자라하며 구원을
받았다 말하는 너희들이 가련하고 불
쌍하여 내가 나의 뜻을 다시 한 번 전
하며,
4 예수의 삶을 다시 한 번 나의 법전에
기록하여 너희들에게 전함이니,
5 이 대목을 읽고 너희들이 깊이 깨우치
지 아니하면 아니 될 것이니라.
6 나의 아들은 왕이나 왕궁의 그러한 곳
에서 살기를 원하지도 아니하였으며,
그러한 것을 위하여 살지도 아니하였
으며, 기도한 적도 없으며 바란 적이
없느니라.
7 그는 가난한 집에서 태어나 가난하게
살았다 하지 않았더냐?
8 가난한 자, 빈민의 어려운 자들의 눈
물을 알고 있음이며, 어려운 자들의
흘리는 그 고통의 눈물을 그는 알고
그것을 소중히 생각하였으며, 모두 그
들을 위하여 살았으며 모든 기도의 역
사함을 했음이니라.
9 그리고 그는 눈물로써 흘리는 자들과
같이 더불어 그 눈물을 흘리는 그와
같은 세상의 삶을 살았느니라.
10 어려운 자의 슬픔과 고통을 같이했으
며, 세상의 권력과도 재물과도 인연을
가지려 하지 아니하였으며, 그들 앞에
아부하지 아니하였으며,
11 그를 위하여 자신의 뜻을 굽힌 적이

없으며, 그들을 위하여 말을 바꿔 역
사하고 가르치는 그와 같은 짓을 한
것도 없음을 너희들은 알아야 될 것이
니라.
12 나의 아들 예수는 병자와 가난한 자와
남들이 외면하는 그 백성과 친구가 되
고자 했으며, 그들과 더불어 살았다
하지 않더냐?
13 그러니 너희들이 나의 아들 예수의 이
름으로 모두를 역사한다는 자, 오늘의
종교 집단의 지도자, 몇천 년 동안 흘
러오는 지금의 너희들이 과연 어떠한
모습으로 살아왔으며 어떠한 모습으
로 지금 살고 있는가, 너희들은 그를
들여다봐야 될 것이니라.
14 그것으로써 너희들이 진정한 참진리
의 길을 가는 백성인지 아닌지를 구
분하지 아니하면 아니 됨이니라.
15 그러면서 너희들은 나의 이름을 찾으
며, 나의 아들 예수의 보혈로써 죄 사
함을 받았다 그리 말하며 그를 믿고
지금 가고 있음이니, 그것이 잘못되었
다는 것이요,
16 그로 인하여 오늘같이 험악한 세상이
되었다는 나 여호와가 기록하는 그
뜻을 너희들이 그대로 깨닫고 받아들
여 다시 보는 그와 같은 현명함을 얻
지 아니하고는 결코 너희들이 나에게
오를 수 없다는 것을 알아야 될 것이
니라.
17 그러니 그 가난함을 너희들이 거부하
지 아니하였으며, 어려운 자들의 고통
속의 그 눈물을 알고 있었으며, 그들
과 더불어 고통의 눈물을 흘리며 살아
갔으며, 슬픔과 그들의 고통을 같이한
나의 아들이 살아가는 그 모습,
18 그리고 권력자요, 가진 자요, 재물 있
는 자 앞에 가서 강론하고 가르치는
것이 다르지 아니하였으며, 그들 앞에
상대하는 것을 아부하지 않았으며, 그
들과 더불어 하고자 하지 아니하였으
니,
19 그와 같은 나의 아들의 삶을 보고 그
를 행하고 사는 것이 오늘의 지도자
너희들이 가야 할 길이니,
20 과연 너희들이 지금 살아가는 방법이
어떠한 형국으로 흘러가는가, 모든 믿
음의 길을 가는 나의 백성들이요, 그
리고 종교 집단 지도자 너희 스스로
자신을 들여다보도록 그리하라, 사랑
하는 나의 아들아!

10,617 번째 하나님 말씀

2004년 4월 18일 06시 19분

1 사랑하는 나의 아들아!
2 "네, 아버님! 말씀하옵소서."
3 예수는 세상에 나와 가난하고 어렵고
힘든 삶을 살며, 결국은 그는 무엇으
로써 만백성 너희들에게 모두를 바쳤
던가?
4 그는 죽음으로써 만백성 너희들에게
선물을 하면서 너희들에게 바라고 원
하던 것이 무엇인 줄 알겠느냐?
5 성령으로써 거듭나는 그 백성이 되도
록 성령이 임하라 그리 말했으며, 너
희들이 성령에 거듭나는 백성으로 이
땅에 존재하기를 바랐으며,
6 그와 같은 세상을 이루고자 나의 아들
예수는 그리 드높은 십자가에 매달려

고통의 순간을 맞이하였느니라.
7 그러면서 나의 아들은 그 고통의 순간
에 그가 외친 말이 과연 무엇이더냐?
8 그는 마지막까지 '원수를 사랑하라.'
하였음이니, 너희들이 과연 그와 같은
마음이요, 그와 같은 숭고한 자세로써
세상을 살아가는가?
9 너희들이 과연 그러한 숭고하고 아름
다운 나의 아들 예수의 죽음에 버금가
는 그와 같은 삶을 살고 있는가?
10 너희들을 위하여 그 죽음이라는 한계
를 선택한 나의 아들을, 과연 너희들
이 지금의 그와 같은 모습이요, 부끄
러움이 없는 삶을 살 수 있다 말할 수
있는가?
11 과연 너희 자신의 삶을 돌이켜 보며
너희 자신을 들여다보도록 그리 전하
라.
12 그 아픈 생애를 바친 것이 구약과 신
약이요, 나의 새로운 나 여호와가 내
린 계명이요, 그리고 미래에 지금의
제3의 시대가 온다는 그 모두를 입증
하였음을 너희들은 알아야 될 것이니
라.
13 나의 아들 예수의 죽음은 새로운 성경
이 세상에 역사하며 새로운 시대가 역
사한다는 것,
14 그리고 그 구약과 신약이요, 그 십계
명이요, 그리고 새로운 계명이요, 나
의 새로운 성경이요, 그 모두가 새로
운 시대의 그때가 되어 역사하는 때가
올 것이라는 것을, 그를 알려 주며 입
증하기 위하여 나의 아들 예수가 세상
에 왔으며,
15 그와 같은 드높은 뜻으로 죽음의 길을
선택했음을 너희들은 알아야 될 것이
니라.
16 이것이 예언된 것임을 너희들은 알라.
17 그러나 너희들이 성경을 아무리 정독
하고 읽어도, 마음이 열리지 아니하기
때문에 이 뜻을 알 수 없으며,
18 나의 아들이 성령으로 임하는 백성들
이 세상에 존재하게 하기 위하여 그와
같은 너희들의 길을 원했던 것조차 너
희들이 알지 못하고 있음이니라.
19 그저 너희들의 죄를 사해 주기 위하
여, 그저 너희들의 면죄부를 해 주기
위하여 나의 아들이 와 너희들의 죄를
대속하여 죽음을 선택했다는 그와 같
은 것으로써 모든 믿음이요, 너희들이
울고불고 부르짖는 것이 아니더냐?
20 그리하여 나의 백성들을 너희들이 쇠
사슬로 묶어 끌고 가는 것이 오늘의
믿음이니라.
21 이제 너희들에게 남은 과제는, 진짜
성령과 거짓된 지도자의 위장된 성령
을 전하는 자를 구분하는 것이니라.
22 이를 알지 못하며 이를 구분하지 못하
면 너희들이 어떠한 길에 어떠한 것을
치러야 되는지를 머지않아 알 날이 다
가올 것이니, 그때는 이미 너희들이
때가 늦음을 알라.
23 이제 제3의 시대에 법전이 온다는 것
을 입증한 것이 예수의 삶이요, 예수
의 죽음이라 하였으니, 너희들이 나의
법전을 읽고 깨우쳐 그 속에서 답을
얻으라.
24 그 속에 답을 얻지 아니하면 너희들
스스로 변할 수 없으며 너희 스스로
갈 길을 가지 못함이니,

25 너희 스스로 죽음의 길이요, 지옥의
길로 가는 삶을 네가 자초하여 가고
있음을 알라 그리 전하라.

10,618 번째 하나님 말씀

2004년 4월 18일 06시 30분

1 사랑하는 나의 아들아!
2 “네, 아버님! 말씀하옵소서.”
3 이 세상에 성서에 나오는 그 나의 백
성들의 이름을 가지고 제가 거듭났다
그리 말하는 자들이 있으며,
4 심지어 너희들이 말하기를, 예수가 재
림하여 제가 예수라 말하는 자가 있으
며, 모세라 말하는 자가 있으며,
5 또한 너희들이 온갖 이름을 다 붙여
대고 있는 오늘의 이 험악하고 추한
세상이 되었음이니,
6 이것이 바로 욕심에 눈이 어두운 나의
백성 너희들이 지금 하고 있는 짓이
요, 그것이 곧 너희들이 벌이는 사기
극의 행위라 함을 아느냐?
7 내가 너희들에게 전함이니, 너희들은
이를 명심하여 깨닫도록 그리하라.
8 모세는 모세로서의 그 임무가 다 끝났
음이니, 그가 두 번 다시 이 세상에 올
수 있는 자가 아니요, 오지 못함이니
라.
9 노아는 노아로서 그 임무를 다했으며,
더욱이 나의 아들 예수는 예수로서의
그 책무를 다했음이니,
10 제가 예수라 칭하여, 모세라 칭하여,
그와 같은 자로서 거듭났다 감히 말하
는 그 흉악한 자들에게 너희들이 현혹
되어서는 절대 아니 됨을 알아야 될
것이니라.
11 누구라 칭하는 자, 그들이 거짓된 자
들이요, 그들이 다 저 자신이 어떠한
자라는 것을 알면서 저희들이 그와 같
이 제 입으로 꾸며낸 자요, 제 생각으
로써 말하는 자임을 너희들은 알라.
12 그 이름을 갖고 세상에 다시 태어났다
는 자들은 거짓된 자들이요, 그와 같
은 말을 믿지 말라.
13 인간 세상에서도 너희들이 어떠한 기
적이요, 어떠한 역사를 이루는 것, 그
와 같은 것이 너희들이 나의 뜻에 의
하여 내 뜻에 역사하는 것이 아닌 것
도 있다는 것을 구분할 줄 알아야 되
는 것이며,
14 그를 구분하지 못하기에 오늘과 같이
험악한 세상이 만들어졌음을 알아야
될 것이니라.
15 내가 너희들에게 깨우쳐 전했으니, 거
짓 선지자가 세상을 덮는다 했으니,
지금 어떠한 종파요, 어떠한 지도자들
이 세상을 덮고 있는가?
16 그들이 바로 거짓된 자들이 세상을
덮은 그 형국이 되어 있음을 너희들은
알아야 될 것이니라.
17 그리하여 그를 바로잡고자 하는 것이
요, 그를 바로 세우는 역사를 이루고
자 함이니라.
18 내가 너희들에게 약속하였음이니, 나
의 법전이 하얀 눈처럼 세상을 덮으며
만백성이 이를 보고 감사 기도를 드릴
날이 머지않아 있을 것이며,
19 그리고 모든 언어가 하나로 이루어진
다는 무서운 이 역사, 이는 나 여호와
의 뜻이 아니요, 내가 아니면 이룰 수

없음이니라.
20 사탄이요, 마귀요, 거짓된 자들이 그 역사를 이룰 수 없음이니, 오늘의 종교 집단 그들이 무엇이더냐?
21 저희들의 손으로 두꺼비집을 지어 놓고 그 안에서 저희들이 하늘에 오르는 길이요, 만백성이 거기에 와야만 구원을 받는다 그리 말하나,
22 지금 나의 피조물 만백성 너희들을 위하여 나의 아들이요, 그 제자들이 가는 길이 무엇이더냐?
23 언어요, 습관을 하나로 만들고자 하며, 성서를 하나로 만들고자 하며,
24 그리고 너희들이 정녕 너희 자신을 위하여 기도하는 것이 아니요, 남을 위한 기도를 하며, 자기를 위한 삶이 아니요, 남을 위하는 삶이요,
25 예수의 가난하고 힘들었던 그 삶이요, 그 가난한 자의 눈물의 고통을 그가 알았듯이, 너희들이 그를 알며 그를 깨우쳐 가고자 하는 것이니,
26 과연 너희들이 나의 뜻대로 성서대로 살아가는 백성인가 그것을 구분한다면, 만백성은 오늘의 나의 아들을 따르는 제자들이요, 그들이 읽고 깨우치고 공부하고 가는 방법을 들여다본다면 모두를 알 수 있거늘,
27 그 욕심 때문에, 그리고 저희들이 편안하게 가고자 하는 그 길 때문에 이와 같이 험악한 세상에 험악한 모습으로 살아감이니,
28 이를 바라보도록 하며 네 모습을 보도록 하라.
29 인간의 모형을 가졌으나, 속마음이요, 속의 모양이요, 내가 보는 모습은 가장 흉하게 일그러졌으며 찌그러졌으며 무너져 있는 것이 오늘의 너희들의 추한 모습이라 함을 잊지 말라.

10,619 번째 하나님 말씀

2004년 4월 18일 06시 33분

1 사랑하는 나의 아들아!
2 "네, 아버님! 말씀하옵소서."
3 나의 백성 너희들이 세상사의 유혹과 세상 속에 살면서 그 시련과 고통이 닥쳐오니, 그때마다 너희들이 견디지 못하며 그를 이기고 가지 못하는 것이 나의 백성 너희들의 나약한 그 마음이니라.
4 그러나 너희들은 그와 같은 것에 견디고 이기지 아니하면 아니 되는 것이 또한 너희들의 운명이라는 것을 잊지 말라, 사랑하는 나의 아들딸들아!
5 그러나 참진리요, 나로부터 직접 선택되어 나의 뜻을 역사하는 선택된 백성 너희들은 아무리 인간의 유혹이요, 시련에 견딜 수 있는 힘이 없으며 능력이 없으며, 그와 같은 데 흔들리고 넘어진다 해도 너희들은 그리되어서는 절대 아니 되느니라.
6 어떠한 유혹이나 시련이 있다 해도 너희들은 나의 법전을 너희 손에서 놓아서는 아니 되며,
7 그리고 나의 법전을 등 돌리고 나의 법전을 버리고 떠나는 그와 같은 어리석은 백성이 되어서는 절대 아니 됨을 명심하고 또 명심하라.
8 너희들이 하늘에 오르는 길이요, 구원의 길이 이 길 외에는 어떠한 길도 없

으며, 내가 마지막 시대에 마지막 심
판의 새로운 성경을 내리며 모든 답이
이 속에 있다 하였음이니,
9 지상의 뜻과 하늘의 뜻을 알 수 있는
모든 답이 여기에 있다 하였음이니,
10 이 길이 아니고는 너희들이 나에게 오
르는 길에 올 수 없음을 알라.
11 그러니 너희들이 무조건적인 사랑으
로써 세상을 아름답게 살라 그리하였
듯이, 그리고 너희들이 변화되는 사랑
을 해서는 아니 된다 말했듯이,
12 너희들이 오늘의 나의 법전에 모두를
바치며 이를 정독하여 스스로 깨우치
고 깨우치는 속에서 너희들이 변화되
는 삶을 얻지 아니하면 아무것도 이룰
수 없으니, 어떠한 것도 생각해서는
아니 되며,
13 어떠한 유혹이요, 시련의 고통이 있다
해서 흔들리고 변화되는 너희들이 되
어서는 절대 아니 됨이니라.
14 그것이 너희들이 넘어야 될 각자의 훈
련이니라.
15 각자의 훈련의 강도가 강하고 약함이
니라.
16 강하게 받아 깨달을 자, 조금의 약함
으로써 깨달을 자, 모든 백성들이 나
의 법전이요, 새로운 성경을 읽고 깨
달아 오는 길이 각자가 그 강도가 다
름이니라.
17 그러니 남은 강하고 너희는 약하고,
너희가 강하고 남이 약한 것, 이와 같
은 것에 시선을 돌리지 말며,
18 그를 가지고 너희들이 남을 보고 너
희를 평가하지 말며, 너희를 보고 남
을 평가하며 비교하는 삶을 살지 말라.
19 각자가 가는 길이 다 다르며 각자가
가는 그 역사가 다름이니라.

10,620 번째 하나님 말씀

2004년 4월 18일 06시 38분

1 사랑하는 나의 아들아!
2 "네, 아버님! 말씀하옵소서."
3 너를 따르는 '조현숙'이라는 그 제자
가 흘리는 눈물을 너는 보았을 것이
며, 그 눈물을 보고 네가 가슴 아파함
을 내가 알고 있느니라.
4 그가 겉으로는 눈물을 보이지 아니하
되 그가 마음으로 우는 눈물을 너는
보았을 것이며, 그리고 네 마음이 아
파함을 나 또한 알고 있느니라.
5 그러나 네가 그 가슴에 흐르는 그의
눈물을 보며 소리 없이 흐르는 눈물을
보며 가슴 아파하듯이, 나 여호와의
가슴이 더 아픔이니라.
6 네가 열 개라는 그 중량의 무게를 가
지고 가슴 아파한다면 나는 천 개 만
개의 그 가슴 아픔이 있으며,
7 내가 너를 위로해 줄 수 있으며 너를
달래 줄 수 있으며 그를 달래 줄 수 있
는 것은, 그가 소리 없이 속으로 우는
가슴에 흐르는 눈물, 보이지 않는 눈
물을 내가 너에게 보여 줌이니라.
8 너희들이 꽃이 웃는 소리가 들리지 아
니하듯이, 날짐승이요, 새가 우는 눈
물이 보이지 아니하듯이,
9 보이지 아니하며 들을 수 없는 그와
같은 아픔 속에서 그가 말없이 흘리는
눈물을 너에게 보여 준 것이니라.
10 그러나 그도 가야 할 길이 있으며 그

가 역사할 길이 있기 때문이니라.
11 그가 치르고 가야 할 길을 가지 아니
하고 무엇을 받는다면, 그는 치러야
할 것이 남아 있으니, 그는 죽어 나에
게 와 심판을 받을 때 그 대가를 치름
이니라.
12 그러니 내가 소리 없이 우는 그의 눈
물을 보여 준 그 이유는, 그가 그와 같
은 길을 가더라도, 그 눈물을 흘린다
해도, 오늘에 견디고 넘어야 할 길이
며 그가 가야 할 길이 있기에 내가 너
에게 보여 준 것이며 그리 가도록 해
야 될 것이니라.
13 그 소리 없이 흐르는 눈물 앞에 네 가
슴이 찢어지는 것 같으며 그 가슴 아
픈 것을 네가 알고 있으나, 나 여호와
의 가슴은 더욱 아프며 찢어짐을 너는
알라.
14 모든 너의 제자들이 그와 같으니라.
15 소리 없이 눈물을 흘리고 각자가 울고
있다 해도 말없이 우는 그들이 그 대
가를 치러야 될 것이며, 그 고개를 넘
어야 될 것이며, 그 길을 가지 아니하
면 아니 되기 때문이니,
16 이는 어쩔 수 없느니라, 사랑하는 나
의 아들아!
17 인내하고 견디고 가는 길밖에 없음이
니라.
18 그리고 그가 치러야 할 모두를 다 치
렀을 때, 그는 하늘에 가서 치를 죄가
없으며 하늘에 가서 갚을 죄가 없으며,
19 하늘에 가 심판대에 서서 그가 아직도
갚지 못한 것 때문에 나에게 오지 못
하며 지옥으로 가는 그와 같은 것이
있지 아니할 것이며, 나에게 오르는
길이 있을 것이니,
20 오늘에 소리 없이 제가 가슴으로 우는
그 눈물은 그가 겪어야 되며 그가 치
러야 되며 그가 모두를 역사해야 되는
그 눈물이라는 것을 알며,
21 너의 제자들도 또한 모두가 아픈 눈물
을 흘리고 있어도 그들이 다 그를 넘
어야 되고 치러야 된다는 것을 알라.
22 그를 치르지 아니하면 너희들이 나에
게 와 그 누구도 도와줄 수 없으며 1
초도 돌이킬 수 없는 너희들이 시간을
얻을 수 없는 그 심판대에 섰을 때 그
모두를 치르는 것이니,
23 오늘의 슬픔이요, 오늘의 마음으로 우
는 그 눈물의 아픔을 거두라 그리하라.
24 너의 제자들이 가슴 아파 우는 그 눈
물을 나의 아들은 알고 있으며 너희들
은 모르나 나의 아들은 알고 있음이
니, 나의 아들 또한 가슴이 그리 아픔
이니라.
25 모든 제자 너희들은 깨우치도록 그리
하라.
26 세상사의 모두를 놓으며, 나 여호와가
존재하며 내가 너희들을 기억하는 그
은혜와 영광으로써 무엇과도 바꿀 수
없으며,
27 나의 법전을 접한 것으로써 세상의 모
두를 다 던져도 하나의 부족함이 없는
축복과 은혜의 영광을 받은 백성이라
는 것을 깨우치라.
28 너희들이 울면 나의 아들이 또한 우느
니 그리 알라, 사랑하는 나의 아들을
따르는 제자들아!

10,621 번째 하나님 말씀

2004년 4월 18일 06시 41분

1 사랑하는 나의 아들아!
2 "네, 아버님! 말씀하옵소서."
3 너희들이 수레에 무거운 짐을 싣고 고
개를 넘으니, 힘들고 어려워 발자국을
뗄 수 없는 그와 같은 난관이 있다 해
도 너희들은 그를 넘어야 되며 거기서
물러날 수 없으니, 도로 내려간다면
그 정상을 넘을 수는 없지 않으냐?
4 너희들이 말하듯이, 젖먹던 힘을 다하
여 이루라 하듯이, 모두를 다 바쳐 너
희들이 끌고 있는 그 무거운 수레로
정상을 넘어야 될 것이니라.
5 이제는 너희들이 막바지의 고개에 와
있음이니라.
6 이제 몇 발짝만 더 올라가면 되는 것
이니,
7 나의 아들을 따르는 제자 너희들이 지
금 정상에 거의 다 왔음이니, 마지막
힘을 내라 그리하라.
8 마지막 온갖 정성을 다하라.
9 너희들 말대로 젖먹던 힘을 다하여 넘
으라 하라.
10 그러면 너희들이 모두를 알게 될 것이
며,
11 정상에 서서 너희들이 내려다보면 오
늘의 너희들의 삶이요, 네가 살아온
발자취요, 그 모두를 볼 수 있으니,
12 잘되고 잘못된 것, 추하고 더럽고 깨
끗한 것, 그 모두를 구분할 수 있는 지
혜를 얻음이니, 그게 하늘의 지혜를
얻는 것이니라.
13 그때부터 너희들은 실수하지 아니하
며, 죄를 짓지 아니할 것이며, 무너지
지 아니할 것이며,
14 지금까지 살아왔던 죄로 더덕더덕 한
너희들이 추한 삶을 살지 않을 것이
니, 그 정상에 올라야만 되느니라.
15 정상에 오르지 아니하면 아니 되느니
라.
16 너희들이 지금까지 지고 살아온 그 모
든 죄의 무게가 그리 무거우니, 그것
은 네 죄요, 네 탓이니, 누구도 그를
밀어주고 끌어 줄 사람이 없음이니라.
17 너희들이 모두를 다하여, 젖 먹던 힘
을 다하여 그 정상에 오르라.
18 몇 발짝 남지 않았으니, 그 정상에 올
랐을 때 그 영광이라는 것은 영원히
어떤 것과도 바꿀 수 없는 그와 같은
길이니,
19 이제 나의 아들을 따르는 너희 제자들
이 모두가 정상에 임박해 있음을 알
라, 사랑하는 나의 아들딸들아!

10,622 번째 하나님 말씀

2004년 4월 18일 11시 56분

1 사랑하는 나의 아들아!
2 "네, 아버님! 말씀하옵소서."
3 모세는 모세로서 이 세상에 와 그가
그 책임의 직무를 다하였으며, 그리하
여 그는 그 책임을 다하였기에 그가
다시 이 세상에 내려올 일이 없으며
그가 올 수가 없음이니라.
4 그러나 이 세상에 피조물 나의 백성들
이 무어라 말하느냐?
5 제가 모세요, 모세로서 역사했다 하
며, 모세의 영혼이 저에게 와 제가 이

세상에 재림한 자라 그와 같이 말하는
자들, 그와 같은 백성들에게 너희들이
현혹되지 말도록 그리하라.
6 나의 아들 예수도 또한 그 책임을 다
했으며 그 직분을 다하고 지금 나에
게 와 있음이니,
7 책임을 다한 자, 또다시 세상에 내려
가 두 번 다시 그와 같은 역사를 함이
없으며 그것으로써 모두가 다 끝났음
이니라.
8 그러니 나의 아들 예수의 이름을 팔아
제가 재림 예수요, 또 예수가 세상에
내려왔다 하는 자, 그리고 그 영혼이
제 몸에 들어가 제가 그 모든 대명을
받았다 하는 자, 그들의 말에 절대 현
혹되지 말라.
9 나는 책임을 마치고 온 자를 두 번 다
시 내려보내지 아니하며, 하늘의 법도
가 그와 같이 이루어지지 아니함이니
라.
10 나의 아들 예수가 아니라, 지금 나의
아들이 세상에 와 살다 나에게 와 심
판을 받았을 때, 나의 아들에게 두 번
의 기회가 없으며, 그 기회를 주지 아
니하는 것이 나 여호와의 뜻임을 너희
들은 알라.
11 누구도 두 번의 기회를 주지 아니함이
니라.
12 너희들은 알아야 될 것이니라.
13 모든 육을 가진 자는 신이 아니요, 육
을 가진 자는 내가 아니라 하였음이니
라.
14 그러니 내가 너희들에게 누구는 두 번
의 기회를 주며 세 번의 기회를 준다
면, 내가 공의의 하나님이요, 역사하
는 하나님이라 하겠느냐?
15 지금 나의 아들이 제 악습을 버리며
저 자신을 다스려 나가기 위해 피나는
노력을 함이니,
16 제가 그를 다 다스리지 못하며 내 뜻
을 다하지 못하고 나에게 와 심판을
받아 내가 다시 나의 아들을 세상에
내려보낸다면, 그는 얼마나 특혜를 받
은 자요, 얼마나 은혜를 받은 자던가?
17 그러니 두 번 다시 절대 그와 같은 일
은 하지 아니할 것이니,
18 이것은 공의의 하나님이요, 하늘의 법
도에 맞지 아니하며, 이는 천사와 사
탄도 굴복하지 아니하며 승복하지 않
는 것이니라.
19 공의의 하나님이요, 하늘의 뜻이라는
것은 너희들이 하나의 부끄러움이 없
으며, 모두가 다 승복하며,
20 거기에는 이유가 없는 그와 같은 통제
요, 그와 같은 다스림이 있기에 공의
의 하나님이요, 하늘의 뜻이요, 참진
리라 함을 너희들은 알아야 될 것이니
라.
21 이와 같은 간단한 이치 하나도 너희들
이 깨닫지 못하며, 제가 모세요, 제가
누구라 하여 성경에 이름이 나온 자의
그 이름을 팔아 제가 세상에 왔다는
자, 그와 같은 자들에게 너희들이 더
이상 현혹되지 말라.
22 지금의 믿음의 길을 가는 백성 그들이
지금 세상을 혼탁하게 한 것도 더 이
상 말할 수 없음이니,
23 이제 내가 너희들에게 이와 같은 뜻을
전하는 것은 무엇인 줄 알겠느냐?
24 나의 법전이 세상에 나오게 되면 그들

이 다 제자리가 없으며 설 자리가 없
어지니, 그들이 다 하나로 뭉치게 되
어 있음이니라.
25 누구의 이름으로 세상에 나왔다 하는
자도 나의 법전 앞에는 제가 대적할
수 없음이니,
26 지금의 모든 종교 집단들이 이단이요,
사탄이라는 자들이 하나가 되어 이 세
상을 태우는 그와 같은 화마로서 변하
고자 하는 그 형국을 이룰 것이니,
27 이 세상이 불바다가 되기 전에 내가
그들을 다스리기 위하여, 그들이 하나
가 되지 아니하였을 때 내가 지금 모
두를 내려보냄이니라.
28 다만, 너희들이 바로 서고 바로 알기
에 내가 하늘의 뜻을 전함이니,
29 제가 누구요, 예수요, 모세가 재림했
다는 그와 같은 말을 하는 자, 그 말에
절대 현혹되지 말라.
30 사탄이요, 마귀도 순간적인 기적을 하
며 역사를 이룬다는 것을 너희들이 죽
어 나에게 왔을 때 알 것이니라.
31 내가 그를 너희들에게 전하면 너희들
에게 혼돈이 올까 봐 말하지 아니하나,
32 그들도 그와 같은 작은 기적이요, 순
간적인 역사를 이루는 것임을 너희들
은 가슴 깊이 새기며, 오늘의 길을 가
도록 그리하라, 사랑하는 나의 아들딸
들아!
33 이제 그들이 하나가 되기 전에 내가
분산시키며, 하나가 되기 전에 나의
성령을 세상에 내려보내 모두를 다스
리고 역사한다는 그 깊은 의미를 알도
록 그리하라.
34 그러니 제가 누구요, 누가 재림했다는
그와 같은 말을 믿지 말라.
35 누구도 육을 가진 자는 신이 아니니,
내가 두 번 기회를 주지 아니함이니,
36 그렇지 않다면 공의의 하나님이 아니
라는 뜻임을 너희들은 오늘 깨달았을
것이니라.

10,623 번째 하나님 말씀

2004년 4월 18일 20시 13분

1 사랑하는 나의 아들아!
2 "네, 아버님! 말씀하옵소서."
3 너희들이 구약을 공부하며 신약을 공
부하며, 지금 제3의 시대에 나의 새로
운 성경을 공부함이니, 너희들은 깨달
아야 될 것이니라.
4 모세의 역사함이요, 노아의 방주요,
아브라함의 그 믿음의 충성이요, 그
구약에 이루어졌던 모든 것,
5 예언이요, 또 제사장들이 역사했던 기
적의 그 모든 것은 이미 흘러가고 지
나간 것임을 너희들은 알아야 될 것이
니라.
6 예수의 시대요, 신약 시대에 예수가
이루었던 그 많은 기적이요, 정신병자
를 고치며 귀신을 쫓아내며 앉은뱅이
를 고치며 죽은 자를 살리는 그와 같
은 것,
7 그리고 예수가 나의 뜻을 따라 성령이
임한 백성으로 역사하고자 하는 것,
그 모두가 다 너희들이 지나가고 흘러
간 그와 같은 흐름임을 알아야 될 것
이니라.
8 그러니 지금의 시대는 제3의 시대요,
새로운 나의 성령이 지금 세상에 내려

감이니, 너희들은 오늘의 그 귀하고
소중함을 알아야 될 것이니라.
9 너희들이 지나간 그 역사의 기적과 그
와 같은 이적에 지금도 헤어나지 못하
며, 그를 상상하며 그와 같은 시대가
올 것을 바라며,
10 신약 시대에 예수가 세상에 이루었던
기적과 역사의 그 모두를 나의 아들
예수가 다시 와 이룬다 그런 생각하지
말라.
11 이는 내가 말하듯이 너희들이 계주처
럼 출발 시대의 그 구약 시대에 모세
는 그것으로써 그 직분을 다했으며,
예수의 신약 시대는 신약의 중간 주자
로서 그 임무를 다했음이니라.
12 내가 오늘 나의 아들을 통하여 너희들
에게 이 뜻을 전하는 것이 무엇인 줄
알겠느냐?
13 이제 마지막 주자로서 너희들이 가는
길이 얼마나 소중하고 귀한 것이며,
14 나의 새로운 성경이 얼마나 귀하고 소
중한 것인가를 너희들에게 깨우쳐 주
고자 함이며,
15 너희들이 지난 과거에 대하여 연연하
지 말며 그를 돌아다보지 말며, 그 위
대하고 방대한 것에 너희들이 지금도
꿈에서 깨어나지 못하는 그와 같은 백
성이 되지 말며,
16 나의 아들을 통하여 내리는 160권의
법전을 지키고 행하여 너희들이 거듭
나는 역사함을 가는 것이 얼마나 귀하
고 소중한가를 내가 너희들에게 심어
주고 깨우쳐 주기 위해서 오늘 나의
아들을 통하여 전함을 알라.
17 이제 너희들이 달리기를 할 때, 마지
막 주자가 어찌 달리느냐에 따라서 그
모두가 달렸듯이, 너희들이 출발 주자
요, 중간 주자의 그것은 관계가 없음
이니라.
18 오로지 마지막 주자가 최선을 다하여
그 우승이라는 영광을 차지할 수 있도
록, 지금 마지막 선택된 너희들이 나
의 새로 내리는 성경에 따라 온 힘을
다 바쳐 이것을 지키고 이대로 역사하
는 것이 지금 가장 큰 과제며, 가장 중
요한 것이며, 가장 위대한 역사이기에,
19 내가 그와 같은 의미를 너희들에게 깨
우쳐 주기 위해서 역사함이니라.
20 마지막 시대에 나 여호와가 직접 관여
하며 직접 참여하여 모두를 이끌어 간
다 하였음이니, 마지막이라는 그 무서
운 단어를 잊지 말라.
21 그러니 마지막이라는 시대에 선택된
너희들이 마지막에 모든 힘을 다해야
할 것이니, 힘을 다하는 것이 아니요,
너희들이 최선을 다해야 되니,
22 오늘의 너희들이 그 막중한 책무가 얼
마나 귀하고 소중하고 위대한 것인가
를 알라 함이니라.
23 먼저 달려온 그 첫 주자요, 그리고 중
간 주자가 달려오고 그들이 좋은 기록
을 가지고 너희들에게 배턴을 넘겨줘
너희들이 우승의 영광을 갖는 것, 그
공은 공대로 그대로 남아 있으나,
24 마지막 주자가 넘어지며 쓰러지며 제
가 딴생각을 하여 우승을 하지 못한다
면, 그 앞에 온 자들의 그 공로까지도
다 묻히며 모두가 물거품이 되는 것
이 아니더냐?
25 너희들은 어찌하여 하나를 가르치면

둘이요, 성령이요, 하늘의 뜻을 알지
못하며,
26 구약과 신약이요, 그와 같은 지나간
것이라 하여 그를 덮어 두는 것은 뼈
대가 아니요, 전통이요, 또 그에 시시
비비를 할 것이니라.
27 그러나 너희들이 내가 계주로서 설명
하는 건 무엇이더냐?
28 마지막 주자가 1등을 할 수 있고 명예
를 차지할 수 있으며 영광을 차지하는
것도 출발 주자가 잘 뛰었으며 중간
주자가 최선을 다하여 달려왔기 때문
이 아니더냐?
29 그러니 그와 같은 의미를 알고 너희들
이 마지막 주자로서 최선을 다하며,
30 그들보다도 너희들의 책임이 무거우
며 너희들이 더 중요하며, 모두는 너
희들의 어깨에 달렸다는 것을 내가 너
희들에게 인식시켜 주고자 함이니,
31 마지막 주자의 직무를 다하며 책임을
다하도록 하며, 너희들만이 이제 모두
를 역사할 수 있음을 알라.
32 아무리 중간 주자가 열심히 뛰어왔으
며 무엇을 한다 해도 예수가 지금 나
와서 너희들을 밀어줄 수 없으며 앞
에서 끌어 줄 수 없으며 대신 뛰어 줄
수가 없느니라.
33 모세가 그 직분을 다하였으니, 지금
모세가 아무리 몸이 달아 너희들을
보기 안타깝다 해도 다시 와서 그가
역사할 수 없으며, 대신 마지막 주자
로 역사할 수 없으니,
34 예수도 올 수 없으며 모세도 올 수 없
으며, 지나간 그들은 아무도 여기에
와서 너희들의 직분을 다할 수 없음이
니라.
35 오늘의 직분은 너희들이 필요하며 오
늘의 책임은 너희들이 져야 된다는 것,
36 누구도 대신할 수 없으며 대신 와서
역사할 수 없으며, 오로지 너희들 손
으로써 모두를 다 이루고 그 결과에
따라서 모두가 역사한다는 것을 절대
잊지 말라.
37 오로지 너희들 손으로써 이루어짐을
알라, 사랑하는 나의 아들딸들아!

10,624 번째 하나님 말씀

2004년 4월 19일 06시 16분

1 사랑하는 나의 아들아!
2 '나의 법전을 가슴에 안고 정독하는
자, 반석 위에 서서 하늘에 오르는 찬
란한 빛을 본다.' 하였음이니, 이는 이
를 읽지 않는 자는 그와 같은 영광을
얻을 수 없으며 이룰 수 없다 함이니
라.
3 내가 너에게 무어라 가르쳤느냐?
4 너희들이 다른 신이요, 다른 우상을
두는 것은 너희들 마음속에 나 여호와
보다 더 깊이 사랑하며, 나를 경배하
는 것보다 더 애정을 가지고 있는 그
것이 너희들이 곧 다른 신이요, 다른
마음을 두는 것이라 내가 그리하지 아
니하였더냐?
5 너희들이 인간 세상의 삶이요, 너희들
이 인간의 삶의 정상적인 것이 아니
요, 너희들이 그저 해도 되는 것, 하지
아니해도 되는 것, 이와 같은 행동들
을 하면서, 나의 아들을 통하여 듣는
강론이요, 그리고 나의 법전 읽기를

게을리한다면,
6 그 자체가 너희들이 바로 다른 신을
두는 것이요, 너희들이 두마음을 가진
자라는 것을 알아야 될 것이니라.
7 그러면서 너희들은 다른 신을 두는
것, 두마음을 가진 것을 모름이니라.
8 너희들이 정상적인 생활을 하는 것이
아니요, 너희들이 해도 그만, 안 해도
그만인 그와 같은 오락이요, 너희들
인간이 즐길 수 있는 것을 위해서, 나
의 강론을 듣고 나의 법전을 읽기를
게을리한다면,
9 이는 바로 너희들이 두마음을 가지고
사는 백성들이니라.
10 더욱이 만백성을 구하기 위하여 나로
부터 기도하며 나로부터 성령을 받아
책으로 근거하는 이 역사를 하는 네
가, 인간 세상에 꼭 필요한 일이요, 네
가 항상 하는 그와 같은 삶의 것이 아
니요,
11 해도 그만 안 해도 그만인 즐거운 인
간의 향락을 위해 무엇을 한다면,
12 더욱이 그로 인하여 나로부터 기도를
받으며 경배하기를 게을리하며 내가
내리는 성령을 받는 것을 네가 게을리
한다면, 그게 무엇이더냐?
13 네가 다른 신을 두는 것이요, 두마음
을 가진 것이요, 너 자신이 흔들림이
니,
14 이를 구분하지 못하는 네가 되어서는
아니 됨이니라.
15 사랑하는 나의 아들아!
16 이제 모두는 다 접어 두라 내가 하지
않았더냐?
17 이제 묵상이요, 기도요, 경배하는 것
으로써, 법전을 만드는 데 네가 모든
마음을 다 가져야 할 것이며,
18 다른 곳에 네가 마음을 쓰며 다른 곳
에 취미를 가지며 다른 일을 하는 것
을 즐겨 한다면, 이것은 네가 얼마나
잘못된 것인가를 알겠느냐?
19 네가 다른 신이요, 두마음을 두면서
너의 제자들이요, 나의 법전을 읽고
깨우치는 만백성들에게 두마음을 갖
지 말라 하면 아니 됨이니,
20 네 생활이요, 너 자신을 한번 돌이켜
보고 들여다보도록 그리하라, 사랑하
는 나의 아들아!
21 이제 내가 무엇을 의미하는 것이며 너
에게 무엇을 말하는 것인가를 네가 알
것이니, 그리 행하도록 하며, 너의 제
자들도 그러하니라.
22 그러니 너희들이 불필요한 행동이요,
불필요한 행동의 향락을 느끼고 즐거
움을 느껴, 너희들이 법전을 읽는 데
게을리하며 강론을 듣는데 게을리한
다면,
23 너희들이 다른 신을 가진 자요, 두마
음을 가진 자라는 것을 명심하도록 그
리 전하라.

10,625 번째 하나님 말씀

2004년 4월 19일 06시 26분

1 사랑하는 나의 아들아!
2 "네, 아버님! 말씀하옵소서."
3 너희들이 행함의 역사함이 없이 그저
믿기만 하면, 너희들의 손으로 지은
그 교회에 나가기만 하면, 성당이라는
곳에 나가며 회당에 나가기만 하면,

너희들은 당연히 구원을 받는다, 그리
고 받을 수 있으며 받았다는 것,
4 그 착각 속에서 지금 헤어나지 못하고
가는 것이 너희들이 하늘에 오르는 길
이요, 오늘의 믿음이요, 신앙의 길이
라 내가 너희들에게 전하였음이니라.
5 그러니 너희들이 이와 같은 착각 속에
서 깨어나지 아니하며, 그리고 너희들
이 바로 너희 자신을 들여다보지 아니
하면, 아무것도 이룰 수가 없다는 것
을 알라.
6 그러니 너희들이 오늘의 가는 믿음이
나와 관계없는 길을 가고 있다 하면,
너희들이 얼마나 잘못된 것인가를 한
번은 생각해 봐야 될 것이니라.
7 그와 같이 가르치고 전하는 자 그 말
을 너희들이 어찌 듣고 어찌 새겨야
될 것인가, 이를 생각하지 아니하면
아니 됨을 너희들은 알라.
8 지금 내가 나의 아들에게 무어라 말하
였느냐?
9 그는 모든 동식물과 대화를 하며 무생
물과도 대화를 한다 하지 않았더냐?
10 그것이 바로 너희들의 깨달음이요, 경
지에 올라가는 백성들의 그것이거늘,
어찌하여 너희들이 이를 모른단 말이
더냐?
11 내가 너희들에게 그리 말하여 가르쳤
느니라.
12 나의 아들을 따르는 제자 너희들은 모
두를 다 하늘의 법도에 살며, 인간의
법도에 사는 것이 아니라 내가 그리
말하였으니,
13 하늘의 법도에 사는 것은 무엇인 줄
알겠느냐?
14 너희들은 하늘에 이루어지는 그 모든
역사의 은혜를 알 수 있는 것이라 하
였음이니라.
15 그러니 너희들이 누구를 구원하기에
소원하는 것, 너희들이 바라는 것, 그
모두는 나 여호와가 들을 수 있다는
것을 어찌 모르느냐?
16 그러니 그것이 너희들이 나로부터 받
은 은혜이니라.
17 너희들이 지금 거듭나기 위해서 지금
의 악습을 하나하나 버리고 사는 것은
그 버리지 못하는 백성들이 지상의 삶
이라면,
18 너희들은 지상의 삶을 벗어나 하늘의
법도에 적용된다 했듯이, 하늘의 법도
에 의해서 너희들이 지금 살고 있다는
걸 알아야 될 것이니라.
19 그러니 이는 천사요, 내가 존재하는
세상에 너희들이 이미 한 발짝을 들여
놓고 있으며 거기에 와 있는 자들이니,
20 그리하여 너희들이 바라는 것, 소원하
는 것은, 내가 사랑하는 아들딸이요,
너희들이 간절히 바라기에 그를 들어
주며 이루어진다 하지 않았느냐?
21 다만, 소원하는 너희들이 모를 것이
요, 그리고 너희들이 남을 위하여 바
라고 원하는 것은 이루어지니,
22 그 당사자는 그 모두를 알고 은혜를
받으며 너희들의 공으로 인하여 모두
가 역사하는 것을 안다 하였음이니,
23 너희들이 바로 하늘의 법도에 의해 사
는 백성이라 명을 받은 그것이 바로
너희들이 인간 세상의 삶을 벗어나 하
늘의 법도요, 하늘의 세상 속에 들어
왔으니, 너희들이 생각하고 바라는 것

은 내가 들을 수 있다 하였음이니,
24 그것이 너희들이 위대한 백성이요, 나
로부터 받을 수 있는 은혜요, 그 누구
도 누릴 수 없는 은혜를 받은 것이 너
희들이라 내가 그리 말하지 아니하였
더냐?
25 그러니 너희들이 그와 같은 길을 가야
되는 것이거늘,
26 너희들이 변하는 고통 속에서 그 거듭
나는 역사를 하지 아니하고, 그저 교
회에 가기만 하면, 나가기만 하면 구
원을 받는다는 그 착각이요, 잘못된
그 이치를 깨달아야 될 것이니라.
27 내가 성경에 기록하여 나의 아들 예수
가 그리 말하지 않았느냐?
28 나에게 오는 자, 너희 형제와 부모를
다 구할 수 있다 하였음이니,
29 지금 인간 세상의 삶에서 한 차원 높
은 너희들이 하늘나라에 와 삶이니,
그리하여 너희들이 하늘의 법도에 적
용된다 했음이니라.
30 그게 바로 무엇이더냐?
31 하늘나라에 올 수 있는 자, 하늘나라
의 세상에서 사는 백성이 된다면, 네
부모요, 네 형제 모두를 너로 하여금
구원을 할 수 있으며 구원을 받을 수
있는 은혜가 있음이니,
32 너희들이 애절하게 바라며 간곡히 바
라는 그 마음을 너희들은 모르나, 내
가 너희들의 뜻을 따라 그를 구원할
수 있는 것이요, 구원해 줄 수 있는 것
이라 하는 것, 이것이 너희들이 하늘
과 땅의 차이인 백성이라는 것을 알라.
33 그러니 너희들이 어찌 살아가며 어찌
행동하며 어찌 가야 될 것인가를 깨우
쳐 가도록 그리하라, 사랑하는 나의
아들딸들아!
34 너희들이 손으로 지은 그 교회를 죄
의 온상이라 하며 내가 잘못된 것이
라 하는 것이 무엇인 줄 아느냐?
35 그곳에 와서 구원을 받았다, 구원을
받는 자격을 받았다 울고불고하는 그
백성들,
36 인간의 본연의 자세에서 벗어나지 못
했으며, 너희들같이 하늘나라에 하늘
의 법도에 적용되지 못하는 백성들이
기 때문에, 그는 구원을 받을 수 없으
며 나를 볼 수 없다 함이니라.
37 진정한 참진리의 길을 너희가 구원을
받을 때까지 노력하고 또 노력하는 자
만이 구원을 받을 수 있을 것이며,
38 너희들이 악습을 버리기 위하여 또 노
력하고 노력하는 자, 그 어느 날 지금
나의 아들을 따르는 제자들처럼 너희
들이 하늘의 법도에 적용되는 백성이
될 것이니라.
39 그리고 하늘에 따라 적용되는 그 백성
은 무엇이더냐?
40 나 여호와가 직접 너희들에게 세례를
내려 너희들이 그리 나에게 온 것을
인정함이니,
41 내가 너희들에게 내리는 세례의 의미
가 무엇인 줄 알겠느냐?
42 그러니 너희들이 생각하는 것, 바라는
것, 그 모두를 너희들이 바르고 곧은
정의로움에서 생각해야 될 것이며, 그
리 살아가지 아니하면 아니 됨이니라.
43 너희들이 애절히 바라는 것, 인간 세
상이 아니요, 남을 구원하고 구원 못
하는 그 큰 은혜까지도 내가 너희들에

게 주었음을 알라.
44 다만, 너희들이 모르며, 바로 서고 바
로 가는 나의 아들을 따르는 제자 너
희들이 누군가를 구원하고 구제하고
자 하는 마음이 있으면,
45 내가 너희들의 그 마음을 아니, 그 구
원받은 자는 네가 바르고 너의 제자들
이 곧게 섰기 때문에 자기가 은혜를
받는다는 것을 알게 됨이니,
46 그러나 당사자인 너희들만 모른다는
그 의미를 깨우치라.
47 이것이 하늘의 법도요, 나 여호와가
역사하는 것이니라.

10,626 번째 하나님 말씀

2004년 4월 19일 06시 29분

1 사랑하는 나의 아들아!
2 "네, 아버님! 말씀하옵소서."
3 나의 피조물 만백성 너희들이 아무리
성경공부를 하고 또 성경에 대하여 연
구하여 너희들이 말하는 박사라 하여
도,
4 너희들은 지금 진정한 믿음이요, 진실
한 믿음이 없기 때문에 구원을 받지
못하며 내 뜻에 의해 역사하지 않는
백성이라면 너희들은 알겠느냐?
5 너희들이 하늘의 지혜를 얻지 못하며
하늘의 이치를 알지 못하는 것은 아니
됨이니라.
6 그러니 진정한 믿음의 자세가 무엇인
줄 알겠느냐?
7 너희들이 악습을 버리지 못하며 그 악
습에 매달려서 허덕이는 것, 그 모두
가 다 너희들이 변하지 못한 것이요,
8 진정한 믿음을 갖지 못하기 때문에 모
두를 잃게 되는 것이며, 그리고 하늘
의 이치를 알지 못함을 알라.
9 너희들이 설교를 들으며 성경 공부를
하며, 성경에 대한 공부를 하고 설교
를 들음으로 인하여 너희들이 일반 지
식을 갖고 있느니라.
10 성서에 대한 일반 지식은 너희들이 누
구와 갑론을박을 해도 뒤지지 아니할
자신이 있으며, 너희들의 입을 따를
자가 없으며, 생각을 따를 자 없을 것
이라 그리 말할 것이니라.
11 그러나 너희들은 그 깊은 성경의 비유
의 뜻을 모르며, 나 여호와가 역사하
고 전하고자 하는 뜻을 모르니,
12 인간의 상식에서 너희들이 인간의 공
부에서 얻은 성경의 지식을 가지고 따
르며 가르치는 자요,
13 진정한 하늘의 뜻이요, 참진리의 믿음
이 없기 때문에 그 의미요, 진정한 뜻
을 모르고 너희들이 가니, 너희들은
곧 나와 관계없다 하는 것이요,
14 내가 너희들은 내 뜻과 관계없는 길을
가는 백성들이요, 더욱이 너희들이 나
를 능멸하며 나를 욕되게 하는 백성이
라 함을 알아야 될 것이니라.
15 더욱이 구원의 은혜와 그 모든 것은
너희들과는 관계없는 백성이라는 걸
내가 나의 법전에 기록하여 전함이니
그리 알라.
16 지금의 믿음으로 너희들이 어떠한 혜
택을 얻을 수 없으며, 변화되는 것을
볼 수 없다 함을 명심하라.
17 그러니 지금의 너희들이 진정한 변하
는 길이요, 진정한 참진리의 길을 가

지 아니하면 아니 됨이니,
18 이는 곧 내가 성서의 비밀을 모르기
때문이라 하였음이니라.
19 그러니 성경의 그 여는 비밀은 바로
나의 법전을 정독하고 깨우치지 아니
하면 너희들이 얻을 수 없으며 이룰
수 없다는 것을 명심하도록 그리하라.

10,627 번째 하나님 말씀

2004년 4월 19일 06시 36분

1 사랑하는 나의 아들아!
2 "네, 아버님! 말씀하옵소서."
3 지금은 나의 참뜻에 의하여 뿌리를 내
려 가고 있는 것이 오늘의 너희들의
진정한 믿음이요, 신앙의 길이 아님이
니라.
4 그러니 너희들이 내 뜻을 뿌리내렸으
며 내 뜻대로 만백성을 가르쳤다면,
오늘의 너희들이 이와 같은 험악한 세
상은 되지 아니하였을 것이니라.
5 사람이 사람을 두려워하는 세상은 절
대 만들어지지 아니하였을 것이니라.
6 너희들이 인간이 만든 각종 교리요,
그 교파의 가르침을 가지고 그 뿌리를
내리는 네 모두를 다 비쳤으며,
7 그 뿌리 위에서 너희들이 오늘까지 믿
음이요, 신앙생활을 하고 왔기 때문
에, 너희들이 그 믿음의 방향이 잘못
되었으며,
8 그리고 너희들이 제자리를 맴돌고 또
돌고 도는 그와 같은 형국이요, 앞으
로 변화되는 전진함이 없다 함이니,
그게 곧 죽은 믿음이라 함이니라.
9 너희들이 행함이 없는 것이 죽음의 믿
음이요, 또한 너희들이 변하여 앞으로
전진하지 못하는 그 믿음이 또 고였으
니 그것 또한 죽은 믿음이라는 것을
알아야 될 것이니라, 사랑하는 나의
아들딸들아!
10 나에게 오르는 길을 알 수 있는 백성
으로 너희들이 그리되어야 되며, 그리
되지 아니하면 아무것도 너희들이 얻
을 수 없음을 알라.
11 너희들이 나에게 오르는 길을 알 수
있는 백성마저도 그 길을 막아 버리는
것이 오늘의 모르고 가르치는 종교 집
단의 지도자요, 이끄는 자라 말함이니,
12 거기에 현혹되어 오를 수 있는 백성마
저도 오르지 못하고 무너트리게 하는
것이 너희들이니,
13 그 행함은 없고 너희들이 말로써만 모
두를 이루는 그와 같은 신앙에만 젖어
있기 때문이니라.
14 그러니 그곳에서 벗어나지 못하는 자
는 바로 욕심이 그득히 찬 자요, 너희
들이 간단하고 편안한 길로 모두를 얻
고자 하는 그와 같은 안일한 생각을
가진 자요,
15 인간 계산법에 의해 어떤 것이 쉽고
간단한 것인가 하여 너희들이 인간의
판단에 의하여 쉽고 간단한 길을 가고
있음이니,
16 그것이 바로 너희들이 좁고 협착한 길
로 가는 것이 나에게 오르는 길이 아
니요, 큰 길로 가는 것이 역사하는 길
이라며 거꾸로 가르치는 자들 때문이
니라.
17 넓고 큰 길은 나에게 오르는 길이 아
니요,

18 협착하고 어렵고 힘든 길이요, 길을
만들어 너희들이 나에게 오르는 것이
나에게 오르는 길이라 그리 가르쳤다
면,
19 오늘과 같이 이와 같이 험악한 세상은
결코 되지 아니하였을 것이니,
20 그와 같은 가르침에서 벗어나는 너희
들이 되어야 될 것이니라.
21 나는 나의 아들을 통하여 그 제자들이
잘못 가고 잘 가는 것, 그리고 그가 버
리지 못하는 습성, 버리고자 노력하나
결코 인간으로서 버리지 못할 때, 성
령이 임하여 바로잡아 주듯이, 나는
바로 그에게 명함이니라.
22 그리하여 그를 바로잡느니라.
23 내가 나의 아들을 따르는 그 제자를
뭐라 말하였느냐?
24 네가 말을 많이 함이니, 네가 남 앞에
나서기를 좋아하니, 너는 붕어가 낚싯
밥에 걸려 낚시를 물고 있는 형국이
되어 그와 같이 입을 다물고 살라 하
였음이니라.
25 움직이면 네 입이 더 아프며 찢어짐이
니, 네가 움직이지 말며 움직여서는
아니 되는 그와 같은 고통의 경위를
내가 들어서 너에게 설명을 해 준 그
제자가 그래도 바로 서지 못하고 고치
지 못하면, 내가 너에게 무어라 말하
였느냐?
26 두 번 다시 이를 벗어나지 못하면 그
는 성전에 오지 말 것이며, 그리고 2
개월이요, 그 날짜가 지난 다음에 그
에게 은혜를 내린다 하였음이니,
27 그것이 바로 나 여호와의 뜻이요, 내
가 역사하는 것이요, 그것이 성령이
임하는 것이요, 성령으로 너희들을 가
르치고 깨닫도록 인도하는 것이니,
28 이것이 너희들이 일반 종교 집단이요,
믿음의 길을 가는 백성들과 지금 나의
아들을 따르는 하늘의 법도에 살아가
는 백성 너희들의 혜택이요, 은혜요,
영광이요, 그 차이점이라는 것, 그것
은 하늘과 땅의 차이이니,
29 바로 나의 아들이 너희들에게 내 뜻을
전하여 너희들이 그를 따르지 아니할
때 내가 그를 버리며,
30 나의 성전에 오지 못하며 법전을 읽지
말라는 그 무서움을 내리는 것이 성령
이 임하여 그를 바로잡는 역사를 하는
것임을 알라.
31 스스로 모두를 이루며 스스로 너희들
이 깨닫도록, 그리고 너희들이 모두를
이루지 못할 때,
32 내가 그와 같이 무서운 벌로써 그를
다스림이니, 그것이 바로 나의 아들이
요, 나의 백성들을 바로잡고 다스리는
방법임을 알라.
33 모든 종교 집단이 그와 같이 깨우치고
가는가 그들을 들여다보라.
34 그들은 재물을 거둬들이며 금화와 은
화를 거둬들이니, 많이 내고 적게 내
는 사람에 따라 그 비위를 맞추며 대
화하는 것이 다르니,
35 감히 그들은 남에게 듣기 싫은 소리,
그를 바로잡아서 나에게 올 수 있는
그와 같은 악습을 버리라, 다스리라
가르치지 아니하며 그저 넘어가는 것
이 그들이니라.
36 지금의 모든 종교 집단이 하는 짓이
그러니, 그들이 하늘의 뜻을 알며 나

에게 향하는 길을 오며 나에게 역사할
수 있는 그와 같은 백성들로서 가르치
는 것이 아니니, 나의 뜻에 의한 것이
아닌 것이니라.
37 믿고 있는 것이 너희들이 지금 얼마나
잘못되었는가를 다시 한 번 들여다봐
야 될 것이니라.
38 너희들이 나 여호와의 뜻에 의하여 역
사한다는 자들이 내 뜻과는 관계없는
그 길을 가면서 구원을 받았다 말하
며, 내 뜻에 의하여 너희들이 역사하
는 백성이라 하는 것,
39 그것이 가장 큰 문제점 중에 문제점이
요, 너희들이 하늘의 뜻을 모르는 취
약점 중에 가장 큰 취약점임을 알라.
40 구원을 받았다, 너희들은 구원을 받을
자격이 있다는 그것이 가장 큰 취약점
속에서 지금 허덕이고 있다는 걸 잊지
말라.

10,628 번째 하나님 말씀

2004년 4월 19일 07시 02분

1 사랑하는 나의 아들아!
2 "네, 아버님! 말씀하옵소서."
3 너희들이 산소요, 공기를 마음대로 들
이마시며 마음대로 활용하느니라.
4 그리고 너희들이 마음대로 사용함이
니, 그는 그저 너희들이 쓰고 싶은 대
로 쓰고 버리면 버릴 수 있는 것이라
생각하며, 너희들이 또한 물이라는 것
이 그러하니라.
5 너희들이 나로부터 그저 편안하게 얻
어 마시고 쓸 수 있는 것이요, 그리하
여 너희들이 쓰고자 할 때 쓸 수 있는
것이라 하나,
6 너희들은 여기서 알아야 될 것이니라.
7 이제 나의 아들을 따르는 제자요, 나
의 법전을 읽고 깨우친 만백성 너희들
은 그와 같이 물과 공기를 필요한 대
로 쓰고 버리고 할 수 있는 것이나,
8 너희들의 생명줄을 쥐고 있는 것이 그
들이라는 것을, 너희들은 두렵고 무서
움을 알아야 될 것이니라.
9 사랑하는 나의 아들아!
10 "네, 아버님! 말씀하옵소서."
11 너희들이 공기요, 산소를 너희들의 폐
속까지 끌어들이며 그리 호흡을 할 수
있을 때, 너희들이 그것이 얼마나 행
복하고 귀한 것인 줄 알겠느냐?
12 너희들이 숨을 거둬들일 때 무엇인 줄
알겠느냐?
13 나의 산소요, 나의 공기를 너희들이
마음대로 들이마실 수가 있다면 결코
죽지 아니하며 죽음을 맞이할 필요가
없느니라.
14 너희들이 폐 속까지 나의 공기요, 산
소를 들이마실 수 있으며 물을 마실
수 있다면 죽지 아니함이니라.
15 그러나 너희들의 죽음의 순간이 무엇
인 줄 알겠느냐?
16 너희들의 생명의 죽고 삶을 쥐고 있는
게 공기요, 산소라는 것을 알라.
17 너희들이 죽어 갈 때, 폐 속까지 들어
갔던 그 산소가 그 폐 속까지 가지 못
하면 너희들이 죽음이 시작하는 것이
요,
18 가슴에 너희들의 맥이 뛰지 못하는 것
은 바로 무엇인 줄 알겠느냐?
19 나의 산소요, 너희들이 그리 쉽게 생

각하고 값없이 생각했던 그 공기가 가
슴까지 내려가지 못하기 때문이니라.
20 너희들의 목에까지 와서 너희들의 그
목이 숨을 쉴 수 없는 것이 무엇이더
냐?
21 나의 산소요, 공기가 함부로 너희들이
쓰고 버리고 맘대로 할 수 있는 것, 그
리고 귀함을 모르는 산소가 너희들의
그 목에까지밖에 들어가지 아니하기
때문이니, 너희들은 그 무서움을 알라.
22 그리하여 너희들의 목에 숨이 참으로
인하여 너희들이 모든 숨을 거두는 것
이요,
23 그러니 너희들이 그렇게 함부로 쓰고
값어치 없으며 그저 막 하는 것, 아무
것도 능력이 없는 것 같으나,
24 너희들의 그 생명줄을 쥐고 있는 것이
공기요, 산소라는 것을 나의 아들을
따르는 제자 너희들은 알라.
25 물 또한 그러하니라.
26 그리 모두가 다 너희들의 생명을 쥐고
있거늘, 너희들이 그들 앞에 권좌와
같으며 그들을 통제하는 것처럼, 그저
무상으로 주었기에 아무런 의미 없이
너희들이 그리 생각하나,
27 그들의 두려움과 무서움을 아는 나의
아들딸이 되어야 될 것이며, 나의 법
전을 읽고 깨우친 백성 너희들은 그리
알라.
28 그러니 그들을 함부로 대하며 그들을
함부로 생각하는 어리석음을 하지 말
라.
29 그러니 너희들이 마음대로 구하고 취
할 수 있는 그 산소가 너희들의 마지
막 생명줄을 쥐고 있다는 것을 안다
면, 너희들이 얼마나 어떠한 능력이
있는가를 생각해 보라.
30 인간의 지혜요, 상식으로써 너희들이
그 모두를 통제하며 마음대로 할 것
같으나, 그들이 너희들을 마음대로 하
고 있다는 것을 잊지 말라.
31 그러니 겸손하고 겸허한 자세요, 낮은
자세로써 살라 함이 여기 있느니, 세
상 이치가 다 그렇게 되어 있음을 너
희들은 알라.
32 내가 너희들에게 나에게 와 심판을 받
는 것이 무엇이라 하였더냐?
33 이 세상에 사는 동식물이요, 미물들이
너희들을 본 것 그대로 증언하며 그들
이 증거해 주는 자라 했으니, 그 두려
움을 안다면 너희들이 과연 겸손하지
아니하고 살 수 있는가?
34 그리고 이 세상을 마음대로 너희들이
파괴하며 살 수 있다 생각하는가?
35 너희들에게 항상 외우라는 그 십계명
에 무어라 하였느냐?
36 너희들이 지금은 십계명을 암송하든
말든 하고 싶을 때 하고 말고 싶을 때
말며, 이를 시시비비하며 잘된 것이
요, 잘못된 것이요, 지킬 수 있다 없다
너희들이 그리 말하나,
37 너희들이 육의 세상의 삶을 살고 죽
을 때 하늘에 오르고자 하는 그 십계
명들의 심판을 먼저 거쳐야 되며, 열
개의 계명이 모여서 '그는 우리의 뜻
을 따르지 아니하고 행하지 아니한 자
니, 우리가 길을 비켜 주지 말자.' 하
면 너희들이 하늘의 길을 볼 수 없는
것이요,
38 그들이 열어 주어야만 너희들이 나에

게 와 심판을 받을 수 있다는 그 무섭
고 두려움을 알라.
39 너희들이 십계명을 그렇게 우습게 생
각하는 것, 산소요, 공기요, 물을 우습
게 생각하는 것보다 더 무서운 것이
또한 십계명임을 알거늘,
40 어찌하여 너희들이 그리 함부로 취급
하며 함부로 그리하는가?
41 그리고 내가 이 모든 백성들로 하여
금 십계명에 걸려 너희들이 하늘에 못
오는 그와 같은 백성이 되지 말라 함
이니라.
42 계명대로 지키고 살면 그 계명이 파괴
될 것이니, 계명이 파괴된 후에 십계
명은 너희들을 다스리지 않고 1차 관
문에서 너희들을 지키지 아니할 것이
니,
43 이와 같이 하늘의 넓고 깊은 그 의미
의 뜻을 알아, 너희들이 스스로 깨달
음을 알아 삶의 자세를 바로잡도록 하
라, 겸손하고 겸허한 자세요, 낮은 자
로 살라 함이 무엇인 줄 알겠느냐?
44 너희들의 생명줄을 쥐고 있는 그들이
있기 때문이라는 것을 그 두려움을 알
도록 그리 깨우쳐 주라.

10,629 번째 하나님 말씀

2004년 4월 19일 08시 06분

1 사랑하는 나의 아들아!
2 "네, 아버님! 말씀하옵소서."
3 사람의 형태인 나의 아들을 보내며,
그리고 나의 아들로 하여금, 그리고
나로부터 명받은 자로 하여금 동양의
작은 나라, 해 돋는 그곳에서 새로운
믿음이요, 참진리요, 그리고 모두가
다 역사하는 그와 같은 것이 이루어진
다는 것,
4 너희들은 그를 구전으로 전하여 아마
알고 있을 것이니라.
5 그리고 또한 너희들이 그 많은 책 속
에 그와 같은 역사가 있을 것이라는
것이 기록되고 표현된 것을 읽고 깨
달은 백성들이 수없이 있을 것이니라.
6 그러니 너희들은 여기서 또한 알아야
될 것이니라.
7 너희들은 성서에만 비밀이 보장되어
있으며 인봉되어 있는 것이 아니요,
8 인간 너희들이 그저 엮어 내는 그 책
들 속에서도, 너희들이 지어 낸 책 속
에 또한 너희들이 열지 못하는 나 여
호와의 뜻의 비밀이 있으며 나의 가
르침이 거기에 같이 있음을 너희들은
알아야 될 것이니라.
9 너희들은 성서만이 모든 비밀이요, 비
유의 뜻이 아니라, 너희들이 그 성현
이라 하여 또한 깨달음이 있는 백성들
이 책을 세상에 펴냄이니, 그 속에 기
록하는 자도 모르는 것처럼 너희들이
거기에 비밀이, 또 밀봉된 내용들이
수없이 있음이니라.
10 그리하여 그와 같은 책을 전하고 기록
한 백성들이 구전으로 너희들이 또한
책의 기록으로 무어라 말하였느냐?
11 동양의 작은 나라, 해 뜨는 곳에 새로
운 역사요, 새로운 믿음이요, 세상을
지배하는 그와 같은 빛이 올 것이라
너희들은 그리 알고 그를 듣고 다 깨
닫고 있느니라.
12 그러니 바로 이 동양의 작은 나라요,

이곳에서 너희들이 새로운 성경이요,
창조주 나 여호와의 뜻이요, 그리고
나의 아들이 160권의 책으로 기록하
여 세상에 전하거늘,
13 어찌하여 너희들이 이 유전으로 전한
그 역사요, 그리고 비밀이 전해졌던
그 모두를 풀어 현실로 오는 이와 같
은 것을 받아들이지 아니하며 믿으려
하지 않느냐?
14 사랑하는 나의 아들딸들아!
15 너희들은 성서에만 비밀이 있는 것이
아니요, 너희들이 깨달음을 얻은 백성
들이 기록한 모든 책들 속에 하늘의
깨우침이 있고, 하늘의 깨우침을 기록
하여 전해진 것이 수없이 거기에 있음
을 알라.
16 그와 같은 이치를 너희들은 깨달아야
될 것이니라.
17 너희들이 전하는 것, 나의 법전 속에
서 또한 그러며, 너희들이 복음서를
쓰는 것, 너희 자신은 모르나 남들이
보고 읽고 경지에 있는 자, 깨우칠 수
있는 거기에 숨은 나의 뜻이 있는 것
을 알게 될 것이니 그리 알라.
18 그러니 그 모든 비밀을 내가 풀어 나
의 아들을 통하여 지금 세상에 내려보
내며,
19 예언하여 구전으로 내려왔던 동양의
작은 나라에서 새로운 믿음이요, 새로
운 신앙이요, 이 세상의 모두를 다 하
나로 만드는 그와 같은 대역사가 시작
하였음이니,
20 너희들이 바라던 것이요, 또 예언에
기록하던 것이거늘,
21 오늘 내가 나의 아들을 통하여 그와
같은 역사를 이루니, 어찌하여 너희들
이 이를 보지 아니하며 이를 이단이
요, 사탄이라 하며 찾아보려 하지 아
니하며 들어 보지 않으려 한단 말이더
냐?
22 이것이 인간 너희들의 심성이요, 마음
이기에, 너희들은 모든 계획을 무너트
린 자요, 이 세상의 나의 뜻을 다 짓밟
아 버리며 이루지 못하는 것이 너희들
이 지금까지 해 온 역사이니라.
23 그러나 이제는 그를 내가 용납지 아니
하며, 이는 마지막 시대요, 나 여호와
가 직접 관장하는 시대기 때문에 그를
용납하지 아니하며 그와 같이 갈 수는
없음을 알라.
24 그러니 지금 동양의 작은 나라에서 누
구도 상상할 수 없는 하늘의 비밀을
다 풀어 주며 참진리요, 나 여호와의
뜻을 책으로써 전하여 너희들을 깨우
치는 이 위대한 역사 앞에 너희들이
고개 숙여 경건히 감사하며, 이를 듣
고 너희들이 거듭나는 삶을 살지 아니
하면 아니 됨이니,
25 너희들은 2천 년 전에 나의 아들을 죽
게 했던 대율법학자요, 율법에 따라
사는 자들이라는 자, 제 고집이요, 저
희들의 그 악습을 버리지 못하고 그와
같은 행위를 했으며,
26 그리고 너희들이 모두의 지금 잘못된
그와 같은 삶을 바로잡고자 하는 이
내용을 읽어 보지도 아니하고 들어 보
지도 아니하고 짓밟는 행위를 하니,
27 그리해서는 아니 됨이니, 이를 읽고
깨우쳐 들여다보도록 먼저 그리하라.
28 그렇지 아니하면 모든 것을 이룰 수

없다 함을 너희들은 알라.
29 동양의 작은 나라에서 새로운 믿음이
요, 새로운 성경이요, 새로운 빛이 비
친다는 것, 이것이 이제 실현되는 것
이며, 이미 시작되었음을 알라, 사랑
하는 나의 아들딸들아!

10,630 번째 하나님 말씀

2004년 4월 19일 08시 09분

1 사랑하는 나의 아들아!
2 "네, 아버님! 말씀하옵소서."
3 신약 시대에 나의 아들을 죽게 한 그
들이 무엇이더냐?
4 대율법학자요, 종교 집단이요, 지도자
들이 결국은 그들이 밥그릇을 뺏기는
것이요, 모든 백성들이 저희가 잘못되
었음을 알고 저희들을 따르지 아니하
며 참진리요, 진정한 나의 아들을 따
르니,
5 저희들의 밥그릇이 우수수 떨어지는
것이 무섭고 두려워 겁이나 그 밥그릇
을 지키기 위하여 나의 아들 예수를
십자가 못 박은 행위를 했다는 것을
너희들은 알아야 될 것이니라.
6 이를 부정하는 자, 다 거짓된 자이니
라.
7 오늘의 수많은 종교 집단이요, 지도자
들이 이 세상에 나오는 것은 나 여호
와의 뜻이라 하며, 저희들에게 아무런
이해관계가 없다면,
8 무엇 때문에 나의 법전을 사탄이요,
이단이요, 나의 아들을 마귀라 그리
말하며 너희들에게 정신 나간 자들이
라 하여 지옥 불로 가는 대표자라 그
리 핍박할 수 있겠느냐?
9 그게 바로 2천 년 전에 그들이 행했던
대로 밥그릇을 뺏김이니라.
10 결국 이를 보고 깨우치는 백성들, 저
희 신도들이 우수수 떨어져 나올 것이
니,
11 그게 바로 저희들의 밥그릇이 우수수
떨어지면 제가 먹고살 것이 없을까 두
렵고 겁이 나, 모든 백성들이 참진리
요, 하늘에 오르는 길이든 말든 그걸
저희들이 무시하는 자들이니라.
12 그러니 근본의 양보가 없으며 사랑이
없는 것이니라.
13 저희들이 가르치는 것이 참진리요, 진
정한 길이 아니요, 오류를 가르치고
있다는 걸 잘 아는 자들이,
14 진정한 그 오류를 바르게 하며 참뜻이
요, 나 여호와의 뜻을 전하는 이와 같
은 새로운 법전이요, 새로운 성경이
내려와 너희들이 천지개벽을 이루며
지금 개혁을 하고 있거늘,
15 그 속에서 저희들이 그를 동참하지 아
니하며 그를 따르려 하지 아니하며 그
를 인정하지 않는 것이 무엇이더냐?
16 그저 밥그릇을 뺏기면 죽을까 봐, 그
지 어린아이가 제 것을 뺏기면 울고불
고 울음으로써 무엇인가를 얻을 수 있
다는 그와 같은 생각에서 그 악을 쓰
는 자들이요,
17 그리고 밥그릇을 뺏기고 제가 가지고
있는 것을 다 뺏길까 봐 두려워서 모
두를 방해하는 자들이니,
18 그와 같은 자들에게 동조하지 말며,
그 어리석고 불쌍한 지도자의 말에 현
혹되어 너희들까지도 너희들이 남의

밥그릇을 지키고자 하여 남의 선량한
백성을 죽이는 일에 앞장서지 말라,
어리석은 신도들아!

10,631 번째 하나님 말씀

2004년 4월 19일 08시 16분

1 사랑하는 나의 아들아!
2 "네, 아버님! 말씀하옵소서."
3 종교 지도자의 백이면 백 그 백성들이
무어라 말하며 지도자들이 무어라 하
느냐?
4 나의 성경에 숨겨져 있는 그 비밀을
저희들이 정확히 해답을 알고 있으며
그를 깨우쳐 전한다 말함이니라.
5 내가 너희들 인간이 쓴 그 책 속에도
나 여호와의 뜻이요, 하늘의 비밀이
들어 있다 했으니,
6 그 책을 읽은 자, 제가 완전히 이해하
고 완전히 깨달았다 해독했다 말하나,
그 자신도 또한 거기에 숨겨 있는 비
밀을 모르는 것이 너희들임을 알아야
될 것이니라.
7 너희들이 아무리 정확한 해답을 알고
깨우쳤다 말하고 가르치나, 그 모두는
너희들이 하늘의 지혜가 없는 자로서
는 이를 이해하고 가르치며 알 수가
없다는 것을 명심하라.
8 이는 너희들이 나의 지혜요, 하늘의
뜻을 알아 제대로 가르치며 제대로 인
도했더라면, 그보다 더 영광이요, 그
보다 축복이 어디 있으며 나의 기쁨이
어디 있겠는가?
9 그리고 너희들이 거듭나는 것에 무엇
이 주저할 것이 있단 말이더냐?
10 그러나 여기서 들으라, 사랑하는 나의
아들딸들아!
11 너희들이 지금 성경을 이해하며 모두
를 다 해석하고 정확히 가르친다고 하
나,
12 너희들이 바로 가르치고 정확한 것이
아니라면 너희들이 생명수요, 그리고
생명을 구하는 약이 되는 것이 아니라,
13 너희들이 알지 못하는 사이에 오류를
범하며 이를 잘못 가르치니, 생명을
죽이는 도구로써 너희들이 모두를 쓰
고 있다는 것을 알아야 될 것이니라,
사랑하는 나의 아들딸들아!
14 지금 내가 160권을 나의 아들을 통하
여 대장정의 역사를 이룸이니,
15 이를 보고 깨우치는 백성 너희들이 이
를 정확히 깨우쳐 내 뜻을 안다면, 너
희들이 생명수요, 만백성을 구하는 귀
하고 소중한 약으로서 쓰일 것이나,
16 너희들이 이를 제대로 깨우치지 못하
며 하늘의 이치를 알지 못하는 지도자
가 제 마음대로 해석하며, 이건 사탄
이요, 마지막 시대의 거짓 선지자가
세상을 혼돈케 하는 것이라 이를 들
고 외칠 때, 많은 백성들이 그를 보지
못하며 깨닫지 못함이니,
17 제대로 깨닫고 제대로 알지 못하는 자
가 생명수가 될 수 있는 그 소중한 약
을 생명을 죽이며 너희들이 지옥으로
인도하는 그 독이 되어 너희들에게
돌아온다는 것,
18 그리고 너희들에게 독소만을 먹인다
는 것, 이것을 너희들이 알지 못하면
아니 되느니라, 사랑하는 나의 아들딸
들아!

19 내가 너희들에게 말하니, 성서의 그
비밀을 알려거든 나의 법전을 가슴에
안고 정독하라.
20 그러면 그 속에 모든 열쇠가 있음이니
라.
21 그를 너희들이 깨우치고 하늘의 지혜
를 얻지 아니하면, 너희들이 오늘의
믿음이요, 하늘에 오르는 길이요, 영
광된 길이요, 기쁨나는 길을 간다는
것이 너희들이 생명수의 귀중한 약으
로써 쓰이는 그와 같은 공부요, 가르
침이 아니라,
22 너희들 자신을 지옥으로 이끌어 가는
생명을 죽이는 독소를 너희들이 듣고
배우며 그를 받아 마시는 오늘의 불쌍
하고 가련한 그와 같은 형국이라는 나
의 이 애절한 마음이요, 이 뜻을 너희
들은 어찌하여 그리도 받아들이지 아
니하며 따르려 하지 않느냐?
23 사랑하는 나의 아들을 보라.
24 그가 과연 이 모두를 역사할 수 있는
사람이라 생각하느냐?
25 60평생의 제 인생을 그저 되는 대로
살아왔으며, 제 의사대로 살아왔으며,
인간의 욕심으로 더덕더덕 얼룩진 삶
을 살아온 나의 아들이 지금 이떠한
길을 가느냐?
26 그는 누구도 따라할 수 없는 결단성이
요, 그 누구도 따라올 수 없는 그 길을
가며, 누구도 역사할 수 없는 160권의
법전을 그는 말없이 이루어 내며 묵묵
히 그 역사의 길을 가고 있지 않으냐?
27 누가 뭐라 하든, 누가 시비를 하든, 누
가 그를 무너뜨리고자 하든 그는 흔들
리지 아니함이니라.
28 그 제자를 그 앞에 와 욕하며 그 제자
를 떼어 버리려 하며, 그를 돕는 제자
들을 그저 밀어붙이려 하며, 그들을
유혹하는 것을 봐도 그는 말하지 아니
함이니라.
29 묵묵히 160권의 법전을 만드는 그 역
사는 나 여호와가 준비시켜 놓았으며
모두가 다 계획에 의하여 가는 것이라
하여, 흔들림이 없으며 가든 가지 않
든 거기에 관심이 없음이니라.
30 재물을 가져오는 자가 있든 재물을 가
져오지 않든 그것에 관심이 없으며,
재물에 대한 관심이 없으며, 거둬들이
고 쌓아 놓고자 하는 데 관심이 없으
며,
31 있으면 남에게 나눠 주며, 있으면 불
쌍한 자 찾아가 전하며, 그저 저만이
항상 동전 소리가 나지 않는 그와 같
은 삶으로 살아가면서 나의 법전을 만
들기 위해 온갖 정성을 다하며 모두를
바쳐 가는 나의 아들의 삶을 보라.
32 모든 종교 집단 지도자 너희들이 나의
아들처럼 그 주머니가 동전 소리 하나
나지 않는 그와 같은 비어 있는 자라
너희들이 말할 수 있겠느냐?
33 너희들이 지금 차고 있는 그 주머니는
황금 덩어리요, 보석 덩어리요, 모든
값진 것이 그 속에서 얽혀 소리가 남
이니,
34 그것이 바로 아름다운 멜로디요, 아름
다운 화음의 소리가 아니라, 찢어지고
물고 늘어지고 시기하고 질투하며 이
유 없이 사람을 죽이려 대드는 그와
같은 형국이 오늘 너희들의 주머니에
들어 있는 모든 그것이요,

35 나의 아들은 그저 베풀고 나눠 주고
가난한 자 도와주며 가장 낮은 생활이
요, 가장 낮은 속에서 그 꽃을 피우고
자 하며, 결국 그 죽음의 길도 무엇이
라 말하였느냐?
36 가장 가난한 빈민굴에 가서 그저 거적
때기 없는 그곳에 그저 맨땅에 죽어
가는 그 죽음을 위하여 제가 가고 있
고 수련한다 하지 아니하였더냐?
37 그러니 이제 너희들이 구분하라.
38 너희들이 나의 아들의 그 주머니는 동
전 소리가 나지 아니하며 지폐가 없으
며,
39 있으면 어려운 자, 가난한 자에게 또
나눠 주기에 그를 들고 달려가는 자요,
40 너희들은 그저 쌓아 놓고 쌓아 놓아
그 금은보화요, 그 모든 황금 덩어리
가 다 한곳에 얹혀 있으니,
41 서로 부닥치고 서로가 엇갈리는 그 소
리가 내가 듣기 싫으며 역겨운 소리
며, 그와 같은 것이 너희들이 오늘의
형국이니,
42 어떤 것이 진정한 지도자요, 나의 백
성으로서 만백성을 구하는 자로 선택
된 것인가를 너희들이 스스로 구분하
여 선택하도록 하라.
43 그리해도 너희들이 모르는 것은 나는
더 이상 너희들에게 깨우쳐 줄 것이
없으며 너희들 손에 쥐여 줄 것이 없
음이니,
44 스스로 판단해서 해결하도록 그리하
라, 사랑하는 나의 아들딸들아!

10,632 번째 하나님 말씀

2004년 4월 19일 08시 21분

1 사랑하는 나의 아들아!
2 "네, 아버님! 말씀하옵소서."
3 너희들이 푸른 하늘을 바라보라.
4 과연 그 하늘이 두 개, 세 개로 보이며
두 개, 세 개로 역사했더냐?
5 너희들이 바라보는 그 하늘이 하나로
보이며 너희들이 하나로 그를 바라본
다 하면, 너희들은 창조주 나 여호와
도 하나요,
6 이 세상의 모두는 나 여호와 하나로써
나 여호와의 주관하에 나 여호와의 뜻
에 의해 모두가 역사하고 이루어진다
는 것을 너희들은 알아야 될 것이니라.
7 그러니 너희들이 또한 나에게 와 심판
을 받는 것, 그리고 심판을 역사하는
것, 그것도 나 여호와 하나의 뜻에 내
법도에 의해 너희들이 심판을 받게 된
다는 것을 알라.
8 그러니 이 세상에 너희들이 보는 하늘
이 하나인 것처럼 나 여호와가 하나라
면, 너희들을 심판하고 결정짓는 것,
그 모두를 다 너희들이 임의대로 심판
하지 말며 결정짓지 말라.
9 너희들은 심판하며 모든 것을 결정지
을 수 있는 그와 같은 자격이 없거늘,
어찌하여 너희들의 임의로 심판하며
모든 것을 결정짓고 행하느냐?
10 너희들이 바로 그와 같은 짓을 하는
일이 없으며 그와 같은 행위는 없다
할 것이니라.
11 그러나 너희들이 다른 종파요, 다른
지파를 어찌 생각하는가?

12 그를 인정하지 아니하려 하며 그 믿음
을 너희들이 들어 보지 아니하려 하며
그를 이해하려 하지도 아니하는 것이
니라.
13 너희들이 그러면서 나 여호와의 사탄
들이 세상에 존재하니, 나 여호와의
기쁨으로 하여 나의 행복을 위하여 너
희들이 그 모두는 소멸시키며 지상에
존재하지 못하게 한다 하여 너희들이
사악한 행위를 주저 없이 하나,
14 그는 종교 집단이요, 지도자요, 거짓
삯꾼들이 제 밥그릇이 뺏기며 제 밥그
릇이 날아갈까 봐 너희들을 사주하여
하는 것이니,
15 남의 그 사악한 자의 밥그릇을 지켜주
는 데 너희들이 그 일익을 담당하여
악역을 하는 배우의 역을 맡지 말라.
16 그 사악한 자의 밥그릇을 뺏기는 것을
공포와 불안을 느껴 그와 같이 사주하
는 것을 어찌하여 너희들이 맡아 악역
을 자처한단 말이더냐?
17 절대 그리하지 말라, 사랑하는 나의
아들딸들아!
18 모든 종교 집단의 지도자들이 진정한
믿음을 갖는 자는 날짐승도 모두를 주
었으며 들녘의 미물에게도 먹이를 주
었다는 걸 알면서,
19 저희들에게 먹을 것을 주지 아니했으
며 저희들의 밥그릇을 뺏을까 봐 저희
들이 그와 같은 사악한 짓을 한단 말
이더냐?
20 그러니 그들이 제 밥그릇을 뺏기는 것
은 나를 빙자하며 나의 아들 예수를
빙자하여 모두를 팔아먹으며 참진리
요, 진정한 믿음의 길을 가지 못하는
증거요, 그들이 증표임을 너희들은 알
라.
21 나의 아들이 살아가면서 끼니를 거를
까 하며 내일을 두려워하며 걱정하던
가?
22 나 여호와를 믿으며 모두가 준비되었
으니 그는 그대로 가기만 하면 된다
하여 열심히 제 악습을 버리며 살아가
고자 하는 것이 나의 아들의 삶이며,
또한 나의 아들을 따르는 제자들의 삶
이 아니더냐?
23 그러니 너희들이 밥그릇을 뺏길까 봐,
제 것을 뺏길까 봐 공포 속에 불안해
하는 자는 가짜요, 삯꾼이라는 것을
증명하느니라.
24 그리 너희들이 공포를 느끼지 아니하
며 그리 뺏기는 것을 두려워하지 아니
하여도 너희들이 먹고살 것이 다 있거
늘,
25 어찌하여 너희들이 그와 같은 어리석
은 짓을 하며, 그것이 얼마나 욕심이
요, 얼마나 무서운 자더냐?
26 이 세상에 나의 피조물 만백성 수십억
인구가 있음이니, 저희들은 저희 길을
가면 될 것이거늘,
27 어찌하여 남들이 부흥하는 것, 남들이
역사하는 것에 제 신도요, 저를 믿는
자들이 그를 보고 따라갈 것이며, 물
이 빠지듯이 빠져 가는 것이 두려워,
28 제 밥그릇이 끝나는 그 쪽박신세가 되
는 것을 막기 위하여 아우성 치며 악
을 쓰며, 가장 사악한 자요, 형용할 수
없는 그와 같은 짓을 하는 것이 그들
이니,
29 그들을 믿지 말며 그들을 신뢰하지 말

며 그들을 따르지 말도록 하라, 사랑
하는 나의 아들딸들아!
30 그를 따르는 자, 영원히 구원의 길을
갈 수 없으며 나를 볼 수 없으며 지옥
의 문에 가서 몸부림치고 너희들이 악
을 쓰고 들어가지 아니하려 네 손가락
이 떨어지며 네 손목이 떨어져도 안
들어가려고 발버둥치는 것이 너희들
의 처참한 모습이니, 그를 알라, 사랑
하는 나의 아들딸들아!
31 짐승이 죽음 직전에 몸부림치는 것보
다도 더 처참하고 불행한 행동을 너희
들이 면치 못하고 그대로 가고 당해야
된다는 것을 알라.

10,633 번째 하나님 말씀

2004년 4월 19일 12시 53분

1 사랑하는 나의 아들아!
2 "네, 아버님! 말씀하옵소서."
3 모든 백성들에게 너희들이 그리 물어
보라.
4 오늘의 이 자연의 아름다운 세상에서
너희들 인간이 사는 삶이 과연 얼마나
행복하고 즐거우며 그 감사함을 아는
가?
5 너희들은 불안과 초조요, 공포요, 사
람이 사람을 의심하며 사람이 사람을
두려워하는 이와 같은 세상이요,
6 사람이 사람을 믿지 못하며 너희 자신
을 믿지 못하며 형제를 믿지 못하며
이웃을 믿지 못하는 이와 같이 너희들
세상의 삶이 그와 같이 흘러가고 있지
않더냐?
7 더욱이 무엇이더냐?
8 믿음의 길을 가는 길이요, 구원의 길
을 역사한다는 종교 집단이요, 지도
자, 그리고 내 뜻에 따라 모두를 역사
하며 하늘에 오르는 길을 인도한다는
그들이 너희들이 보기에 과연 천사와
같은 모습으로써 살아가더냐?
9 그 모두가 다 무너져 있으며 일그러
졌으며 다 썩어져 가는 그와 같은 형
국이니라.
10 더욱이 나의 이름을 부르며 나의 아들
예수의 보혈이요, 그 모두로써 저희들
이 구원을 받았다 하는 자,
11 그리고 영광이요, 축복이요, 너희들이
눈물로 기도하며 울고불고하는 자들,
12 찬송으로써 너희들이 목이 터지라 하
늘을 향하여 소리 지르며 그 은혜에
감사한다 말하는 자,
13 그들의 행동이 앞과 뒤가 다르며, 지
도자 또한 앞과 뒤가 다르다 하였음
이니라.
14 앞에는 하얀 천사요, 뒤는 검은 것으
로써 다 채워져 있으며 가려져 있으니,
15 뒤를 보면 너희들이 볼 수 없는 흉악
한 모습이라 내가 그리하지 아니하였
더냐?
16 그러니 그들에게서 무엇을 얻고 무엇
을 배운단 말이더냐?
17 그리하여 모두가 썩고 썩어져 이 세상
에 바로 선 것이 없으며 바로 갈 수 없
는 이와 같은 형국이 되었으니,
18 그러니 그것을 바로잡는 것은 나의 법
전이요, 그리고 나의 아들을 따르는
제자들이요, 이를 읽고 깨우친 백성,
너희들이 그를 역사하는 것이며, 그
길밖에 없음이니라.

19 그러니 너희들을 가지고 내가 모두를
역사하고자 하나, 또한 너희들의 위치
가 어떠하더냐?
20 너희들이 지금 상대방이요, 너희들과
대적할 수 있는 자는 장년이요, 청년
이 되었으며, 그 숫자를 헤아릴 수가
없으며,
21 또한 그들의 그 많은 물질이요, 그 모
든 가지고 있는 재력이요, 그 조직의
힘이요, 그 모두를 너희들이 감당키
어려운 그와 같은 곳에 너희들이 지금
걸음마도 제대로 하지 못하는 자를 내
가 칼을 들려 그들을 단죄하려고 내
보내고자 하나,
22 아직 너희들이 걸음마도 못하며 서지
도 못하는 깨달음이요, 너희들의 변화
이니, 내가 너희들에게 들 수 없는 명
검을 줘서 그들을 다스리라 할 수 없
는 것이 오늘의 실정이니라.
23 그리하여 내가 나의 아들을 통하여
160권의 법전으로써 강론하며 깨우치
면서 너희들이 성년이 되기를 바라며,
24 너희들이 내가 내리는 이 하늘의 명검
을 가지고 휘두르고 다스릴 수 있고,
벨 것 베고 정리할 것 정리할 수 있는
그와 같은 성년이 되기를 내가 바라고
있는 것이 오늘의 실정이니,
25 너희들이 너무 조급하며 성급하게 서
두르지 말라 그리하라.
26 내가 너희들이 지금의 믿음의 집단이
요, 그 종교 집단에 뛰어들어 가 구원
하고자 하는 네 제자들이 있으며 그와
같이 역사하고자 하나, 그를 그리 행
하지 못하도록 하는 것이 무엇이더냐?
27 너희들이 지금 성년이요, 육으로써는
성장한 사람이나, 내가 보는 나의 성
령으로써 임하는 백성이요, 거듭나는
백성이요, 그들을 다스리기에는 아직
도 너희들이 걸음마를 떼는 아이이기
에 내가 그리하지 못하게 함이니,
28 명검을 내가 주었을 때, 너희들이 그
명검을 잡고 자신 있게 휘두를 때, 어
떠한 것도 그 앞에 대적할 수 없음이
니,
29 그때까지 인내하고 기다리는 것이 오
늘의 나의 160권의 법전을 만들어 세
상에 전하는 일이요, 만백성들에게 조
용히 이를 알리는 그와 같은 역사를
하고 있음이니,
30 너희들이 성장할 때까지 기다리는 것
이 나 여호와의 뜻이요, 내가 내리는
명검을 가지고 너희들이 휘두를 수 있
는 장년이 될 때까지 지금 내가 인내
하고 기다리고 있는 것이 오늘의 형국
이라는 것을 너의 제자들에게 그리 전
하라, 사랑하는 나의 아들아!

10,634 번째 하나님 말씀

2004년 4월 19일 12시 56분

1 사랑하는 나의 아들아!
2 "네, 아버님! 말씀하옵소서."
3 너희는 나의 아들 예수가 재림한다 하
고 있으나, 그를 하지 않는다 하였느
니라.
4 그리하여 새로운 성경이요, 새로운 보
혜사인 나 여호와의 뜻이 세상에 내려
와 모두를 다스리고 거듭나는 세상을
만들라 하였음이니,
5 모든 종교 집단 지도자들이 새로운 말

씀이요, 새로운 나의 아들 예수가 내
려와 너희들을 산 자와 죽은 자를 구
분하는 그와 같은 역사를 이룬다 하나,
6 절대 그는 있지 아니하며, 새로운 보
혜사로서 새로운 성경이 이 세상에 내
려와 너희들을 구원하고 구원하지 못
하는 그와 같은 역사를 이룬다 하였음
이니, 이미 그 모두가 시작되고 있음
을 너희들은 알라.
7 너희들은 새로운 보혜사요, 나의 아들
예수가 재림하여 또한 천군을 데리고
요란하게 와 너희들을 구원할 자 안
할 자,
8 그리고 너희들이 오늘처럼 울고불고
기도하며 경배했다는 백성 너희들만
이 우선 구원을 받을 것이며, 너희들
만이 그와 같은 은혜를 받을 것이라
그리 생각하나, 너희들은 알라.
9 지금 모두가 다 세상에 내려왔으며 세
상에서 지금 진행되고 있으며 역사하
고 있다는 것을, 이미 구할 자를 찾고
있음을 너희들은 알라.
10 나 여호와가 나의 아들을 통하여 160
권의 법전을 세상에 내려보내며, 그
제자들을 선택하여 지금 이를 세상에
전함이니, 이것이 무엇인 줄 알겠느냐?
11 내가 너희들에게 명함이니, 너희들이
명심해서 들으라.
12 내가 구원할 자를 지금 찾고 있는 것
이요, 구원할 자를 찾고 있는 것이 나
의 법전이요, 나의 아들로부터 선택된
나의 아들을 따르는 그 제자들이라는
것을 너희들은 알라.
13 이제 너희들은 알라, 나 여호와가 이
미 구원할 내 아들딸을 지금 찾고 있
거늘,
14 새로운 보혜사요, 예수가 내려와 너희
들에게 그 은혜를 주며, 죽은 자 가운
데서 산 것처럼 거듭나는 그와 같은
꿈을 안고 살다가 죽어 나에게 와 심
판을 받으니,
15 그 당혹스럽고 황망함을 어찌할지 몰
라 너희들의 종교 집단이요, 지도자
요, 저를 인도한 자를 원망하며 울며
통곡하고 있는 자들이 바로 너희들의
동료요, 너희 모습이라는 걸 명심해서
들으라.
16 이미 나는 구할 자를, 나의 아들딸들
을 지금 찾고 있다는 것을 알라.

10,635 번째 하나님 말씀

2004년 4월 19일 12시 58분

1 사랑하는 나의 아들아!
2 "네, 아버님! 말씀하옵소서."
3 이 세상을 창조한 것은 누구라 하느냐?
4 너희들은 누구나 다 말할 것 없이 하
나님이요, 창조주, 너희들의 전지전능
한 아버지라 그리 말할 것이니라.
5 그러면 너희들이 이 세상의 모두를 창
조했으며 이 모두가 존재하게 되었으
며, 너희들의 육이 있으며 너희들이
취해서 먹고살 수 있는 자연의 방대함
을 내가 다 너희들에게 내려 주었으니,
6 그러니 이를 역사한 분이 있으며 이를
내려 준 분이 있으며 너희들의 생명까
지 내려보낸 이가 있다면, 너희들은
어떠한 삶을 살겠느냐?
7 너희들이 아직 배우지 않은 자요, 초
등학문을 벗어나지 못한 아이들이라

도 그를 설명해 주면, 그는 보내 준 이
의 뜻에 따라 살아가야 한다는 것을
알 것이니라.
8 너희들이 인간 세상에 살아가면서 낳
아 주고 길러 준 그 부모의 뿌리요, 고
마움을 알라 너희들이 가르쳐 알듯이,
9 그와 같이 가르치지 아니해도 너희들
이 나의 뜻이요, 내가 역사하는 대로
살아가는 것이요, 내가 원하는 삶을
사는 것이 너희들의 도리요, 그 은혜
에 보답하는 길이라, 너희들이 아무리
초등학문을 마치지 아니한 자도 그리
말할 것이니라.
10 그러니 그와 같이 가야 할 백성들이
어찌하여 나의 뜻을 따르지 아니하며
내가 역사하는 것은 뒤로 한 채, 너희
들은 입으로만 나를 찾으며, 입으로만
공부를 하며, 입으로만 나를 따른다는
자들이 지금 이 세상을 덮고 있는 종
교 집단이요, 그 밑에 신도라는 너희
들이니,
11 과연 그것이 너희들이 나의 아들딸이
될 수 있으며 나의 아들딸이라 말할
수 있는가?
12 나로부터 유업을 받을 자식이요, 나로
부터 모두를 계승을 받는 나의 아들딸
이라 너희들이 말할 수 있느냐?
13 절대 그렇지 아니함이니라.
14 내가 보는 너희들은 지금 입으로만 모
두를 역사하며, 입으로만 믿음이요,
입으로만 공부하며, 입으로만 나를 부
르짖음이니, 그와 같은 백성은 내가
모른다 함이니, 너희들은 그를 알라.
15 그러니 그와 같은 백성들이 세상을 지
배하기에, 내가 바로 심판이요, 내가
마지막 시대에 그 버릴 자와 구할 자
를 지금 찾고 있는 것이 무엇이더냐?
16 너희 같은 자 버릴 것이며, 말로 하지
아니하며 행동으로 행하며, 말없이 하
늘의 뜻에 의해서 살아가는 그와 같은
백성, 이방인이라는 그 백성 속에서
내가 그를 찾을 것이며,
17 너희들이 지금 잘못 가는 백성 속에서
내가 찾을 자가 하나도 없음이니, 너
희들은 그와 같은 내 무서운 의미를
알도록 그리하라.

10,636 번째 하나님 말씀

2004년 4월 19일 13시 04분

1 사랑하는 나의 아들아!
2 "네, 아버님! 말씀하옵소서."
3 모든 믿음의 길을 가는 그 백성들이
요, 종교 집단의 지도자들이 그 신도
들에게 무어라 그 엄포를 놓는가?
4 이제 곧 이 세상이 끝날 것이요, 모두
는 그 끝나는 때가 오니, 너희들은 기
도하고 회개하며 거듭나는 삶을 살지
아니하면 아니 되며,
5 너희들이 가지고 있는 재물을 하늘의
곳간에 저를 통하여 쌓아 놓지 아니
하면 절대 너희들이 구원을 받지 못한
다 너희들에게 그리 엄포 놓고 위협
을 하고 있는 것이 아니더냐?
6 이것은 바로 너희들이 되돌려 생각한
다면, 저희들이 지금까지 가르친 길이
요, 저희들이 믿음이라는 길이 나 여
호와의 참진리요, 내 뜻에 의하여 만
백성을 구하는 길로 와 제대로 가르쳤
다면,

7 어찌하여 너희들이 이 세상에 끝이
오며 이 세상에 내가 재난으로써 너
희들을 다스린다 할 수 있겠느냐?
8 그러니 나의 아들을 따르는 제자들이
요, 그리고 지금 믿음의 길을 가는 백
성 너희들은 들으라.
9 종교 지도자가 단상에 서서 이제 세상
이 끝나는 것이요, 재난이요, 환란이
요, 심판의 시대가 곧 올 것이다 그리
말하면, 너희들은 그에게 물으라.
10 네가 정녕 바로 가르쳤으면 우리가 심
판을 어찌 받으며, 이 세상이 어찌 쪼
개지며, 이 세상이 끝이 난단 말이더
냐?
11 그러니 지도자 네가 잘못 가르쳤으며,
네가 사기 친 것이요, 네가 거짓된 행
위를 했으며, 네가 양의 탈을 쓴 이리
라 너희들은 그를 그리 단죄해야 될
것이며, 그를 단상에서 끌어내리는 그
와 같은 엄벌로 너희들이 다스려야 될
것이니라.
12 너희들을 이끄는 자가 누구며 참진리
를 가르치는 자가 누구며 하늘의 뜻을
가르쳐 역사한다 한 것이 과연 누구더
냐?
13 신도라는 그 안에 앉아서 '아멘, 할렐
루야!' 소리 지르며, 하나님이 기름 부
은 자요, 목자라 하여 그 말만 따라온
너희들이 그를 그리 가르쳤던가?
14 너희들은 죄가 없으며 너희들은 그리
가르치지 않았느니라.
15 그러니 가르치지 아니한 너희들에게
책임이 없지 않더냐?
16 바로 너희들이 말세요, 세상이 끝난다
는 것은 가르친 자의 책임이요, 가르
침을 받은 자의 책임이 아님을 알라
그리 전하라.
17 그러니 이 세상이 끝남이요, 곧 환란
이요, 말세가 온다 너희들이 그리 말
한다 하면,
18 바로 너희들이 가르친 그 기본이요,
근본이 잘못되었다 함을 알라.
19 그러니 '그 환란이요, 재난이란 너희
가 있기 때문에 그와 같이 역사할 수
없으며, 화난 아버지요, 그리고 모두
를 재앙으로 다스리고자 하는 아버지
가 참고 인내한다, 우리가 있기 때문
이요, 너희들이 있기 때문이라' 그리
자신 있게 말할 수 있는 지도자가 되
어야 될 것이며 이끄는 자가 되어야
될 것이니 그리 알라.
20 그러니 그는 저희들이 죄 속에 살았으
며 잘못 가르쳤으며 저희들이 비진리
요, 나 여호와의 뜻이 아니라는 것을
스스로 알고 있음을 증명함이니 그리
알라, 사랑하는 나의 아들딸들아!
21 그러면서 그들은 당당히 말하느니라.
22 지금 모두 세상이 끝나는 역사가 시작
되었으며 너희들은 그렇게 될 것이니
그리 알라, 그리고 너희들이 기도하고
재물을 바치면 이 기회에 회개하고 깨
우쳐 하늘에 오르는 길을 보라 함이니,
23 너희들이 재물을 하늘에 쌓아 놓으라
는 것만 말하지 아니하여도 내가 너희
들을 눈감아 줄 수 있으며 너희들 말
을 들어줄 수 있으나,
24 너희들은 한 가지를 하면서도 그 대가
를 받으며, 두 가지를 하면서도 그 대
가를 받으며,
25 한 발짝을 떼면서 종교 지도자는 그

보수를 받으며, 두 발짝을 뗄 때 금화
와 은화를 네 발밑에 놓지 아니하면
걸어가지 않는 이와 같은 사악한 자들
이 어찌 하늘의 뜻을 알며,
26 나의 아들 예수가 그 빈손으로써 빈
주머니에 아무것도 들지 않으며 동전
한 닢 달랑거리는 소리가 나지 않도록
산 나의 아들의 그 피로써 구원을 받
으며,
27 그 길을 따라가는 자들이요, 그 후손
이요, 그대로 역사하는 자요, 나에게
부름 받은 자요, 나에게 선택된 자라
너희들이 그리 말한단 말이더냐?
28 그 어리석은 백성들이 지금 벌써 나의
성령이요, 나의 심판의 시대에 새로운
보혜사가 내려와 구할 자식과 구하지
못할 나의 자식을 선별하고 시작하였
음을 모르는 어리석은 자들이기 때문
에, 저희들이 끝날 것이다, 이제 곧 끝
나는 때가 올 것이다 그리 울부짖고
있음이니라.
29 너희와 그 지도자가 무엇인 줄 알겠느
냐?
30 너희들이 그와 같은 자가 하늘의 눈이
없으며 하늘의 지혜가 없으며 하늘의
소리를 듣지 못하는 귀가 닫혀 있기
때문에,
31 지금 너희들이 올 것이다, 곧 재앙이
올 것이다 하는 그와 같은 소리가 너
희들이 얼마나 여유 있는 소리요, 때
를 모르는 소리요, 너희들이 그 자체
를 모르고 하는 소리인 줄 알겠느냐?
32 그리 너희들에게 여유가 없음이니라.
33 너희들이 살면 얼마나 살 것이며, 너
희들이 사는 동안에 나의 법전을 접하
여 그를 읽고 깨우쳐 하늘에 오르는
길을 과연 깨달을 것인가?
34 너희들은 시간이 없는 가련한 백성들
이니라.
35 그러니 너희들이 지금이라도 나의 법
전을 들고 외치는 그 아들딸의 소리를
듣고 나의 법전을 가슴에 안고 정독하
는 자는 깨우쳐 하늘에 오를 것이요,
36 그렇지 못한 백성은 영원히 나와 관계
없는 그 길을 가다 너희들이 그 두려
워 하고, 가고 싶어 하지 않는 그 지옥
의 문을 가지 아니하면 아니 된다는
것을 알라.
37 모든 종교 지도자가 하늘을 향하여 눈
이 감겨 있으며 귀가 닫혀 있는 자들
이기 때문이요, 지혜가 다 막혀 있는
자들이기에 오늘의 너희들이 그와 같
은 짓을 하고 있는 것이라는 걸 잊지
말라.
38 너희들이 지금 여유가 그리 있지 아니
하며, 때가 그리 많지 아니함을 알라
그리 전하라.

부 록

【하나님께서 가르쳐 주신 운동】

천재지변이 일어날 때, 동물이나 미물들은 미리 알고 대피하지만, 인간은 알지 못하고 큰 화를 당합니다. 하나님께서 인간에게 가장 높은 지혜를 주시고 완벽하게 창조해 주셨기에 동물들보다 더 잘 알 수 있지만, 욕심으로 마음이 혼탁해져서 한 치 앞을 보지 못하는 것입니다.

마찬가지로, 인간은 누구나 스스로 필요한 운동을 해서 건강을 지킬 수 있도록 하나님께서 만들어 주셨습니다. 우리의 머리에서 우리 몸에 필요한 동작을 해 달라고 끊임없이 신호를 보내지만, 인간이 혼탁하게 살아서 그 신호를 알아채지 못합니다. 그러니 자연스럽게 자기 몸이 원하는 그 신호를 따라서 운동하는 것이 하나님께서 가르쳐 주신 운동 방법입니다. 바로, 우리의 영이 육을 이끄는 운동입니다.

▶ 하나님 운동법

1. 눈을 감고, 발을 어깨너비로 벌리고 바르게 선다.
2. 몸에 힘을 풀고, 허리를 숙이면서 손과 머리를 아래로 내린다.
3. 허리를 펴고 싶을 때, 천천히 펴면서 하고 싶은 동작을 하면 운동이 시작된다. (사람마다 다르다.)
4. 멈추지 말고, 어떤 동작이든지 자기 몸의 느낌대로 계속 이어서 한다.

▶ 참고 사항

① 눈을 감은 상태로 아무 생각 하지 않고, 자기 몸의 느낌대로 움직입니다.

② 마음을 비우고, 욕심을 버리고, 지난날의 잘못을 반성하면서 몇 차례 시도하다 보면, 자기도 모르게 하고 싶은 동작이 끊임없이 생깁니다.

③ 운동 장소는 방 안이든 운동장이든 관계없으며, 걷거나 달리고 싶을 때는 눈을 떠도 됩니다.

④ 매일 40분 이상, 주 4회 이상, 3개월 이상 하면 음식 조절에 들어갑니다.
- 음식으로 생긴 병은 음식으로 치료하게 되며, 어떤 음식을 먹어야 하는지 스스로 알게 됩니다.
(자기 몸에 필요한 음식만 먹고 싶어집니다.)

⑤ 사랑하는 사람과 함께 운동하면 서로 치료해 주기도 합니다.

⑥ 운동을 하다가 몸의 어느 한 부분을 계속 손으로 자극한다면 그쪽에 이상이 있는 것이니, 의사에게 상담을 받고 적절한 치료를 받으면 됩니다.

⑦ 다이어트 및 기타 건강관리에 효과적입니다.

⑧ 꾸준히 운동하여 영이 맑아지면, 자신의 과거와 미래를 스스로 보게 됩니다.

누구나 스스로 하실 수 있습니다.

간 행 사

《새로운 성경》은:

· 새로운 성경은, 하나님께서 선량하고 선한 자를 선택하여 십계명을 암송하도록 하시고, 십계명을 암송한 다음에 음성으로써 들려주시는 말씀을 듣고 그대로 카세트테이프에 녹음해서 받아쓴 책입니다.

· 90분짜리 녹음테이프 700여 개에 달하는 말씀으로, 1999년 8월부터 2004년 7월까지 총 160권(권당 288쪽)을 완성하였으며, 그 이후에도 현재까지 계속 말씀을 내려 주고 계십니다.

· 새로운 성경은 "하늘을 두루마리 삼고 바닷물을 먹물 삼아 쓰고 써도 다 못 쓴다"는, 끝없이 방대한 하나님의 말씀이 두루마리로 직접 내려오는 것입니다. 이러한 새로운 성경은 구약과 신약을 폐하려는 것이 아니라 "인봉된 성서의 비유의 뜻"을 상세히 설명하여 완성하고자 하나님께서 직접 내려 주신 말씀입니다.

《새로운 성경》의 구성:

· 제 목: 2013년, 160권 모음집을 발간하면서, 본 도서의 제목을 "하나님! 말씀하옵소서"에서 《새로운 성경》 으로 명해 주셨습니다.

· 단행본: 각 권당 288쪽(신국판) 책이 160권까지 시리즈로 출판됩니다.
(모음집은 단행본을 16권씩 묶어서, 총 10부로 구성됩니다.)

《새로운 성경》의 성경적 근거:

· 신약 성경 [요한복음] 16장 13절에 "진리의 성령이 오시면 그가 너희를 모든 진리 가운데로 인도하시리니 그가 자의로 말하지 않고, 오직 듣는 것만을 말하며" 하신 말씀처럼 하나님의 음성을 들은 것만 기록하였으며,

· "장래 일을 너희에게 알리시리라" 하신 말씀과 같이 개인, 나라, 인류의 "장래"일을 하나님께서 알려 주시는 것만 기록하여 책으로 만들었습니다.

《새로운 성경》의 기록 방법:

· 1999년 8월부터 하나님께서 저에게 들려주시는 음성을 기록하였습니다. 처음에는 제가 들은 말씀을 불러 주면 저의 아내가 기록하여, 2000년 1월 29일에 1권 초판이 세상에 나왔습니다. 2000년 4월부터는 주시는 말씀을 받아 녹음기에 기록하기 시작하였습니다.

· 녹음을 시작하면서 하나님의 말씀을 받는 데 가속도가 붙었고, 2001년 5월 3일에 1부(1~16권까지)를 인쇄하여 출판하였으며, 2004년 7월까지 총 160권 분량의 말씀을 받아 기록하였습니다.

하나님께서 저에게 주신 것은:

· 첫째, 만백성을 상대로 내려 주시는 "기도", 둘째, 수시로 내려 주시는 "묵상", 셋째, 개인의 과거, 현재, 미래를 알려 주시는 "개인 기도", 넷째, 개인의 건강을 위해서 내려 주시는 "음식 처방", 다섯째, 하나님께서 가르쳐 주신 "운동"등이 있습니다. 이 중에 첫 번째, "기도"를 책으로 편찬하였습니다. 사람의 생사, 개인의 미래에 관한 천기는 수록하지 말라 하셨습니다.

강론 안내:

· 하나님께서는 지금도 매일 저에게 새로운 하늘의 비밀의 말씀을 내려 주고 계십니다. 수시로 내려 주시는 말씀을 정리해서 제자를 육성하라는 말씀에 따라 매주 강론을 하고 있습니다. 누구나 무료로 들으실 수 있습니다. (book160.com)

《새로운 성경》을 읽는 분들에게 드리는 선물:

· 개인 기도: 개인의 과거, 현재, 미래에 관하여 말씀을 내려 주십니다.

· 음식 처방: 사람은 음식을 먹고살다가 건강을 잃으니, 음식과 운동으로 건강을 되찾는 방법을 알려 드립니다. 단, 하나님이 계심을 믿고, 십계명을 지키겠다고 진실로 서약하는 분들께 알려드립니다.

《새로운 성경》의 은혜와 기적:

· 새로운 성경 전160권은 16권씩 묶어서 총 10부의 모음집으로 구성됩니다. 모음집 한 부를 읽고 깨우치는 자에게 하나님께서 다음과 같은 기적이 있다고 하셨습니다.

· "첫째, 그가 죽어 하늘에 갔을 때 그의 죄를 묻지 아니하며, 구원을 받는 위대한 은혜가 있으며, 둘째, 그의 소원과 소망이 이루어지고, 셋째, 죽은 자(부모, 형제, 자식, 사랑하고 은혜 입은 분)의 이름으로 구입한 책을 읽고 누군가 한 사람이 깨우칠 때, 그 죽은 자가 지옥에서 천국으로 구원을 받게 되며, 넷째, 유산, 중절 수술 등으로 태어나지 못한 아이를 위하여 구입한 책을 보고 한 명이 깨우쳤을 때, 그 아이가 사람으로 다시 한 번 태어나는 은혜를 받는다."

· "새로운 성경"을 3회 이상 정성을 다해 정독하는 자, 성서의 비밀을 알게 되고, 세상의 이치를 알게 되며, 세상을 지배하고 통제할 수 있는 지혜를 다 얻게 된다고 하셨습니다. 이 책은 만백성이 정독하고 이웃에게 전하여, 평생 가슴에 묻은 슬픔과 고통의 짐을 벗고 미래를 위한 힘찬 삶을 살아가도록 하는 책입니다.

끝으로

· 하나님께서는 흰 눈이 세상을 덮듯이 새로운 성경을 온 세상에 전하라고 하셨습니다. 《새로운 성경》을 각국어로 번역해서 온 인류에게 구원의 길을 깨우쳐 주고, 그 수익으로 가난하고 어려운 백성을 구제하여, 만백성의 영과 육을 함께 구원하는 선지자의 임무를 수행하라고 저에게 명하셨습니다.

· 하늘에서 내려 주신 말씀의 보화를 만백성에게 나누어 주는 것이 선지자의 임무라고 하셨습니다. 새로운 성경을 통해서 얻는 재물을 사용할 곳도 하나님께서 일일이 명해 주십니다. 모든 재물은 저의 자의로 쓸 수 없고, 하나님께서 명하시는 대로만 쓰여집니다.

· 어떤 명분으로든 십일조나 각종 헌금을 거두어들이지 말라 하셨으며, 국내뿐 아니라 각국에 성전과 단독 서점을 운영하며, 한국의 많은 젊은이들을 전 세계에 지도자로 내보내라고 하셨습니다.

· 우리는 세계적으로 새로운 성경을 보급하며 어려운 이들을 돕는 역사를 해 나갈 것입니다. 지금까지 비록 몇 명 안 되는 제자들과 함께 이러한 일을 역사했지만, 앞으로도 계속 하나님께서 기뻐하시는 일들을 해 나갈 것입니다. 부족한 저희에게 여러분들의 지혜와 성원을 보내 주시기를 바랍니다. 많은 분들의 참여와 도움을 간절히 기다립니다. 감사합니다.

한국어로 내려온 《새로운 성경》 단행본을 출간하며
2016년 4월 10일

발행인 **김 용 철**

한국어로 내려온

새로운 **성 경** · 9부 · 제141권

지은이 하나님 말씀
대역자 김용철

초판인쇄 1쇄 2017년 4월 3일

펴낸 곳 도서출판 하얀마음
등록번호 제 10-2107호 (2001년 2월 14일)
주소 서울시 노원구 덕릉로86길 5, 2층
전화번호 02) 313-1114
팩스 02) 393-5554
전자우편 book160@hanmail.net
편집위원 조나영 김미향 이석교
제작지원 이기종

도서상담 1600-7527
ISBN 978-89-5875-241-7 (04230)
978-89-5875-100-7 (세 트)

값 10,000원
잘못된 책은 구입하신 곳에서 바꾸어 드립니다.

※이 책은 10부로 제작되며, 각 부 16권씩 총160권으로 구성됩니다.※

1부	2부	3부	4부	5부	6부	7부	8부	**9부**	10부
1권	17권	33권	49권	65권	81권	97권	113권	129권	145권
2권	18권	34권	50권	66권	82권	98권	114권	130권	146권
3권	19권	35권	51권	67권	83권	99권	115권	131권	147권
4권	20권	36권	52권	68권	84권	100권	116권	132권	148권
5권	21권	37권	53권	69권	85권	101권	117권	133권	149권
6권	22권	38권	54권	70권	86권	102권	118권	134권	150권
7권	23권	39권	55권	71권	87권	103권	119권	135권	151권
8권	24권	40권	56권	72권	88권	104권	120권	136권	152권
9권	25권	41권	57권	73권	89권	105권	121권	137권	153권
10권	26권	42권	58권	74권	90권	106권	122권	138권	154권
11권	27권	43권	59권	75권	91권	107권	123권	139권	155권
12권	28권	44권	60권	76권	92권	108권	124권	140권	156권
13권	29권	45권	61권	77권	93권	109권	125권	141권	157권
14권	30권	46권	62권	78권	94권	110권	126권	142권	158권
15권	31권	47권	63권	79권	95권	111권	127권	143권	159권
16권	32권	48권	64권	80권	96권	112권	128권	144권	160권